Beute & Gespenst

Kapital & Krise 6

Markus Metz, geboren 1958, Studium der Publizistik, Politik und Theaterwissenschaft an der FU Berlin, arbeitet als freier Journalist und Autor vorwiegend für den Hörfunk. Lebt in München.

Georg Seeßlen, geboren 1948, Publizist. Texte über Film, Kultur und Politik für *Die Zeit, der Freitag, Der Spiegel, taz, konkret, Jungle World, epd Film* u.v.a. Zahlreiche Bücher zu Film, populärer Kultur und Politik, u.a.: »Martin Scorsese« (Reihe film: 6); »Quentin Tarantino gegen die Nazis. Alles über INGLOURIOUS BASTERDS«; »Tintin, und wie er die Welt sah. Fast alles über Tim, Struppi, Mühlenhof & den Rest des Universums«; »Das zweite Leben des ›Dritten Reichs‹. (Post)nazismus und populäre Kultur« (2 Bände); »Trump! *Pop*ulismus als Politik«. »Liebe und Sex im 21. Jahrhundert. Streifzüge durch die populäre Kultur«.

Gemeinsame Buchveröffentlichungen (Auswahl): »Blödmaschinen. Die Fabrikation der Stupidität«; »Freiheit und Kontrolle. Die Geschichte des nicht zu Ende befreiten Sklaven«; »Hass und Hoffnung. Deutschland, Europa und die Flüchtlinge«; »Der Rechtsruck. Skizzen zu einer Theorie des politischen Kulturwandels«; »Kapitalistischer (Sur)realismus. Neoliberalismus als Ästhetik«.

Markus Metz / Georg Seeßlen

Beute & Gespenst

Lebenswelten im Neoliberalismus

BERTZ + FISCHER

Bibliografische Information der Deutschen Nationalbibliothek
Die Deutsche Nationalbibliothek verzeichnet diese Publikation in der Deutschen Nationalbibliografie; detaillierte bibliografische Daten sind im Internet über <http://dnb.dnb.de> abrufbar.

Umschlaggestaltung: D.B. Berlin

Fotonachweis:
11: ZDF | 23: Instagram | 27: miku.sega.com | 35: www.facebook.com/fablabkerala | 43: ProSieben | 54: RTL | 73: Handelsblatt | 83: Aliexpress | 104/105: Bibi | 137: Internet | 147: Chanel | 149: Internet | 158: picture-alliance/dpa | 165: Wikipedia

Franz-Mehring-Platz 1, D-10243 Berlin
Standart Impressa, www.standart.lt, Vilnius, Litauen
ISBN 978-3-86505-760-0

Inhalt

Beute und Gespenst – Vorwort

Neoliberalismus ist weit mehr als nur eine wirtschaftliche Ordnung, weit mehr auch als ein spezifisches Verhältnis von Ökonomie und Staat, das sich im Zuge der Corona-Krise in den kapitalistischen Kernländern verändert hat – womöglich allerdings auch nur vorübergehend. Neoliberalismus prägt und formt alle Lebensverhältnisse und die Individuen selbst. Dieses Buch erkundet die subjektiven Faktoren: Wir erörtern die Frage, wie sich Neoliberalismus anfühlt, wie er das Sehen, Hören und Empfinden durchdringt, wie er dem Einzelnen sogar zu einer Person zu werden verspricht. Von den Dingen geht eine neue »magische« Kraft aus, sie sind nicht mehr äußere Materie, äußerer Schein und äußerer Sinn, sondern auch Teil des Subjekts. »Die mechanischen Kräfte setzen sich niemals in der Geschichte durch«, so schreibt Gramsci im Jahr 1918, »es sind Menschen, das Bewusstsein, es ist der Geist, der die äußere Gestalt formt und schließlich immer triumphiert.« Die Mechaniken des Neoliberalismus und des Finanzkapitalismus sind nicht die alleinigen Bauelemente unserer Wirklichkeit, sondern es sind ebenso konkrete Menschen in konkreten Situationen, und es sind Dinge, Worte und Bilder, die zwischen ihnen hin und her wechseln, die immer in das Innenleben, in Emotionen und Geist wirken.

Es geht darum, wie Identitäten und Lebensformen entstehen, die Ausdruck von Kapital, Produktivität und »Kreativität« sind, alle in einem einzigen Ziel vereint. Dass »es« weitergeht. Dass »es« nicht zusammenbricht. Dass »es« seine Masken nicht verliert. In früheren Zeiten drückte sich die Hegemonie der herrschenden Klassen einerseits in Ideologie und Manipulation aus, mit denen die Verhältnisse verschleiert, legitimiert, idealisiert und rationalisiert werden konnten, andererseits aber auch in kulturellen Differenzen, in Kunst, Wissenschaft und Kultur, die sich gegen das Unten abschotten. Der Neoliberalismus, als Lebensweise und Arbeits- wie Konsumpraxis angesehen, verändert diese Dialektik entschieden. Die Grenzen von populärer und Hochkultur fallen nicht, sondern werden zu einer flexiblen Größe in mehrdimensionalen Spielen, einem unwirklichen Stellungskrieg. Die kulturellen und semantischen Einrichtungen, die dem Staat Stabilität verliehen, sind durch ihre Ökonomisierung und »Privatisierung« zu Marktinstrumenten geworden, denen an der Ordnung weniger als am Profit gelegen ist. In die Bresche springt ein neuer Rechtspopulismus, mit seinen »identitären« Angeboten, seinen Verschwörungsfantasien und Sündenböcken, seiner eigenen Medienmacht und seinen Widerspiegelungen in den gierigen Mainstream-Medien.

Die Atomisierung (und virtuelle Vernetzung) des Subjekts ist in einem absurden Grad fortgeschritten – nicht erst, seit die Corona-Pandemie ein allumfassendes *social distancing* zu erzwingen scheint; man lebt nicht in der Gesellschaft und in einem Staat, sondern man lebt trotz der Gesellschaft und trotz des Staates. Deswegen stellt sich zu guter Letzt die Frage: Wie kann das Subjekt überleben? Und vor allem: Wie kann es mehr als bloß überleben?

Psychokapitalisierung (und wie man ihr begegnen könnte)

»Es kann mir geschehen, wenn ich wieder einmal so frage: ›Nun gut, aber wie geht es weiter?‹ – / dass ich plötzlich auf einer hohen Mauer sitze, die Beine schon auf der anderen Seite, und mein / Schatten dort vor mich hinfällt. Dann dehnt er sich aus, wächst über mich hinweg und vermischt / sich mit der Umgebung, in die er gelangt ist, so dass man ihn nicht mehr von ihr unterscheiden / kann. Und das unmittelbar Nächste, was ich feststelle, wird sein, dass dort auf der anderen Seite / nichts mehr ist, dort ist nichts mehr, und hätte ich nicht danach gefragt, wäre mir diese / Feststellung erspart geblieben. Aber schon ist es geschehen, und gegen das, was geschehen ist, / richte ich nichts mehr aus.«

Vera Linhartová: *Mehrstimmige Zerstreuung*

Als die Dinge ihre Freundlichkeit verloren

Die Dinge, die wir herstellen, verkaufen, konsumieren, tauschen, bewahren und entsorgen, sind uns auf besondere Weise vertraut, insofern sie direkte Abbildungen unserer Wünsche, Ängste, Träume und Begierden sind. Und sie sind uns auf besondere Weise fremd, weil sie uns in jedem der Prozesse, von der Herstellung über den Konsum bis zur Abfallentsorgung, entrissen wurden, durch die Macht und Ökonomie der Aneignung, durch den Zerfall von Funktion und Fiktion, durch die Schuld, mit der sie beladen sein müssen, durch ihren eingebauten Verfall, die strukturelle Tücke unserer Objekte: Es ist ein ewiger Kampf um die Entfremdung, den die Waren führen müssen, sie müssen sich sentimentalisieren, um ihre Fremdheit zu überwinden, sie wollen sich kultivieren, um ihre barbarische Natur zu verbergen, und sie wollen sich naturalisieren, um ihre schiere Künstlichkeit zu verbergen. Schließlich müssen sie sich exotisieren, um über Gewohnheit und Sättigung hinwegzukommen. Dies alles ist eine

Entwicklung, die an Drastik zunehmen muss. Der Verlust der Emotionen, die einst den heißen Kern aller sozialen Beziehungen bildeten, führt nicht nur zu einer gesteigerten Fantasietätigkeit, sondern auch dazu, dass in den Dingen gesucht wird, was in den Menschen nicht mehr gefunden werden kann. Wenn eine Ware »entlarvt« wird, und sei es aus purer Gewöhnung, dann folgt ihr stets das neue Modell, das »Scheiß drauf« dazu sagt. Und wo die Gefühle in die Dinge gesteckt werden, da fehlen sie naturgemäß zwischen den Menschen.

Es war das Wesentliche des Wohlfühlkapitalismus bis zur Mitte der siebziger Jahre, die Dinge freundlich zu machen. Die Werbung betonte ihre Familientauglichkeit, die Ruhe und Stabilität, die Idylle der Verlässlichkeit. Ein Leben in der Warenwelt sollte ein glückliches Leben sein; das eigene Heim sollte zum kleinen Paradies werden. In den sechziger Jahren hatte in den USA ein Projekt einer realen Disneysierung der Lebenswelt begonnen; Walt Disney selbst noch konzipierte eine geschlossene Heimstatt für 20.000 Einwohner, die dem Alkohol, dem unehelichen Sex, der unziemlichen Kleidung und übrigens (trotz des attraktiven Schnäuzerchens ihres Schöpfers) dem männlichen Bartwuchs entsagen sollten; ein bigotter (und rassistischer) Albtraum, der sich denn auch weniger als soziales Experiment denn als ökonomische Wagenburg in die *guarded communities* hinein verwirklichte. Der Weg vom EPCOT (*Experimental Prototype Community of Tommorow*), in der es die fortgeschrittensten technologischen Standards, aber keine der, so Disney, »Übel der alten Städte« geben sollte, zu den *guarded communities* der Besserverdienenden von heute veranschaulicht vermutlich, durchaus drastisch, den Weg von einer liberalen (in Europa auch sozialen) Marktwirtschaft zum Neoliberalismus. Auf die Modellversuche für eine bessere Welt (so albtraumhaft sie einer aufgeklärten Person auch erscheinen mögen) folgt die Abschottung der Gewinner gegen die Verlierer.

Jeder Schub der Neoliberalisierung seit dem magischen Jahr 1973 – dem Zusammenbruch des Bretton-Woods-Systems mit dem Dollar als international gültiger Leitwährung und der Freigabe der Wechselkurse – bedeutete auch eine Veränderung der Konsum- und Werbeästhetik. Was die populäre Kultur anbelangt, war das erste Kapitel der Neoliberalisierung in der zweiten Hälfte der siebziger Jahre mit zwei signifikanten »Schüben«

verbunden: der Sexwelle und der ersten Gewaltwelle. Dass sich die Schleusen der Drastik durch einen Wandel in der Zensurpraxis und der Jugendfreigabe so vehement änderten, gegen einige konservative, aber auch gegen kulturkritische Stimmen, ist nicht allein mit einem Generationswechsel bei den kulturellen Entscheidungsarchitekten und durch ein allgemeines Klima der »Liberalisierung«, gleichsam als mittelständische Beute der mehr oder weniger abgeschlagenen Jugendrevolte zu werten, sondern auch als direkte Reaktion auf die Wandlungen in der ökonomischen Kultur. Das Ergebnis dieser Revolte war mehr als paradox: Die Gesellschaft änderte sich kaum, die Politik wandte sich viel eher zurück, aber der Alltag, die Freizeit, das Entertainment änderten sich umso mehr: Der Mittelstand wurde für sein Wohlverhalten (den Verzicht auf Mitsprache und Kritik, das Ablehnen der Revolte) mit einer nie gekannten inneren Freiheit der sexuellen Ökonomie und mit einer subjektiven Emanzipation belohnt, die sich einfach gut anfühlte – bis zu dem Zeitpunkt, als in der Krise, im Neoliberalismus und in der Postdemokratie, die Rechnung präsentiert wurde: Es entstand eine neue Schuldfrage. »Wir haben«, so hieß es in einem allgemeinen Bekenntnis-Mem, »über unsere Verhältnisse gelebt.« Genauer durfte freilich nicht gefragt werden, wer da wohl über wessen Verhältnisse gelebt hatte. Wie dem auch sei: Nachdem man das Leben »entpolitisiert« hatte und die subjektive Freiheit an ihre »natürlichen« Grenzen gelangt war, blieb eine Schuld und ein, so scheint es, nie mehr abzutragender Schuldenberg zurück. Noch einmal, wenngleich sehr viel subtiler als in der Nachkriegszeit, schienen Kinder für die Sünden der Eltern bezahlen zu müssen. Punks, nur zum Beispiel, waren junge Menschen, die den hedonistischen Lebensstil der Bürger und der Elterngeneration nur um den Preis der Selbstzerstörung und im Zeichen von »No Future« fortsetzen konnten.

Die Hysterisierung der populären Kultur war ein Reflex auf die härter gewordenen Lebensumstände, den Zusammenbruch der Nachkriegshoffnungen auf einen stabilen, familiären Rückzugsraum (das Familienidyll des deutschen Kinos, das nur durch radikalen Ausschluss von Sex und Gewalt zu erhalten war) und die ersten spürbaren Krisen der Nachkriegszeit, und sie war zugleich ein Trost- und Ablenkungsmanöver angesichts einer Medienlandschaft, in der der politische und kulturelle Diskurs nicht mehr richtig zog. Sex und Gewalt zu sehen, viel davon zu sehen, das war auch eine Reaktion auf die verlorene Hoffnung darauf, dass es Staat und Gesellschaft im Wesentlichen gut mit einem meinten. Es war die derbe Art, den Perspektivwechsel von der allgemeinen Ordnung (nebst den »Werten«, von denen später nur noch leer, aber dafür umso häufiger gesprochen wurde) zur subjektiven »Verwirklichung« zu vollziehen. In all dem Horror und den Rekonstruktionen des heroischen Männerkörpers seit den späten siebziger Jahren steckte die Erfahrung eines fundamentalen Alleingelassenseins (einschließlich einer Form der »Dolchstoßlegende« etwa in RAMBO-Filmen)

Die Emotionen, die sich als Glück und Harmonie verabschieden mussten, kehrten als Gier, Gewalt und Angst zurück. Auf ein Management des Wünschens folgte das Management der Angstlust. Sex- und Horrorfilme sprachen auf ihre Weise von der großen Entfremdung zwischen den Generationen, den Geschlechtern, den Klassen, den Zeiten. Hier wie dort trat der nackte Körper aus den Mythen und Bildern einer gelungenen, weil abgefederten, kontrollierten Modernisierung. Und auch in der Popmusik schien es vor allem um Kriegserklärungen zu gehen. Es war nicht zuletzt ein Empfinden, mit einer Heuchelei Schluss zu machen. Dass selbst das »No Future« nur in der Form eines *Great Rock'n'Roll Swindle* stattfinden konnte, war nur konsequent.

Was aber damals in der Kultur stattfand, ohne hinter den Hysterisierungen erkannt zu werden, das war eine radikale Spaltung. Bis zu dieser Zeit vermittelten die meisten Produkte der Kultur, von der »hohen Kultur« der Theater, Konzerte, Literatur und Malerei bis zu einem moderierten Fernsehen (in Deutschland gar mit »Bildungsauftrag«) das Bild einer – wenngleich durchaus strukturierten – Gemeinsamkeit. Entsprechend verärgert reagierte man auf allzu drastische Ausreißer oben (Philosophie der Revolten, allzu »moderne« Kunst) wie unten (»Schmutz und Schund«, »Jugendverderbnis«). Die Schübe, in denen sich die Gesellschaft vor ihrer eigenen populären Kultur zu grausen lernte, folgten in immer rascheren und extremeren Wellen aufeinander.

Die Kataloge von Neckermann und Quelle in Deutschland hatten in ihrem Angebot noch ein nahezu vollständiges Abbild der Gesellschaft liefern können, nicht in Form konkurrierender Schnäppchenjagden, sondern in der einer nivellierenden Ratenzahlung. Besser hatte man die Parole »Wohlstand für alle« nicht illustrieren und zugleich ihre Praxis ad absurdum führen können: Je weiter man noch von ihm entfernt war, desto mehr musste man für diesen Mainstream-Luxus via Ratenzinsen zahlen. Die Angebotspalette der Automobile zeigte noch eine klare Linie des Aufstiegs (bei Opel ging das vom »Kadett« bis zum »Admiral«, und das Wort »Klasse« wurde nirgendwo sonst mit solcher Selbstverständlichkeit gebraucht). Diese klaren ästhetisch-ökonomischen Ordnungen hatten nur einen Nachteil: Sie kühlten zu schnell ab. Sie »sättigten« immer noch zu sehr. Damals konnte man noch (auch kritisch) vom »saturierten« Bürger, dem Zufriedengestellten (und daher Denkfaulen und Reaktionären), sprechen, nicht ahnend, dass der unzufriedene Bürger der bessere Konsument und die größere Gefahr darstellte.

Der Bruch in der populären Kultur nahm einen Bruch in der Gesellschaft vorweg. Eine Kultur der Gewinner, eine des Mittelstands in seiner Dynamik, und eine für die Verlierer (die sich damals kaum als solche zu fühlen begonnen hatten) drifteten erst einmal auseinander, um dann immer neue Übersprungeffekte zu zeitigen.

Nicht nur in der Bereitschaft zur Drastik, zur Körperlichkeit, zur Gewalt als Inhalt, sondern auch in der durchaus aggressiven Beziehung untereinander widerspiegelten die auseinanderstrebenden Partialbereiche der populären Kultur der siebziger und achtziger Jahre den veränderten Zusammenhang der politischen Ökonomie. Niedlichkeit und Drastik begannen umeinander zu kreisen, der Bruch mit der Alltagstrivialität, von dem Henri Lefebrvre in seiner *Kritik des Alltagslebens*[1] als erstem Ziel von Unterhaltung sprach, war immer schwerer zu erhalten, aber zur gleichen Zeit wurde in der Unterhaltung selbst auch ein Bruch inszeniert, der Bruch mit einer bis dahin mehr oder weniger »offiziell« gültigen Erzählung der Einheit von Staat, Gesellschaft und Subjekt. Erst hier wurde eine Voraussetzung für die allmähliche Entwicklung des *kapitalistischen Surrealismus*[2] geschaffen, nämlich kulturelle Codes, in denen man der Welt gleichsam die Maske vom Gesicht riss und dennoch in ihr weiterlebte. Die Exaltationen der Unterhaltung von damals mussten gar nicht endlos fortgesetzt werden; die Unterhaltung der Gegenwart erscheint in großen Teilen »zahmer« als die der 1990er Jahre, und die ist definitiv zahmer als die der später 1970er gewesen. Entscheidender ist, dass der Bruch der großen Erzählung, die aggressive Zurschaustellung der Bruchstellen und Bruchteile, im Wesen des ewig laufenden Flusses an Bildern und Erzählungen erhalten blieb. Für den kapitalistischen Realismus gilt, was Noam Chomsky als »manufacturing of consent«[3] bezeichnete, nämlich die Herstellung eines allgemeinen und gemeinschaftlichen Gefühls der Richtigkeit gewisser Vorstellungen und Nachrichten, Meinungen und Einstellungen. Für den kapitalistischen Surrealismus dagegen ist es entscheidend, mit den Brüchen und Widersprüchen, eben mit der Abwesenheit von Konsens leben zu können. Das eine muss im Übrigen keineswegs das andere ausschließen. Dazu dient eine innere Konstruktion des »Exzeptionalismus« (in *Kapitalistischer (Sur)realismus* haben wir ihn als Funktion von Börsenwahn, Gameshows und Lotteriespiel skizziert), den man in einer allgemeinen, staatlichen ebenso wie in einer privaten, subjektiven Form beobachten kann: Der Exzeptionalismus erklärt das eigene, die Religion, die Nation, die Klasse oder auch die Person, zur (positiven) Ausnahme – nicht einmal ein liberaler Politiker wie Barack Obama konnte in seiner politischen Rhetorik darauf verzichten, die USA als einzigartige und hervorgehobene Nation zu bezeichnen, für die andere Regeln gelten als für den Rest der Welt. Ähnlich verhält es sich mit dem populistischen Exzeptionalismus, der Vorrechte für Nationen, »Rassen« oder Geschlechter verlangt. Und schließlich ist ein Regime wie der »Berlusconismus« in Italien davon geprägt, dass es allgemeine Regeln generell in einem Geflecht der angemaßten Ausnahmen begräbt. (Walt Disney wollte für die Gemeinschaft in seiner puritanischen Horrorparadiesstadt den strikten Alkoholverzicht, obwohl er selber seine täglichen Drinks durchaus schätzte: Doppelmoral? Oder eben die Konstruktion der Ausnahme als wesentlicher Bestandteil der post-liberalen und post-demokratischen Gemeinschaftskonstruktion. Das – politische – Subjekt spaltet sich von der Regel ab, kann diese dann aber durchaus umso strikter fordern.) Konsens und Dissens freilich bewegen sich nicht mehr in einer linearen Beziehung zueinander, auch nicht unbedingt im nun ebenfalls klassischen Modell von Mainstream und Subkultur. Der Meta-Konsens des kapitalistischen Surrealismus ist die Vorstellung, in einer kaputten Welt besser in der Funktion des Kaputtmachens als des Kaputtgemachtwerdens zu leben. »Das Böse steht am Ende wieder auf«, so lautet die Formel für den Horrorfilm seit den achtziger Jahren, und das ist nicht ausschließlich der Besessenheit für Sequels und Serien geschuldet. Mit der ästhetischen Explosion der Popkultur in den siebziger Jahren wurde die Hoffnung auf eine Rettung der Welt aufgegeben. Und im alten Europa nahm man entsetzt davon Kenntnis, wie sehr in den US-amerikanischen Weltträumen und Rachefantasien (EIN MANN SIEHT ROT) der Staat sich schon von seinen traditionellen Aufgaben und auch vom Gewaltmonopol verabschiedet hatte.

Ging es vordem darum, die Gefühle auf ein gemeinsames und gemeinschaftsverträgliches Niveau zu moderieren, durch die Herausbildung spezifischer, umfassender Genres etwa (im Kino: der deutsche Heimatfilm, der amerikanische Western, die italienische Komödie), war nun das emotionale Aufputschen oberstes Ziel von Unterhaltung. Nirgendwo zeigte sich dies deutlicher als in den Wandlungen des Fernsehens von einem Familien-einigenden Angebot – die »große Samstagabendunterhaltung« – zu einer neuen Programmvielfalt, die eine Art semantischen Bürgerkrieg auslöste: Die Geschmacklosigkeit der Fernsehprogramme entspricht dem, was Sigmund Freud über die Zote gesagt hat – sie ist eine vulgäre Annäherung an Menschen, die nicht anwesend sein dürfen und die, weil sie für das Begehren nicht real zu erreichen sind, fiktional herabgewürdigt werden. Was mit »Personen« im direkten Kommunikationsvorgang funktioniert, funktioniert offenbar medial mit »Verhältnissen«. Sie werden aus dem Bewusstsein, sie nicht verändern zu können, ästhetisch herabgewürdigt. Erst der kapitalistische Surrealismus geht da noch einen Schritt weiter. Er lässt der panischen Erkenntnis von der Unrettbarkeit der Welt und der Angstlust gegenüber ihrer Zerstörung das Vergnügen der Trash-Ästhetik, der neuen Montage der etwaigen Überbleibsel (etwa in der Welt der MAD MAX-Filme oder der THE WALKING DEAD-Serie), folgen. Nach dem Zusammenbruch lebt es sich zwar gefährlich, aber irgendwie auch besser. (Und selbst die Kreativität kommt in der postapokalyptischen Müllwelt zu ihrem wahren Recht.) Aus dem Krisenzyklus des Kapitalismus ist eine zyklische Weltsicht geworden: Der Weltuntergang ist dringend notwendig, damit die Menschen weiterleben können. Und immer alles wieder von vorn beginnt. Das Prinzip der ewi-

Postapokalyptische Kinovisionen erreichen die Wirklichkeit: Von den Waldbränden in Kalifornien zerstörte Autos (November 2018)

gen Wiederkehr ist die abenteuerliche und emotionale Abbildung des neoliberalen, »konservativen« Weltbilds von TINA (»There is no alternative«): Man überlebt Krise und Katastrophe nur zu dem einen Zweck, nämlich um genauso weiterzumachen wie zuvor.

Beute und Gespenst, oder der Kapitalismus als Spukhaus

Kapitalisierung ist seit dem, was wir uns eher mythisch als »ursprüngliche Akkumulation« (nämlich den Gewaltakt der Entwendung und der Versklavung) vorstellen, ein unabgeschlossener und unabschließbarer Vorgang. Der Kapitalismus braucht etwas, was er »erobern« kann. In jedem Jahrhundert seines Bestehens und in jeder seiner Erscheinungsformen scheint das etwas anderes zu sein: Ländereien, Rohstoffe, Arbeitskräfte, schließlich Ideen. In dem Stadium, in dem wir uns befinden, dem Peak des Finanzkapitalismus oder kurz danach, der Kapitalisierung der letzten nicht-kapitalisierten Lebensbereiche, und des Neoliberalismus, der eben nicht nur eine spezielle Form der Ökonomie, sondern auch ein Weltbild, eine psychische und soziale Befindlichkeit meint, in einem solchen Stadium spielt die »innere Landnahme« eine wichtige Rolle. Kapitalisierung greift nach den »Naturkapitalien«, wie Luft, Wasser, Bewegung, und nach den inneren »Werten«, der Fantasie, den Träumen, der Kunst, der Information. Zugleich übernimmt die Ökonomie vollständiger denn je auch das Feld der Ästhetik. Kapitalisierung, mit einem Wort, betrifft nun nicht mehr allein das, was man, umfassend genug, »Gesellschaft« nennt, sondern noch mehr das, was man früher »Seele« nannte. (Und Kapitalisierung heißt in diesem Zusammenhang nicht einfach »Ökonomisierung«, sondern es heißt, in die Zyklen der gleichzeitigen Vermehrung von Profit und Schulden einbezogen zu werden.)

Das Nicht-Eroberte ist dem Kapitalismus zugleich Beute und Gespenst. Genau gesagt, nicht Beute und Gespenst nacheinander oder gleichzeitig, sondern Gespenst *als* Beute und Beute *als* Gespenst. Dies spiegelt die beiden Impulse, die den Kreislauf von Schulden, Krisen und Profit antreiben: die Gier und die Angst. Die Gier sieht die Beute und erzeugt das Gespenst, und die Angst sieht das Gespenst und erzeugt die Beute. Daher wird das Noch-nicht-Kapitalisierte so gern als das Wilde, Ambigue, Chaotische und Lustvolle imaginiert. Zum Beispiel die Wildnis, die unbedingt kolonialisiert werden will, oder die Kunst, die unbedingt erworben, verstanden und ausgestellt werden muss.

Alles Eroberte lebt als Gespenst und Beute weiter, von der Magie bis zum Kommunismus. Daher ist der Kapitalismus auch als ein gewaltiges Spukhaus zu beschreiben. Genauer gesagt, er beschreibt sich selber als solches. Er nennt das seine »Kultur«. Im Übrigen können wir das Ideal dieser Kultur etwa in den Filmen der NACHTS IM MUSEUM-Reihe ablesen. Zunächst ist das Museum nur nachts interessant, wenn die Beute-Objekte zu gespenstischem Leben erwachen. Um das Museum (als Institution) zu retten, muss der Held dieser Geschichten, ein einstiger Museumsdiener, der es zum Millionär gebracht hat, immer größere Teile dieser nächtlichen Gespensterhaftigkeit in die tägliche Routine herüberholen, zum Teil mit technischen Mitteln, zum Teil aber auch durch seine eigene Botentätigkeit zwischen den Reichen Wirklichkeit und Beutetraum, man könnte wohl auch sagen: durch seine eigene Paranoia.

Dies freilich, die Geschichte vom Museum, das nach Leben sich sehnt, ist schon wieder Umkehrung des eigentlichen, alten kolonialistischen Mythos vom Museum, in dem die Beute (und nicht, wie hier, nur die Erinnerung) ausgestellt ist, in die der Geist nur fahren kann, um Rache zu nehmen dafür, wie unrecht und gewaltsam diese Aneignung war. Aber zur gleichen Zeit war das Happy End dieses Mythos die wiedergewonnene Ordnung: Der gespenstische Aufstand der Dinge und Wesen, die sich der Kapitalismus als Imperialismus einverleibt hatte, rechtfertigte erst recht ihre Eingliederung in die Beutekammer und ihre gewaltsame Entseelung. An eine solche Ordnung denkt man in NACHTS IM MUSEUM nicht mehr; es geht vielmehr darum, dass die Beute nicht vollständig tot und damit nur noch Abfall sein soll.

Diese Kultur produziert industriell, und dann postindustriell (digital), Bilder, Begriffe und Erzählungen, die von Beute und Gespenst in allen Dingen sprechen. Wenn man Beute und Gespenst denkt, »versteht« man nahezu alles, was an Bildern, Begriffen und Erzählungen im Kapitalismus produziert werden kann. Wandern Sie die Regale eines Kaufhauses ab, und fragen Sie jedes einzelne Ding: Was versprichst du als Beute? Und was für ein Gespenst beherbergst du? So entstünde gewiss eine hinreichende Semantik der Dinge im späten Kapitalismus. Allerdings: Das Geheimnis besteht in der Unzahl der Beute/Gespenst-Beziehungen.

Die »Arbeit« des Kapitals besteht darin, das Gespenst in der Beute einzumauern; jede Revolte (gleichwohl sie stets wieder eingefangen und zur Produktion neuer Terrains für die innere Landnahme missbraucht werden wird) versucht, das Gespenst aus der Beute zu befreien. Dabei entstehen neue Gespenster und damit neue Beute. Man mag das Subversion nennen. Es ist indes so, dass der Neoliberalismus seine eigene Form der Herrschaft in die der unentwegten Subversion gebracht hat. Die Player der Macht in Neoliberalismus und Postdemokratie herrschen, indem sie sich gegenseitig subvertieren. Deshalb kann sich Kunst wohl auch nicht mehr auf eine Subversion beziehen, denn eben damit würde sie affirmativer als alles andere sein.

Geld ist »reine Beute«, »reines Gespenst« und »reine Beziehung«, das heißt das zu Transformierende, die Transformation und das Transformierte, immer in neuer Gestalt (und immer in der alten: Das Geld von heute ist Beute und Gespenst des Geldes von gestern). Die Beute ist das, was einen großen Teil seines Wertes bereits verliert, wenn man sie hat. Das Geld, das man nicht hat, ist mehr wert als das Geld, das man hat, auch wenn beides, während es den Besitzer wechselt, sich vermehren muss. Übrigens, und auch das weist auf einen Gespenster-Aspekt des

Geldes, verfolgt einen das einst nicht gehabte Geld so sehr, dass man schon vor dem Weniger-Werden des Zuwachses panische Furcht bekommen kann. Die Welt ist voller Beute, aber zugleich voll von den Gespenstern der Armut. Da der Pirat dies weiß, hat er nichts Eiligeres zu tun, als entweder seinen Schatz wieder zu verlieren oder ihn auf einer Insel zu vergraben, auf der es naturgemäß spuken muss. Die Gespenster bewachen die Beute, aber die Beute bannt auch die Gespenster an den Ort. Den Freibeuter nennen seine Opfer und seine Jäger nicht umsonst den Geist der Meere, wobei wir Meer auch als Markt übersetzen können.

Die Gegenwart des Gespenstes zwischen dem Nicht-mehr und dem Noch-nicht ist deswegen eine Bedrohung, weil es die Schulden und die Schuld eintreiben will. Nur der Pirat akzeptiert vollständig diese Beziehung von Beute und Gespenst. Seine Gegner, die zugleich seine Ernährer sind, die Kaufleute, mitsamt ihren militärischen Verbündeten, handeln nicht nur mit der Beute, sondern auch mit Gespenstern. Beutemachen und Gespensterjagen ist immer ein synchroner Vorgang. Es wäre also an der Zeit, Jacques Derridas »Hauntologie«[4] vom Krähennest der Philosophie auf die immer noch genügend schwankenden Planken von Handel und Piraterie zu holen.

(Beute und Gespenst sind die Motoren der Geschichte. Wird ihr Verhältnis prekär, so wird die Geschichte suspendiert. Geschichtslosigkeit ist ein Wesenszug des Finanzkapitalismus. Sie zu überwinden bedeutet wohl nicht automatisch, wie man hier und da erhofft, die Überwindung auch des Kapitalismus, sondern kann ebenso auch nur die nächste Transformation bedeuten.)

Dass wir aus Angst und Lust zusammengesetzte Wahrnehmungsmuster pflegen, die wir wahlweise »freisetzen« und zu »kontrollieren« versuchen[5], in einer Form des Managements, ist der natürliche Rohstoff des Beute/Gespenst-Schemas, in dem die Lust des Seins zum Fetisch des Habens und die Furcht vor der wirklichen Welt zur Angst vor der Unwirklichkeit in allem geworden ist. Anders als Lust und Angst sind Beute und Gespenst über-individuell zu managen. Der Beute-Aspekt und der Gespenst-Aspekt eines Dings treffen auf ein Wir, ein Ich und ein Es gleichermaßen. Zwar nimmt am Ende *einer* die Beute, doch haben »wir« vordem das Ding durch seine Beutehaftigkeit identifiziert und gezähmt bzw. gelähmt. Das Ding, das auf diese

Weise zur Beute geworden ist, ist für das Leben verloren. Beides, Beute und Gespenst, ist »untot«.

Wie das Ding, das Beute wurde, den Sieger erzeugt, der sich die Lefzen leckt, angesichts der anderen, die leer ausgegangen sind, kommt es als Gespenst für eben jene zurück, die auch nur augenblicklich nicht erbeuten. Schon deswegen kann niemand genug Beute gemacht haben, denn mindestens so wichtig wie das Anhäufen von Beute ist für die Bannung des Gespenstischen das Erbeuten selbst. Das Erbeuten ist die Simulation von Lust (die Pornografie der Akkumulation).

Dies ist das Missverständnis der Linken, meistenteils, dass sie glauben, man müsse nur die Beute gerechter verteilen, um die Gespenster zu bannen. So wie es das Missverständnis der Rechten ist, dass man durch Beutemachen die Welt entgeistern könne. Die Frage ist vielmehr: Gibt es eine Welt jenseits von Beute und Gespenst? (Oder diesseits, wie man es nimmt.)

Es gibt keine nachhaltige Herrschaft, die vollkommen ohne Einverständnis der Beherrschten auskäme. (Nicht einmal eine Fremdherrschaft wäre ganz ohne Kollaboration möglich.) Nicht aller Beherrschten und nicht zu jedem Aspekt der Herrschaft, gewiss. Aber es entstehen die Felder des Einverständnisses, und eines davon ist das ökonomische. So wie jede Unterdrückung immer auch ihren Aspekt der Verführung hat, so ist in die Gewalt immer auch ein Tausch eingeschlossen. Oberstes Gebot jeder Herrschaft von Gewalt, Deformation und Ausbeutung ist die Erzeugung von Nutznießern.

Wer vom Markt ausgeschlossen ist, ist immer auch von einem Feld des Einverständnisses ausgeschlossen. Umgekehrt mag es eine ganz ähnliche Beziehung geben: Wer kein Einverständnis mit der Herrschaft zeigt, wird am Marktzugang gehindert (in mehreren Funktionen: als Anbieter, als Kunde, als Beobachter, als »Gaukler« vielleicht).

So ist jeder Markt, unter anderem, eine Maschine, die politische in ökonomische und ökonomische Energie in politische verwandelt. Es ist der Ort, an dem die Beute verteilt wird und die Gespenster gebannt werden (sollen).

Natürlich wird die Beute, die auf dem Markt verteilt wird, von diesem partiell auch erzeugt. Sagen wir: als Gespenst des Begehrens. So erkennen wir, dass alles, was Beute werden kann, nicht nur hinterher, wie als Abfall (die wahrhaften Verdauungsprodukte des Marktes), als Gespenst wiederkehren muss, sondern schon vorher als Gespenst, also nicht nur als Bedürfnis, sondern auch als Schatten des kommenden Unglücks, »existiert«. Die Verwandlung der Dinge durch ihre Kapitalisierung kann also ebenso wie durch ihre Präsentation als Beute auch durch ihre Vergespensterung vorgenommen werden. Die Spur des Gespenstes kann entweder mit Freud als das Noch-nicht oder mit Marx als das Nicht-mehr gedeutet werden. Die gespenstische Spur findet sich zugleich vorher und nachher. Es fällt schließlich schon schwer, einen Baum zu betrachten, ohne ihn einerseits als kommende Beute der »holzverarbeitenden Industrie« und andererseits als Mahnmal geschändeter Natur und »Geist« natürlicher Erhabenheit anzusehen.

Beute ist, was dreifach Begehren weckt, das sexuelle, das kulinarische und das semantische. Lust, Nahrung und Besitz. Geilheit, Gefräßigkeit und Habsucht. Die drei Beute-Aspekte widersprechen einander so sehr, wie eines ohne das andere nicht auskommt. Die Beute ist das verdinglichte Bleiben der erfolgreichen Jagd; gerade das »Gestorbene« darin soll die Gier lebendig erhalten.

Rich images und *poor images*

Im kapitalistischen Surrealismus laufen zwei scheinbar einander vollkommen widersprüchliche Trends ab: Auf der einen Seite entwickeln die großen Traummaschinen immer perfektere Bildwelten in Überwältigungsstrategien und beständigen Innovationswettbewerben. Das ist die Welt der *rich images*. Ihre Herstellung ist enorm kostspielig, und diese Kostspieligkeit ist wiederum Teil ihrer Ästhetik und ihres Marketings. Es ist wichtig zu wissen, was der neue STAR WARS-Film gekostet hat, weil das Teil des Vergnügens an ihm ist. Die enormen Investitionen sollen dann, um Rendite zu bringen, gegen jede unbezahlte Benutzung gesichert werden und in rigiden Copyright-Feldern des Merchandisings und Franchisings ihr ikonologisches Werk tun. Das Fandom eines Franchise ist nun nicht nur als üblicher »Kunde« der Unterhaltungsindustrie beteiligt, sondern auch als imaginärer Teilhaber: Fans identifizieren sich auch ökonomisch mit dem Gegenstand ihres Begehrens. Das Glanzlicht einer positiven Filmbesprechung für einen Blockbuster-Film: Man sieht jeden in ihn investierten Dollar. Und die Filme weitern sich zu Erlebniswelten wie im Londoner *Secret Cinema*, wo etwa Fans von BLADE RUNNER in der von ihrem Lieblingsfilm erzeugten Ikonografie eintauchen dürfen. Immer mehr solcher Erlebnisparks und »Escape Rooms« entstehen. So generierte man nach dem Erfolg der HBO-Serie WESTWORLD (ihrerseits entstanden nach einem berühmten Science-Fiction-Film) für die »Festivalmesse« *South by Southwest* in Austin eine komplette Westerntown, in der man sich, ganz nach dem Vorbild von Film und Serie, in einer haptisch gewordenen virtuellen Realität als Westerner prügeln und schießen kann. Was ursprünglich als Dystopie entwickelt wurde, wird nun freizeitökonomische Wirklichkeit: Bis zu 60 »Erzählstränge« kann der Besucher miterleben und Star seiner eigenen Weitererzählung von WESTWORLD werden. Ein anderer Kurzschluss zwischen den *rich images* und den *poor images* zeigt sich im Hotelgewerbe: »Vor allem jungen Reisenden ist wichtig, den Freunden daheim zu zeigen, wie stilvoll sie übernachten, Hotels werden deshalb oft so geplant, dass sie instagramtauglich sind«, schreibt Evelyn Pschak in der *Süddeutschen Zeitung*.[6] Wieder wird Freizeit auch zugleich Arbeit (für die Werbung), und wieder wird der Konsument Komplize einer gerichteten Fälschung – gewissermaßen dazu angehalten, an der Virtualisierung seines eigenen Vergnügens teilzuhaben.

Entscheidend ist beim Instagram-Hotelübernachten ebenso wie beim Fankult ein subjektives Einschreiben in ein System, das seinerseits ein virtuelles Wachstum generiert. Solche Bildwelten können auf dem Markt ungeheuer wuchern, ohne dass sich die Aficionados verlieren müssen. So erwirtschaftet das STAR WARS-Merchandising ein Vielfaches dessen, was an den Kinokassen zusammenkommt, das allermeiste im Spielzeug-Sektor. Ein Kind, das kein einziges STAR WARS-Spielzeug hat, auch in den Haushalten der Geringverdiener, dürfte schwer zu finden sein, denn das Merchandising wird sowohl vertikal (je mehr man von dem initialen Ereignis – im Kino zum Beispiel – entfernt ist, desto billiger wird das Bild-Objekt dazu) als auch horizontal (vom Fan-Shop über Toys »R« Us bis zum Ein-Euro-Laden) durchdekliniert. Zwischen 2015 und 2019 erschien alljährlich ein neuer Film: Der Handel mit den Gespensterbildern des Kapitals ist eines der wenigen Dinge, die noch mehr oder weniger berechenbar erscheinen. Die

Wie das Online-Reiseportal *Travelcircus* herausgefunden haben will, suchen 40 Prozent der Reisenden zwischen 18 und 33 Jahren ihr Hotel danach aus, wie gut es auf Instagram aussieht: *beautifulhotels*

Produktion von *rich images* in Serien und Sequels, Reboots und Spin-offs ist die mehr oder weniger verlässliche Sinnproduktion. Auf der anderen Seite aber ist eine solche Bildwelt abhängig von der Begeisterung und dem Wohlwollen der Fans. Bis zu einem gewissen Grad adaptieren sie die Bilder ihrer Traumwelt, um sie selber frei und kreativ zu nutzen. Sie schlüpfen in die Kostüme der Helden und Schurken, sie erzählen ihre Geschichten weiter, machen Filme und Comics mit ihnen. So entstehen die *poor ima-*

ges als Abglanz der *rich images* – und zugleich als Gegenbilder. Die *rich images* könnten ohne die *poor images* nicht nachhaltig wirken, weshalb ein Franchise gut beraten ist, eine solche Fankultur zu fördern. (Nebenbei kommen aus der Fan-Produktion auch neue Anregungen.)

Die Produktion von *poor images* nimmt aber auch noch andere Formen an. Nach dem sensationellen Erfolg von THE BLAIR WITCH PROJECT entwickelte sich der Found-Footage-Film im Allgemeinen, der Found-Footage-Horror im Besonderen. In der Comic-Kultur spielen Fan-Produktionen eine wesentliche Rolle. Natürlich sind sie »Vorzimmer« der Kreativität, in denen neue Talente rekrutiert und die Hoffnungen auf Karrieren aufrechterhalten werden. In der Literatur gibt es dazu die Strategie des »Self Publishing«, in der sich Autorinnen und Autoren direkt und ohne das ökonomische wie kulturelle Regulativ eines Verlages an die potenzielle Leserschaft wenden. Ausgeprägter noch als in dieser »altmodischen« Kultur (die bei den Marketing-Abteilungen großer Firmen wenig Interesse findet) ist das digitale Selbstvermarkten im Internet und in den sozialen Netzwerken. Es scheint ein Weg vom Nichts zum Starruhm über YouTube zu führen. Zwischen den Amateuren und den Gewinnern in einem Medium, einer Technik, einem Genre scheint es keinen Weg mehr zu geben, sondern nur einen Sprung.

Aber spätestens bei der Produktion von Selfies ist klar, dass die Produktion der *poor images* nicht auf diesen Aspekt allein zurückgeführt werden kann. Erbeutung und Vergespensterung ergreifen alle Formen von Ausdruck und Selbstausdruck; das *rich image* erzeugt eine Transzendenz, ein Unerreichbares, eine Demut, und das *poor image* erzeugt eine Form der Selbstermächtigung, das Habbare, einen Stolz. Es gibt Bilder, die kein Mensch machen kann, und es gibt Bilder, die jede und jeder machen kann. Die Parodie von kultureller »Erkenntnis« im Neoliberalismus ist die beständige Suche nach den semantischen (und ideologischen) Berührungspunkten zwischen beidem. In gewisser Weise ist im Neoliberalismus die Beziehung von *rich images* und *poor images* an die Stelle von »hoher« und »niedriger« Kultur in der bürgerlichen Gesellschaft getreten, die in ihm nicht aufrechtzuerhalten war. Unentwegt wird uns klargemacht, dass es nun eben »Kreativität« ist, was das eine mit dem anderen verbindet, während es Ökonomie ist, was das eine vom anderen trennt. Die Hersteller von *rich images* lieben es, sich als Fans zu inszenieren und für die Fans. Weil es nicht Talent oder Eingebung ist, was das eine vom anderen trennt, sondern Technik und Budget, wird auch die Beziehung von *poor images* und *rich images* zu einem Teil der großen »Du kannst es schaffen«-Erzählung. Die semantische *difference* wird nicht mehr durch die kulturelle Differenz, sondern durch die Marktsegmente gebildet – was zunächst »demokratisch« erscheinen könnte, wäre es nicht so eindeutig und fundamental an den Markt gebunden. Nicht jedes *poor image* drückt, wie gesagt, den Wunsch aus, im Segment der *rich images* anzukommen, doch seine Veröffentlichung fischt nach Anerkennung und Wertermittlung. Und Self-Publishing, auch in diesem Segment, wird zu einem Teil der Sharing Economy (und Sharing Culture), der vor allem die Provider und Vermittler reich und mächtig macht. Von einem gemeinschaftlichen Besitz der Bilder/Erinnerungen/Träume kann keine Rede mehr sein, das »Familienalbum« ist nur in der allgemeinen sozial-medialen Öffentlichkeit gut aufgehoben; die Hochzeit ist nicht mehr das interne, verbindende Fest, das eine Gemeinschaft von Familie und Freundschaft bildet und stabilisiert, sondern eine öffentliche Show, nur im Wettbewerb mit anderen öffentlichen Shows zu verstehen. Eine solche Hochzeitsshow, ohne die kein »klassenbewusstes« Paar der oberen Mittelschicht mehr auskommen mag, ist der Versuch (so ästhetisch kläglich wie ökonomisch lukrativ), das Paradoxon eines privatisiert-öffentlichen *rich image* zu produzieren. Etwas, von dem man, wie man so sagt, sein ganzes Leben (oder wenigstens die Dauer einer Beziehung) etwas haben soll. Und nirgendwo erlebt man so drastisch, wie sich ein erbeutetes Bild in ein gespenstisches verwandelt.

Erniedrigung und Erhöhung sind Marktwerte, die von diversen Artworlds, Fan-Szenen, *fashion tribes* usw. ausgehandelt werden und auf sie zurückweisen. Die *poor images* verpflichten jeden Menschen zur Kreativität. Doch zwischen den *poor images* und den *rich images* entsteht eine Zone der visuellen Leere; das achtsame, handwerkliche, originelle Bild hat hier keine Chance. So wie man, was die Information über die katastrophische Welt anbelangt, stets zugleich zu viel und zu wenig Bilder hat, so ist das Bildermachen zugleich zu schwer und zu leicht geworden, um noch eine Kultur oder auch eine politische Ökonomie herauszubilden. Die Sphären des privaten und des kommerziellen Bildermachens sind in einem neuen Netz miteinander verbunden. Technisch und ökonomisch gibt es kaum noch Unterschiede; in einem unter anderem auf *Spiegel Online* veröffentlichten dpa-Artikel wird eine App wie folgt gepriesen:

> »Sei es Verwacklungsschutz, ein Neigungsmesser zur Haltungskontrolle oder LowLight-Features für Aufnahmen bei Dunkelheit – für fünf Euro erhält man eine vielseitige Foto-App für anspruchsvolle Handy-Fotografen. Für junge Nutzer interessant: Bei Selfie-Aufnahmen leuchtet der Bildschirm zusätzlich einmal auf, um als weitere Beleuchtungsquelle zu dienen.«[7]

Das Internet ist eine gewaltige Maschine zur Produktion von *poor images* als einer Art der »Sharing«-Ästhetik. Natürlich ist der Vertreter klassischer Bildkultur zunächst frustriert darüber, worauf sich die *poor images* jenseits der Verbreitung der eigenen Bilder, der Selfies, Kinder- und Urlaubsfotos im Netz, beziehen: die berüchtigten Kätzchen, alltägliche Missgeschicke, sportliche Leistungen, ein bisschen Sex und manchmal auch entschieden zu viel davon. Und doch bringt diese Massen-Produktion von Bildern, die in den seltensten Fällen ohne eine ökonomische Rückbindung auskommt (Wer glaubt noch daran, dass eine »erfolgreiche« Kosmetikfilm-Bloggerin keine Agentin der Kosmetikfirmen ist? Wer glaubt an ökonomische Unabhängigkeit von Game-Community-Spots?), das System der visuellen Wertermittlung gehörig durcheinander. Gespenstisch werden diese Bilder natürlich auch deswegen, weil es immer mehr von ihnen und immer weniger Abzubildendes gibt; wenn man schon früher leicht hätte sagen können, jedes Bild verfolge auch eine Absicht (also habe es auch nie eine reine Abbildung gegeben), so müsste man nun den Absichten dabei zusehen, wie sie mehr oder weniger verzweifelt, mehr oder weniger gewaltsam nach Bildern suchen. (Mit der Selbstverbrennung buddhistischer Mönche in Vietnam begann im Übrigen die Post-Histoire des politischen Bildermachens.)

Ein anderes Beispiel für die Beziehung von *rich images* und *poor images* ist der virtuelle japanische Popstar Hatsune Miku, ein Hologramm, das mit einer Vocaloid-Synthesizer-Stimme ausgestattet ist und mit realen Musikern zusammen reale Konzerte

»Die erste Stimme der Zukunft«: Der virtuelle japanische Popstar Hatsune Miku

gibt. Die Fans haben Hatsune Miku (»die erste Stimme der Zukunft«) adaptiert und drehen Filme mit ihr, machen Comics etc. Während man sich in der analogen Welt glücklich schätzen darf, ein Selfie mit einem Star oder einem Prominenten zu erbeuten, ist Hatsune Miku das Gespenst, das in nahezu jede biografische Erzählung eingebaut werden kann. Um seiner habhaft zu werden, muss freilich auch das Selbst-Bild entsprechend virtualisiert werden. Hier erzeugt sich die Illusion, dass die Beziehung zwischen *rich images* (ein Hatsune-Miku-Konzert ist nicht »billiger« als das eines realen Menschen) und *poor images* vor allem ein technisches Problem sei.

Die »virtuelle Diva« Kyoko Date, eine Schöpfung des japanischen Entertaintment-Unternehmens HoriPro, ist eine weitere Computerschöpfung, die sogar an Talkshows mit »richtigen« Menschen teilnimmt. Die Urahnin dieses virtuellen Stars ist DK-96 (DK steht für *digital kids*) aus dem Jahr 1995; ihre Weiterentwicklung (um nicht zu sagen »Tochter«) ist 1,62 groß, wiegt 43 Kilo und hat die Körpermaße 83-56-82. Sie ist kein Bild mehr, sie hat Erinnerungen, sie hat besondere Vorlieben, Geschmack und Interessen und nicht zuletzt eine Biografie: Kyoko wurde in einem Vorort von Tokio als Tochter des Besitzers eines Sushi-Restaurants geboren, sie hat eine Schwester von 15 Jahren und einen Liebhaber, von dem nur das Initial M bekannt ist. Ihr Bild wird von einem guten Dutzend Firmen benutzt, um einerseits Waren zu verkaufen, sie selbst andererseits in verschiedenen Seinsformen zu präsentieren. Ihr erstes komplettes Album erschien 1996 zusammen mit dem Videospiel *Princess Maker*, das den Spielern die Möglichkeit an die Hand gibt, die virtuelle Diva nach eigenen Vorstellungen zu modifizieren. Ein besonderes Gadget zeigt die eigene Kreation beim Wachsen: Man erschafft etwa eine zehnjährige Prinzessin und sieht, wie sie Jahr um Jahr erwachsener wird und dabei einen speziellen Sexappeal entwickelt.

Zum einen ist also das *poor image* eine spezielle Form des *user generated content* auf Plattformen wie YouTube, nämlich die aus (zum Teil illegalen) Downloads generierten »Abklatsche« von *rich image*-Projekten, denen ein eigener Dreh verpasst wird. Besonders beliebt sind übrigens Sex-Variationen populärer SF-, Superhelden- oder Actionserien. Doch das *poor image* hat auch seine eigene Ästhetik. Der *user generated*-Anteil der populären Kultur verbindet das (ökonomische) Unten mit dem Oben in einem globalen Rückkoppelungseffekt.

Man kann zweifellos die Produktivität auf dem *poor image*-Sektor als subversiven Gebrauch der popindustriellen Produkte oder sogar die Erzeugung einer alternativen Produktion preisen. Die Wertschöpfungen drehen sich in die Privatsphären hinein. Und aus ihnen heraus werden die neuen Bilder geboren, die nicht unbedingt »originell« im klassischen Sinn sein müssen. Es wuchern sozusagen gleich zwei Formen des »Eigentums« an einem Pop-Mythos: das der großen Konzerne und das des

Fandoms. Die beiden sind einerseits aufeinander angewiesen, auf der anderen Seite aber auch in einer permanenten Spannung zueinander gefangen. Nur eine »kreative Mitte« muss dabei erdrückt werden. Der Kurzschluss auf dem Pop-Markt schließt »Gesellschaft« als eigentlichen Produzenten der Kultur aus, mit verheerenden Folgen. Die subjektive Freiheit der Prosumer und die objektive Kapitalisierungsmaschine der Konzerne verhindern jede Reibungsfläche, jeden Diskurs, jede bewusste Dissidenz.

Der arbeitende Kunde – und die Maschine als Agent und Spion

Die Beziehung von *rich image* und *poor image* ähnelt dabei der neuen Beziehung zwischen Produzenten und Konsumenten. Die Unternehmen lagern seit etlicher Zeit Arbeiten aus, die früher in einem Face-to-Face-Gespräch oder einer Aktion zwischen Menschen verliefen, um sie durch Automaten erledigen zu lassen, die der Kunde selber bedient. Das ist eine Quelle immerwährenden Verdrusses, da man als arbeitender Kunde mit schöner Regelmäßigkeit überfordert wird oder aber an der Erklärtiefe eines Geräts scheitert. Was als Bequemlichkeit angeboten wird, kostet den arbeitenden Kunden Zeit, Geduld und Lebensfreude.

Der arbeitende Kunde trat mit der Selbstbedienung im Supermarkt im Erscheinung, folgte bald den Anleitungen eines gewissen »unmöglichen Möbelhauses aus Schweden« und wurde zum emsigen Online-Banker. Er holt sich Postsendungen selbst in Packstationen ab, besorgt sich Tickets an Automaten oder über Smartphones, checkt am Flughafen elektronisch ein, scannt Preise an der automatischen Kasse, liefert seine Daten digital ans Finanzamt und andere Behörden, organisiert Reisen im Internet, nutzt die automatisierte Rückgabe von Pfandflaschen. Die Arbeit des Kunden wird dabei auf drei Ebenen belohnt, zum einen durch ein Versprechen des Preisnachlasses (oder, in der Negation, die Drohung: Sonst müsste das alles sehr viel teurer sein), zum anderen durch Beschleunigung und Bequemlichkeit (und die Vermeidung sozialer Kontakte), zum dritten schließlich durch performative Erfolgserlebnisse: Man darf zeigen, dass man »so etwas« (und mit größter Lässigkeit) kann. In aller Regel wird aus einer ursprünglich alternativen Möglichkeit für den arbeitenden

Kunden eine Norm; die Verweigerung dieser Kundenarbeit (wie die Bedienung des Fahrkartenautomaten oder der Verzicht auf Online-Banking) wird schnell mit Strafgebühren bewehrt oder einfach unmöglich gemacht.

Als Prosumer hat man immer etwas zu tun. Man kommt nicht auf dumme Gedanken, es sei denn, der Fahrkartenautomat gibt einmal mehr die ganz und gar unerwünschten Verbindungen aus oder der Geldautomat ist wieder einmal kaputt (unnütz zu sagen, dass man für die Leistung, die man da selber vollbringt, seiner Bank auch noch Gebühren zahlen muss). Prosuming ist eine Indifferenzzone zwischen dem Privaten und dem Öffentlichen; es tritt an die Stelle anderer sozialer Praxen. Und während der Prosumer mit »seinem« Automaten ringt, füttert er ihn mit Informationen. Diese wiederum lassen sich aufspalten in die aktiven Informationen (die Maschinen wissen etwas über mein Leben, vielleicht sogar einiges, was ich nicht einmal selber weiß) und passive Informationen (durch mein Verhalten füttere ich die Maschine mit Erfahrungen und Berechnungsgrundlagen); die Maschine lernt etwas über mich, während sie zugleich etwas von mir lernt. Und beides kostet mich wiederum Zeit und Energie. Zeit und Energie, die möglicherweise an anderem Ort (für mich selbst, bei mir selbst) fehlen.

Der Prosumer, der zugleich produziert und konsumiert, ist bei solcher Übernahme ursprünglicher Service-Anteile noch lange nicht am Ende seiner Möglichkeiten bzw. seiner Ausbeutung. Ganz offen wird von einem »Out-Sorcing an die Kunden« oder von »partiellen Mitarbeitern« gesprochen[8]; was diese »Schattenarbeit« den Unternehmen an Lohnkosten und Räumlichkeiten erspart, wurde in volkswirtschaftlichem Rahmen noch nie publiziert. Das Entscheidende dabei ist, dass sich die Kundenarbeit als soziale Technik etabliert, sie muss den Kunden so selbstverständlich erscheinen wie das Heranholen eines Einkaufswagens und der Münzeinwurf für das Pfandgeld.

Den freundlichen Helfer im Supermarkt gibt es zwar in den Werbefilmen, in der Realität verlangt man aber immer mehr den arbeitenden Kunden, der selbst sucht, was er braucht. In den Schnellrestaurants soll der Kunde nicht nur holen, was er verzehrt, sondern auch noch Tabletts zurücktragen. Die Banken sind gewiss Vorreiter beim Erzeugen des arbeitenden Kunden,

den man gleichwohl zugleich mit Gebühren für die bloße Anwesenheit in den heiligen Hallen des Kapitals überzieht; während alles über Automaten erledigt wird, ist man beim Online-Banking schon etwas weiter. »Alles was automatisiert werden kann, wird auch automatisiert«, so der Leiter der *Allianz*-Versicherung, Oliver Bäte, im Interview mit dem *Spiegel*.[9]

Doch es bleibt uns nicht wirklich verborgen: Wir wandern durch unsere Shopping Malls und Fußgängerzonen und stellen fest, dass es nicht nur beinahe überall die gleichen Geschäfte der gleichen Konzerne gibt, sondern auch in unterschiedlichen Läden die gleichen Waren. Also nicht nur die gleichen Marken, sondern Waren, die sich gleichen, obwohl sie verschiedene Marken oder verschiedene Namen tragen. Echte Neuigkeiten sind eher selten. Produktwechsel haben etwas Gewaltsames an sich, und natürlich: etwas Gespenstisches. Denn das Mainstreaming der Waren und Dienstleistungen durch die Beteiligung von uns Prosumern hat auch einen Haken: Wir sind langsamer, als der Markt erlaubt. Je prosumer-orientierter das Marktgeschehen, desto geringfügiger der Einfluss der Konsum-Avantgarde, die sich schließlich nur noch im temporären Wettlauf mit dem Mainstream befindet (den neuen heißen Scheiß von Apple haben, einen Tag bevor ihn alle haben) und keinen Stil-Schub mehr bringen kann. So scheint es nur auf den ersten Blick absurd: Durch die Beteiligung der vielen wird die Ware unwirklich. Das Marketing muss die mehr oder weniger unfreiwilligen Helfer, deren es sich bedient, auch wieder austricksen, um ihr Beharrungsvermögen zu überwinden. Produktivität und Kreativität verlieren ihre Bindungskräfte aneinander. Denn wo die Kreativität der vielen (»gnadenlos«) abgeschöpft wird, verlangsamen sich auch die Innovationszyklen (nirgendwo ist das besser abzulesen als in der Entwicklung der Popkultur, die sich in Wiederholungen, Amalgamierungen und Minimalvariationen erschöpft und mehr Hype als Zu-Hypendes entwickelt). Hier muss das Vergangene zur Sensation werden (der Luxus »handgemachter« Musik, der Luxus, sich von einem Menschen und nicht von einer Maschine bedienen zu lassen). Die Maschinisierung der Kommunikation in der Öffentlichkeit offerierte zunächst einen Ausweg: Du sollst dich nicht mehr an die öffentliche Maschine wenden (den Fahrkartenautomaten), sondern an deine private Maschine (dein Smartphone); du sollst nicht Espresso von einem

Automaten in der Hotelhalle beziehen, sondern vom eigenen Espresso-Automaten, du sollst deine eigene Alarmanlage haben, die sich um das Haus des Nachbarn nicht kümmert, usw. Freilich wird rasch klar, dass diese Privatisierung nicht Lösung, sondern Verschärfung des Problems ist, und das wird uns spätestens dann klar, wenn wir herausfinden, wie viele Informationen diese Maschine, die nur scheinbar (ökonomisch) uns gehört, über uns sammelt und in ihren Netzen weitergibt. Spätestens also, wenn sie im eigenen Haus wirkt, ist die Kommunikationsmaschine als Agent und Spion zum Feind im Innenraum geworden. Noch der Kühlschrank, den wir gerade als Beute vom Medienmarkt nach Hause brachten, ist ein Gespenst, das auf das Wirken fremder, unsichtbarer Mächte hinweist, das über uns mehr weiß als wir über es, mehr sogar, als wir über uns selber wissen. Es beginnt eine Vergespensterung des eigenen Haushalts; nirgendwo mehr ist man noch fremder und einsamer als »daheim«.

Diese Veränderung des Warenangebotes hat auch ökonomische Ursachen, sie liegen nicht zuletzt in der Automatisierung der Produktion. Wenn die Produktivität (durch den Gebrauch immer neuer, auch »intelligenter« Maschinen) über das Maß der Reinvestitionen und damit des Wachstums steigt, ist ein Druck auf die Arbeit die Folge, der entweder Arbeitslosigkeit oder Lohndumping bedeutet. Umgekehrt bedeutet Automation auch raschere Fertigung und kürzere Lebenszeit der Produkte selber (ein Vorgang, der gleichsam auch ästhetisch, in der Art der Vermittlung und des Konsums der Waren, nicht einfach rückgängig zu machen ist). Die Investitionskosten für neue Produkte müssen sich schneller amortisieren; neue Fertigungsanlagen bilden gegenüber Aktionen auf dem Finanzmarkt höheres Risiko und geringere Gewinnerwartung. Die Unternehmer reagieren darauf mit der Entwicklung möglichst kleiner flexibler und modularer Produktionsanlagen. (Natürlich reagieren sie überdies mit einer Aktivierung mehr oder weniger krimineller Energie beim Überlisten aller Auflagen und Regeln, denn wie die Abgasskandale in der Automobilindustrie der 2010er Jahre zeigen, sind zwar einige der altmodischen Kontrollinstanzen, nicht aber die Kunden über Betrugsmanöver, Kartellabsprachen und Umweltsünden beleidigt.) Die »schlanken« Produktionsanlagen (die zugleich Unmengen von Industrieruinen erzeugen) sollen sich einerseits rasch verändern lassen, andererseits aber in den Grundzügen bestehen bleiben. Eine modulare Produktion bietet sich daher an (die sich dann wieder subjektivieren und personalisieren lässt). Immer größere Verkaufsflächen stehen immer weniger Produktionsflächen gegenüber, wovon jedes »Industriegebiet« am Dorfrand (kein Dorf ohne!) kündet. Die Ware tritt in die Phase des Samplings ein. Kundenwünsche sollen schnell in die Fertigung miteinbezogen werden, allerdings möglichst nur so weit, als es die äußeren »Zutaten« anbelangt. Daher ist auf der anderen Seite die Ästhetisierung und Emotionalisierung der Ware ein dringendes Erfordernis in immer schnelleren Produktionszyklen, die zu einem großen Teil auch Recycling sind. Die Industrie 4.0 verbindet gleichsam »Kundenwunsch« und Fertigungsanlage direkt miteinander. Den flexiblen Fertigungsanlagen, die von lernfähigen und variablen digitalen Einheiten bestimmt sind, entsprechen Mitarbeiterinnen und Mitarbeiter, die in hoffnungslose Widersprüche von Wettbewerb und Kooperation geworfen werden. Der kapitalistische Surrealismus findet dazu passende Neuschöpfungen wie »Coopetition« als Zusammenziehung von Kooperation und Konkurrenz.

Das ist letzten Endes die Erfüllung der Idee vom arbeitenden Kunden: Er entwirft selbst seine Ware, die mit Know-how und Kontrollen in der menschenleeren Fabrik *on demand* gefertigt wird, holt sie sich an der Packstation ab und bezahlt sie mit einem bargeldlosen *banking*. Die Informationen, die er vorher und nachher abgegeben hat, bestimmen nicht nur über das, was ihm als nächstes Konsumkapitel angeboten wird, sie bestimmen sogar den Preis. Denn das elektronische Andere weiß, was er sich leisten kann, was er sich wünscht und »wie er tickt«, das heißt, welche Summe er zu investieren bereit ist, ob er sie hat oder nicht. Nun wäre also der »Fabrikherr« oder der Unternehmer eigentlich überflüssig. Aber er ist im Gegenteil so schnell reich und mächtig wie die Herren hinter Uber, Airbnb oder Amazon. Sie erwirtschaften ihre Rendite, indem sie die Nadelöhre von Produktions- und Konsumtionsmitteln besetzen, die sich im Wesentlichen durch Algorithmen steuern. Die »resiliente Produktion« – für die ein 3D-Drucker das allen bekannte Muster bildet – ist eine Fertigungsanlage, die sich mehr oder weniger automatisch (oder eben nach den »Kundenwünschen«, die ihrerseits durch massive Medienpräsenz gesteuert werden) von einem Produkt auf das andere umstellen lässt. Was wir uns vorstellen, wird von der ersten Maschine, der Medienmaschine, in unserem Kopf erzeugt, und dieser sendet es, in der absurden Annahme, es handele sich tatsächlich um eine eigene Idee, als Kundenwunsch an die zweite Maschine, die resiliente Produktion weiter.

Der Kunde zwischen zwei extrem flexiblen, aber auch extrem limitierten Maschinen fühlt sich frei wie nie zuvor. Ist es nicht so, dass noch jede Nuance seines Geschmacks in der Ware ihren Widerhall findet? Er ist der eigentliche Herr in der Warenwelt geworden, er ist der eigentliche Fabrikherr. Sein Wunsch ist der zweiten Maschine Befehl. Doch unglücklicherweise kann dieser Mensch nur wünschen, was ihm Maschine eins befohlen hat. Und Maschine eins wiederum ist direkt an Maschine zwei angeschlossen. Drei Player in einem Spiel von Freiheit und Kontrolle, von denen einer partout nicht merken will, dass er der Betrogene ist.

Natürlich entwickeln sich immer wieder auch Modelle und Fantasien zu Ausbruch und Subversion. Nur zum Beispiel könnten Konsumenten, die in der Lage sind, sich selbst zu organisieren, auf die Idee kommen, sich selbst einer dieser flexiblen und immer preisgünstigeren resilienten Fertigungsanlagen zu bemächtigen. Es könnten von unten her neue »Konsumgenossenschaften« entstehen, die sich mit flexiblen Produktionsanlagen selbst versorgen und dabei besser fahren, weil sie ja keinen Profit erwirtschaften müssen (jedenfalls keinen, der über die Tilgungsraten für die Anschaffung der Anlage hinausginge ...). In der Regel greifen dann Immobilienmarkt, Bürokratie und Lokalmafia in das Geschehen ein.

Und dennoch gibt es sie. Die *Fabrication Laboratories* (Fab Labs) ermöglichen eine gemeinschaftliche und nicht kapitalistische Produktionsweise. Sie sind eher soziale Praxen als Geschäfts- oder auch Anti-Geschäftsmodelle und bewähren sich deswegen auch wieder dort, wo bereits Gemeinschaften mit kritischem Bewusstsein gebildet sind (an Universitäten zum Beispiel). Der Erfinder der Fab Labs, Neil Gershenfeld, begreift sie als »Labore, in denen eine Technik schon genutzt werden kann, während sie entwickelt wird«. Universale Fabrikationsanlagen, die von unten her entwickelt und genutzt werden, treten in Konkurrenz mit ebenso universalen Fabrikationsanlagen der Industrie, der Einsatz von Enthusiasmus und Fantasie gegen den Einsatz von Kapital. Die Chancen stehen diesmal nicht schlecht aufgrund der

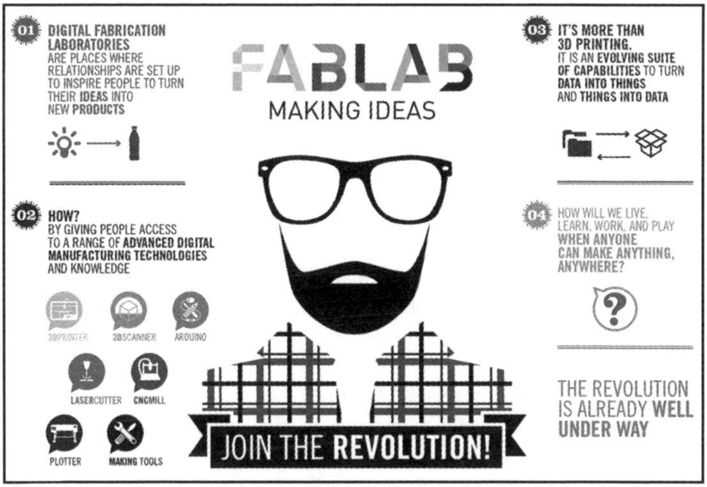

»Was aber, wenn Fab Labs über so hoch entwickelte Produktionstechniken verfügen, dass sie mit der Leistungsfähigkeit kapitalistischer Betriebe konkurrieren können?«: Werbeflyer für *Fabrication Laboratories*

Investitions- und Innovationsschwäche der alten Industrie im Finanzkapitalismus. Der nämlich fallen, wie zu sehen ist, nur noch Kostensenkung und mediales Manipulationspotenzial als Beitrag ein. Fab Labs indes könnten Risiken der Innovation furchtloser eingehen, weil sie gemeinsam getragen werden.

»Was aber«, fragt der Wirtschaftsinformatiker Ludger Eversmann, »wenn Fab Labs oder allgemein öffentliche, nichtkapitalistische, gemeinnützige Betriebe ohne Geschäftsmodell über so hoch entwickelte Produktionstechniken verfügen, dass sie mit der Leistungsfähigkeit kapitalistischer Betriebe konkurrieren können?«[10] Eine sanfte Übernahme der Produktionsmittel durch neue Gemeinschaften, Communitys, Bewegungen und Regionen könnte sich anbahnen, freilich nur dann, wenn die Gegenseite mindestens stillhalten würde, was eher nicht zu erwarten ist. Wahrscheinlicher ist ein Propaganda- und Preiskrieg (denn die alternativen Produktionsmittel können nur sehr begrenzt reale Verluste verschmerzen).

Eine Verschiebung der Machtverhältnisse wird es nicht geben, ohne dass sich die ökonomischen Basis-Beziehungen grundlegend ändern; die Produktions- und Konsumtionsbedingungen aber können sich nicht grundlegend ändern ohne eine Verschiebung der Machtverhältnisse. Beides miteinander zu verbinden ist wiederum die Aufgabe einer kritischen Betrachtung der Diskurse (der Ideologien des Neoliberalismus) und der Dispositive (der Ästhetik des Neorealismus, eben des kapitalistischen Surrealismus, an den wir uns zu gewöhnen beginnen). Denn tatsächlich wäre vieles von dem, was uns innerhalb des Kapitalismus in diesem Stadium als bedrohlich und destruktiv erscheint, Digitalisierung und Automatisierung, Produktivität und Nachfragerückgang, außerhalb von ihm durchaus segensreich. Es würde Verzicht auf die Wachstumsideologie, ökologische Achtsamkeit, Arbeitszeitverkürzung, Aufwertung der sozialen, kulturellen, politischen und medizinischen Fürsorge und Solidarität versprechen.

Voraussetzung aber wäre, dass nicht nur die Maschine zwei nebst ihren politischen Rahmenbedingungen, sondern auch die Maschine eins auf eine vergleichbare Weise »sanft vergesellschaftet« und entkapitalisiert würde. Was dagegen spricht, von der Konzentration der Medienmacht bis zum populistischen Druck von rechts, liegt auf der Hand. Unmöglich aber ist es nicht.

Der Kampf um die verbliebene Beute und seine zunehmende Vergespensterung

Die Welt so umzugestalten, dass sie nicht mehr als Ensemble von Beute-Objekten der Kapitalisierung erscheint, wäre ein wichtiger Schritt. Aber auch die Gespenster sind dreifaltig. Ihre drei Aspekte sind die Angst, die Schuld und der Verlust. Und auch sie bedingen und widersprechen einander zugleich. Mit

LUST	NAHRUNG (Vorsorge)	BESITZ
SCHULD	ANGST	VERLUST

haben wir ein Beziehungsgeflecht, das kaum noch im Ganzen, wohl aber in partiellen Beziehungen zu beschreiben ist, insbesondere in Form jener Dreiecke, bei denen jeweils ein Impuls durch zwei andere bezeichnet wird, also etwa

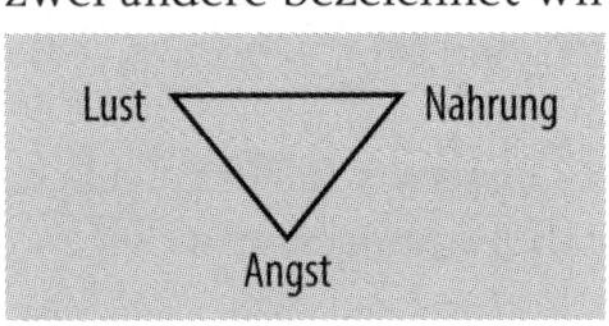

oder

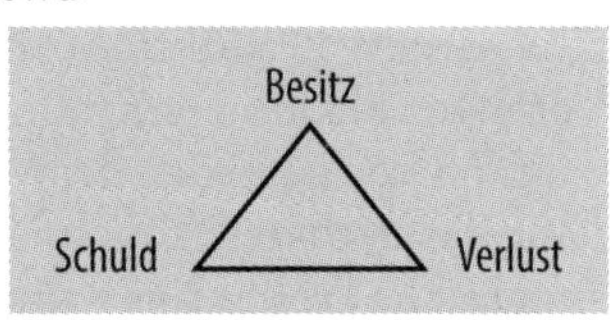

Beute und Gespenst sind sexuell konnotiert. Das Gespenst kommt als verbotene Lust oder Perversion, die Beute als Fetisch oder Objekt des Freud'schen Todestriebs zurück. Eine Sache gehört einem nur, wenn sie auf eine besondere Weise tot ist, nämlich als eine mumifizierte oder versteinerte Art – aber auch der Besitzende kann nur existieren, wenn er auf eine gewisse Weise tot, das heißt unsterblich wird. Beute und Gespenst sind beides Zustände des Untoten, etwas, das weder wirklich leben noch wirklich sterben kann. Beides tritt aus der linearen Geschichte in eine Bewegung des Rituals, der ewigen Wiederkehr, des Wiederholungszwangs.

Was nicht Beute und nicht Gespenst ist, das ist – *außerhalb*. (Beute ist Materie/Leben im Zustand ihrer Vernichtung/Umwandlung; Gespenst ist die in die soziale Praxis hineingeholte Transzendenz.) Der »kapitalistische Realismus« ist jene Ästhetik, die uns anschaulich macht, dass das Außerhalb des Kapitalismus zugleich das Außerhalb der Welt ist.

(Das islamistische Terrorsystem, das einen »islamischen Staat« als Wiederkehr der verlorenen Einheit und Harmonie verspricht, ist ein böses Spiegelbild der Kapitalisierung. Selbst wenn der islamische Staat zu verwirklichen wäre, käme er doch wieder nur als Gespenst zur Welt, als angreifbarere Verdinglichung seiner eigenen Paranoia. Das Prinzip der Beute wird in einer Plünderungsökonomie verwirklicht, das des Gespenstischen in einer Vernichtung »ohnegleichen«: Was also der Neoliberalismus fröhlich und unscharf betreibt, die Wandlung von Beute und Gespenst, wird im Dschihadismus mit blutigem Ernst betrieben. Die Umkehrung von Beute/Gespenst-Beziehung ist daher am Ende nicht Widerstand, sondern Schmiermittel der Neoliberalisierung der Welt.)

Man kann wohl etliche Phasen des Neoliberalismus beschreiben, deren erste noch sozusagen im Verborgenen oder in den Auslagerungen realisiert wurden:
- die Phase der vorbereitenden Theorien,
- die Phase der Politisierung,
- die Phase der heroischen (und paranoiden) Konservativen wie Maggie Thatcher und Ronald Reagan,
- die Phase der sozialdemokratischen Vollstrecker, Tony Blair in Großbritannien, Gerhard Schröder in Deutschland,
- die Phase der großen Gier,

- die Phase der Krisen,
- die Phase der alternativlosen Fortsetzung,
- die Phase der zweiten Konsolidierung (eine Zwischenzeit zwischen den großen Krisen),
- die Phase des Neo-Merkantilismus (oder »Merkelismus«), in der mit Austerität und Zinspolitik endlich Neoliberalismus zum »offiziellen« Politikziel wird,
- die Phase der nächsten Krisen,
- die Phase der fundamentaleren Entdemokratisierung und so weiter.

Zum wenigen, was in allen diesen Phasen gleich bleibt, gehört die bedingungslose Unterwerfung unter das Prinzip des Wachstums, auch wenn es rational als dasjenige erkannt wurde, das die Welt zerstören muss. Das Wachsen, das an die Stelle des Werdens gesetzt wurde, beherrscht nicht allein den Jargon der Ökonomisten und ihrer publizistischen Entourage, nicht allein die Sprechweisen »ihrer« Politikerinnen und Politiker, es ist Teil der allgemeinen Narration und der allgemeinen Ikonografie geworden.

> »Kein Tag vergeht, an dem nicht das Wirtschaftswachstum in den Medien besprochen wird, Wachstum begrüßt, Stagnation beklagt, Rezession als schlechthinniges Unglück hingestellt wird. Dass es der Wirtschaft gut geht, heißt das: dass sie wächst. Oder umgekehrt: Wenn sie nicht wächst, heißt das, dass es ihr schlecht geht. So reden die Wirtschaftsweisen, so reden die führenden Wirtschaftsinstitute, so reden einstimmig Politiker und Gewerkschaftsfunktionäre.« (Gernot Böhme)[11]

Erst in der neoliberalen Phase war es den Regierungen nicht mehr darum zu tun, den Kapitalismus auch ökologisch und moralisch zu regulieren oder wenigstens zu maskieren; in Deutschland zum Beispiel wurde allen Ernstes 2009 ein »Wachstumsbeschleunigungsgesetz« beschlossen. (Teil davon war die sogenannte Abwrackprämie, mit der der Kauf von Neuwagen und damit der Umsatz der Automobilindustrie angekurbelt wurde.) Es machte unter anderem schon vor der Corona-Krise deutlich, wie sehr immer noch der Staat, allgemein wahlweise als »zu schwach« oder immer noch zu regulierend angesehen, in wirtschaftliche Zyklen eingreifen kann: Wenn es wahr ist, dass der Staat mit allen seinen Mitteln nicht eigentlich Geld erzeugen kann, so ist er doch ein entscheidendes Medium dabei, wie es verteilt wird. Was die Gesellschaft und den Staat verbindet, ist nun eben die Wachstumserzählung (Wachstum, so erzählt man sich da, generiert Wohlstand, generiert Arbeitsplätze, vermindert Schulden, macht das Leben sicherer), die alle Teilbereiche von Politik, Kultur und Alltag umfasst. Tatsächlich ist die Wachstumserzählung diskursiv längst widerlegt und als Ideologie enttarnt, das ändert indes nichts an ihrer konventionellen Verbindlichkeit. Letztlich ist das Wachstumsphantasma die »Mutter« aller *post-truth-* und *fake-news-*Politik. Eine Mehrzahl dessen, was wir nun als alltägliches Bombardement an Desinformation, Paranoia und Propaganda erleben, hat in dieser Ur-Lüge seinen Beginn. Da alle Einzelerzählungen und Einzelinteressen in den Dienst der fortdauernden Wachstumsökonomie gestellt sind, sie das Zentrum von Kapitalismus als Religion bildet, muss alle öffentliche, mediale Erzählung auf Wachstum zielen.

Wenn im klassischen Kapitalismus das Wachstumsnarrativ eine Lüge gegenüber der Wahrheit von Umweltzerstörung, sozialen Konflikten und Kulturzerfall, aber auch gegenüber der Endlichkeit aller Ressourcen war, ist es im Neoliberalismus zu einer Lüge in sich selbst geworden. Es findet in Wahrheit kaum noch Wachstum statt, aber die Maschine und die Erzählung müssen weiterlaufen; der Zwang zum ökonomischen Wachstum, den schon die Analytiker des Kapitalismus im 19. Jahrhundert kritisierten, ist stärker als die Möglichkeit des Wachstums selber. Vom Wachstum bleiben vor allem Fiktionen und Zerstörungen. Als kapitalistischen Surrealismus haben wir eine Haltung beschrieben, die sich auf diesen Umstand einlässt, die also in die eigene Performance einschreibt, dass weiteres Wachstum zugleich notwendig und unmöglich ist. Sie ist nicht so sehr apokalyptisch als nihilistisch.

In der Phase, in der wir uns in der Gegenwart befinden, haben massiv jene Parteien gewonnen, die rechtspopulistische bis neofaschistische Elemente mit einer grundsätzlichen Bejahung des Neoliberalismus und seines Politik- und Lebensstils verbinden, von den Nationalisten um Marine Le Pen in Frankreich über die AfD und ihren Straßenlärm-Ableger Pegida in Deutschland bis zur Ukip (UK Independence Party) in Großbritannien. Die

Wachstumserzählung ist bei ihnen in eine Form von Missgunst- und Neiderzählung umgekippt, sie erliegen der Illusion (oder lassen sich auf die Lüge ein), Konkurrenten, nicht das System selber, seien schuld daran, dass nun die Grenzen des Wachstums bis in die Mitte der Gesellschaft »am eigenen Leib« erfahren wird. Im Grunde stehen sich da zwei Überlebensstrategien gegenüber, das Ende des Wachstums hinauszuzögern und damit den eigenen Chancen etwas hinzuzufügen. Die eine Strategie besteht darin, sich dort einzugliedern, wo die Fiktionalisierung des Wachstums immer noch Profit generiert, also in der Finanz-, in der Informations- und in der »Kreativ«-Wirtschaft; die andere besteht darin, möglichst viele von denen, die an der Peripherie der Wachstumserzählung taumeln, (zum Teil buchstäblich) ins Meer zu jagen. Beide Strategien reagieren auf eine zumindest als Ahnung und Unbehagen spürbare Veränderung: Entweder findet ein reales Wachstum kaum noch statt, sodass sich Produktivität und Kreativität vor allem quer, im Konkurrenzkampf, und also um den Preis der Störung und Zerstörung der anderen realisieren lassen (ein Unternehmen wächst mithin nur noch auf Kosten anderer oder, wie die weltweit agierenden Digital- und Kommunikationskonzerne, gleichsam auf Kosten seiner User). Oder aber das Ende des Wachstums ist in absehbare Nähe gerückt, und man weiß, dass es zumindest nicht »ewig so weitergehen« wird. Wachstum der Wirtschaft war die einzige Möglichkeit, den Verteilungskampf im Kapitalismus zu moderieren, den Arbeitnehmern ihren bescheidenen Anteil am Wohlstand zu übertragen und damit ihr soziales und politisches Wohlverhalten zu erkaufen. Ohne Wachstum, bei sinkendem Wachstum, aber auch in der Virtualisierung des Wachstums werden die Verteilungskämpfe unabdingbar härter und besinnungsloser. (Die Krise, sagt man, ist für bestimmte Bevölkerungsgruppen zum Dauerzustand geworden.) Nun wäre es also an der Zeit, die kulturelle, politische und semantische Verwahrlosung vieler Menschen, die im Augenblick allenthalben zu beobachten ist, nicht mehr allein als Folgen von negativer Liberalität und »Anonymität im Netz« etwa zu interpretieren, sondern als direkte und indirekte Reaktionen auf den angespannten Verteilungskampf. Dieser Verteilungskampf nämlich hat seit dem Verschwinden und der Entpolitisierung des intermediären Sektors, der Erosion der Sozialdemokratie, der Gewerkschaften, der kritischen Presse und der intellektuellen Diskurse (um einige Elemente möglichen Übersprungs anzuführen) keine gesellschaftliche Sprache mehr, dieser Verteilungskampf ist mit Tabus belegt (solchen der Sprache wie solchen der Selbsterkenntnis) und findet nicht öffentlich statt. Der Kampf um die Verteilung der verbliebenen Beute ist selber gespenstisch geworden. Der Reichtum der Gewinner ist so irreal wie die Verarmung des unteren Mittelstands, denn für beides werden keine politisch-ökonomischen Gründe angeführt, sondern sollen ausschließlich subjektive Bedingungen gelten.

In beiden Fällen wird das Prinzip der »kreativen Zerstörung« über das Maß einer Systemstabilität hinaus auf das der Zerstörung getrieben. Das Kaputtmachen wie sonst nur in Bürgerkrieg und Krieg, wie in den »failed states«, wird zur eigentlichen Produktionsdynamik. Die »Bullshit-Jobs« entwickeln sich zur Reserve der inneren Destruktion. Sie spalten sich in eine Form der Null-Produktivität (Arbeit als soziale Performance, Arbeit als Deckmantel für Geldtransfer, Arbeit als Bollwerk gegen andere Arbeit, Arbeit, die ausschließlich der Manipulation von Statistiken dient, etc.) und eine Form der Bullshit-Kreativität (Kreativität der Zerstörung, Kreativität als Deckmantel für Null-Produktivität, Kreativität zur Ästhetisierung der Soziophobie etc.). Auch hier entsteht eine Spirale: Um den Mangel an realem Wachstum zu überspielen, tendiert eine solche Ökonomie dazu, den Bereich der Bullshit-Jobs immer mehr auszuweiten, deren verborgener Hauptzweck wiederum darin besteht, reales Wachstum zu verhindern (was sie in gewissem Sinne wieder sympathisch macht: Bullshit-Jobs, die so sinnlos sind, dass sie nicht einmal mehr an der ökologischen Zerstörung teilhaben; allerdings ist die städtische Kraft, die den Tag damit verbringt, Laub von der einen Seite der Straße auf die andere zu blasen, schon wegen des Gebrauchs des Laubbläsers über den Verdacht der Umweltfreundlichkeit erhaben).

Folgerichtig entwickelt sich der Wert der Ware: Vom Gebrauchswert über den Tauschwert und den Prestigewert zum Sinnwert und schließlich zum Inszenierungswert geht der Weg. Der Inszenierungswert einer Ware ist von einem Gebrauchswert so weit entfernt wie die »kreative Zerstörung« von einer demokratischen Produktion. Wenn sich Areale der einstigen industriellen

Zentren, jenseits der digitalen und finanzökonomischen Inseln, zunehmend so anfühlen wie ein Land der »Dritten Welt« – wiederkehrender Dialogsatz in etwas finstereren Kriminalfilmen –, so belegt das auch, dass es wie vorher für das Wachstum nun für den Verfall kein wirkliches Ende mehr geben wird. Es kann, so steckt es in dieser Metapher, immer noch weiter abwärts gehen, immer noch mehr Verlierer geben, sich immer noch mehr Destruktion in den Formen der neuen Bullshit-Kreativität entfalten, das Ende des Kapitalismus ist damit noch lange nicht erreicht. Der kapitalistische Surrealist sieht diese Spirale nach unten mit einem grimmigen Lachen. Sich in dieser Spirale als »Ausnahme« zu inszenieren ist grandioses Lebensziel.

Es geht, eine Stufe tiefer in der Alltagskultur, gar nicht mehr darum, Hoffnungen wahrzunehmen; es geht um Techniken, die Augen vor der Irrealität zu schließen. Die Castingshow *Germany's Next Topmodel* ist seit ihrem Sendebeginn (seit 2009 bleiben alle Folgen – bislang über 200 – auf der GNTM-Webseite im Einsatz, im Februar 2021 startete unter Corona-Bedingungen die 16. Staffel) immer wieder ins Gerede gekommen, weil die Kandidatinnen sich so plagen, sich so demütigen lassen, gesundheitsschädliche Torturen zur Erlangung des Idealgewichts auf sich nehmen müssen, einen wirklichen Vertrag als Model zu ergattern aber für die meisten von ihnen aussichtslos ist. Schinderei und Demütigungen sind also nach allen Erfahrungswerten höchstwahrscheinlich umsonst, trotzdem brauchen sich die Sendeleitung und das Gesicht der Serie, Ex-Model Heidi Klum, um willige Kandidatinnen keine Gedanken zu machen. Sie müssen sich gewissermaßen mit Trostpreisen begnügen und für diese noch eine überbordende Begeisterung zeigen:

> »Dabei dokumentiert jede einzelne Folge mehr oder weniger drastisch, worum es bei *Germany's Next Topmodel* geht: die Mädchen öffentlich vorzuführen und zu demütigen. Viel Sendezeit erhalten die Mädchen, die besonders hysterisch kreischen, wenn Klum sie mit ein paar gesponserten Klamotten oder Beauty-Produkten beglückt oder gar zur AIDS-Gala nach New York mitnimmt. Noch ausführlicher wendet sich die Sendung den Mädchen zu, die unter der Last der gestellten Aufgabe förmlich zusammenbrechen, weil sie ihre Höhenangst, ihre Wasserscheu oder ihren Ekel vor

Sadismus und Sentimentalität: Heidi Klum und einige Kandidatinnen der nunmehr 16. Staffel von *Germany's Next Topmodel*

> Ratten nicht überwinden können. Gerade in den zerbrechlichsten Momenten ist ihnen die Kamera ganz nah.« (Rainer Stadler)[12]

Offensichtlich ist es bedeutend, zu einer Kultur der Gewinner zu gehören, zur Not noch in der mindersten Funktion, auch wenn es keine Chance auf das Gewinnen gibt. Die Sendung ist in dieser Weise ein Endpunkt des selbstdestruktiven neoliberalen Post-Fetischismus: Die »Chefin« Klum verhält sich gegenüber ihren Kandidatinnen, die ihr schutzlos ausgeliefert sind, wie ein übergriffiger, sexistischer Mann oder wie eine Frau, die Menschen dazu abrichtet, sich in ein Objekt der Begierde zu verwandeln. Es ist die Metapher des Arbeitsmarktes, auf dem eine Person nur darauf hoffen kann, zugleich Ware, Arbeiter und Ausbeuter zu sein. Wie ein typischer Ausbeuter pendelt Heidi Klum zwischen Sadismus und Sentimentalität, zeigt Herrschaft in der virtuellen Welt der Post-Mode: Die öffentliche Exekution von jungen Menschen (die prominenteste Zuschauergruppe sind Mädchen zwischen 14 und 17 Jahren) kennt Augenblicke der Gnade. Das, so scheint es, ist an Trost inmitten der Brutalität genug.

Damit wird klar, dass es in der Gesellschaft, in der sich Überfluss und Mangel unter den Bedingungen eines absehbaren Wachstumsendes bzw. einer Fiktionalisierung des Wachstums organisieren, vor allem um die Kontrolle von Freizeit, Konsum und »Kultur« geht. Wenn es schon schwerfällt, die Arbeit auf die Anteile von Bullshit darin zu untersuchen (denn auch die vermeintlich sinnvollsten Tätigkeiten, wie etwa das Schreiben von anti-neoliberalen Büchern, werden von Bullshit-Elementen flankiert und behindert, und sei's ein endloser Kampf um ein Zitatrecht hier, die Lieferung eines notwendigen Buches dort), so fällt es noch einmal schwerer, den Bullshit-Anteil an der eigenen Unterhaltung bzw. Kultur zu erkennen (Bullshit ist dagegen immer die Kultur der anderen). Meine Bullshit-Kultur erhält ihren Wert einerseits dadurch, dass sie sich von der Bullshit-Kultur anderer unterscheidet – nicht wie Fußballplatz und Sinfoniekonzert, die sich unter den Bedingungen einer liberalen Gesellschaft perfekt ergänzen könnten, sondern im Sinne der Kampfansage: Jeder kulturelle Ort ist die Besetzung eines Areals im Verteilungskampf, die Formulierung eines Anspruchs, die Verteidigung eines Privilegs. Damit ist im Übrigen noch einmal an unerwartetem Ort die Grenze zwischen Arbeit und Freizeit durchlöchert. Der kulturelle Verteilungskampf verschärft bis hin zu schierer Obszönität den Verteilungskampf in einer Welt, in der Produktivität und Kreativität im Zeichen von Bullshit stehen. Dies tangiert denn auch heftig die zweite Unterscheidung: Meine Bullshit-Kultur erhält ihren Wert dadurch, wie sehr sie die Defizite meines Bullshit-Jobs widerspiegelt. Was die Arbeit an Sinnproduktion, an Ordnung, an Vertrauen, an Solidarität, an Erfahrung, an Ernsthaftigkeit nicht hergibt, das soll die Freizeitkultur leisten, und zwar in direkter Verlängerung des Verlorenen. Die Freizeitaktivität ist also Alternative und Fortsetzung der Arbeit (auch all dessen, was in ihr, durch sie und mit ihr verloren ging) zugleich, und nicht nur über die elektronischen Devices, die Smartphones, Laptops und Fitness-Armbänder allein wird das eine zur Kontrolle des anderen. Daher wird die Freizeitindustrie nicht nur zu einem Wirtschaftszweig, in dem noch Wachstum generiert werden kann (wenngleich auch hier nicht ohne Ende), weil die Fiktionalisierung hier schon Wesensbestandteil der Ware und der Zirkulationen ist, sondern auch zum perfekten Regulationsinstrument. Unter vielem anderen lässt sich der Aufstieg des Populismus auch durch die Perfektion ihrer Führerinnen und Führer darin erklären, die Prinzipien der Freizeit- und Unterhaltungskultur auf die Politik zu übertragen. Die kulturelle Hegemonie der Rechten und extremen Rechten basiert auf der Verknüpfung der Politik mit der Unterhaltungs- und Freizeitindustrie – und deren Bereiche, vom Fußball über etliche Musik-Genres bis zu theatralen Reenactment-Events à la »Mittelalter-Leben«, erweisen sich als ideale Einfallstore.

Post Truth Policy oder die semantische Katastrophe der Politik

Der Erosion der Wachstumsideologie steht ein fiktiver neuer nationaler, völkischer und rassistischer Raum gegenüber, in dem, wie im fiktiven Wachstum, nur die Destruktion real ist. Nichts am Rechtspopulismus und Neofaschismus in Europa ist »produktiv«; die einzige Art von »Gestaltung« ist die Errichtung von Grenzmauern – Grenzmauern um eine Kultur, deren Verfall man maßlos beschleunigen will.

Im Zentrum all dieser Parteien und Bewegungen steht ein nationalistischer und nicht selten auch rassistischer Anspruch, die »Bevormundung« durch Europa zu überwinden, um einen National-Neoliberalismus begründen zu können. Natürlich ist dies eine der absurdesten Illusionen, allerdings verkauft sie sich wunderbar vor dem Hintergrund der fundamentalen Entpolitisierungen dieser Gesellschaften: Es ist das Exempel der Post-Truth-Politics. Wenn man von Jacques Derrida erfahren konnte, wie der Kommunismus als Gespenst im alternativ- und geschichtslosen Kapitalismus weiterwirkt, dann könnte man nun vom nationalen Kapitalismus als Gespenst sprechen, der die globalisierte Finanz- und Konsumwelt durchweht.

Es häufen sich schließlich die Karrieren, die von der Finanzwirtschaft in die Politik und umgekehrt führen. Berlusconi und Donald Tusk schienen noch Sonderfälle und Krisensymptome. Ukip-Chef Nigel Farage war als Aktienhändler reich geworden; Hans-Olaf Henkel, der für die AfD nach Europa geschickt wurde, war Manager unter anderem bei IBM und Präsident des Bundesverbands der Deutschen Industrie (BDI). Wir verstehen diese mehr oder weniger mächtigen Menschen im Zwischenreich von postdemokratischer Politik und neoliberalem Kapitalismus am ehesten als Piraten, die ihre Schätze verbergen wollen: Die Beute in der Globalisierung kann am besten national in Sicherheit gebracht werden. Das Untote und Gespenstische des eigenen

Reichtums treibt sie indes hinaus auf See. Es sind »atomisierte« Vertreter des neuen Kapitals, die sich so tätig an innerer Landnahme beteiligt haben, dass sie politisch-ökonomische Indifferenzinstrumente ausbilden und in gewisser Weise selbst zu solchen werden: Da sie offensichtlich keine biografisch-politischen Einheiten bilden, nicht einmal unbedingt der »Elite« angehören, bleibt ihnen gar nichts anderes als die Symbolpolitik und das Entertainment. Sie erscheinen wie geschaffen für die Post Truth Policy, die man auch als die semantische Katastrophe der Politik beschreiben kann:

Der politische Text, der Text der Politik (im Sinne von Roland Barthes, also unter Einbeziehung der nicht-sprachlichen Äußerungen) ist »wahr« auf drei Ebenen: erstens in Bezug auf seinen Inhalt, also das, was er zu beschreiben oder zu bewerten vorgibt, zweitens in Bezug auf die symbolische Praxis, also in Bezug auf die Verständigung zwischen Produzent und Adressat des Textes über das, was durch Worte und Gesten vermittelt wird (die Übereinstimmung darüber, was Text und Textteile »bedeuten« sollen), und schließlich drittens in der praktischen (und »kultischen«) Gemeinschaft der Produzenten und Adressaten. Es liegt auf der Hand: Die demokratische Vorstellung von einem politischen Text verhält sich subsidiär innerhalb dieser drei Zonen der »Wahrheit«, die erste und letzte Legitimation kann nur durch den Nachweis der inhaltlichen Wahrheit erzeugt werden, die beiden anderen können nur Folgen bzw. Mittel davon oder dafür sein. In der populistischen Konstruktion des politischen Textes liegt indes der Schwerpunkt bereits in der symbolischen Ebene. »Wir verstehen uns« ist eine wichtigere Aussage als »Das ist wirklich so«. Noch allerdings bleibt ein Bezug auf die »wirkliche« Wahrheit erhalten, und die kultische Gemeinschaft bezieht sich immerhin negativ darauf, zum Beispiel damit, dass »die anderen« (die »Lügenpresse« und die »Volksverräter«) eben der Verschleierung der wirklichen Wahrheit geziehen werden. In der nächsten Phase, wir können sie auch die »faschistische« nennen, kann von der wirklichen Wahrheit vollkommen abgesehen werden, und die gemeinsame Sprache von Produzenten und Adressaten des politischen Textes ist die alleinige Voraussetzung für die Herstellung einer Erzählung, in der man sich zu Hause fühlte. Die Wirklichkeit ist jetzt wirklich egal, ja sie ist ein Störfaktor, dessen randständiges

Auftauchen nur dazu führt, dass man sich noch militanter auf die Erzählung zurückzieht.

Natürlich lässt sich nun fragen: Wo fängt das an? Ist nicht jede Wahlkampfrede, jeder Talkshowauftritt bereits notwendiger Schritt weg von einer »wirklichen Wahrheit«, womit nicht nur die Rückbindung an Fakten (und die Einigung darüber, was man als solche ansieht) gemeint ist, sondern auch die Bereitschaft, von diesen so wenig wie möglich zu unterschlagen (wobei man »Staatsgeheimnisse« bis zu einem gewissen Grad ja auch einer demokratischen Regierung zubilligt, o nein, wir haben es nie »radikal« gemeint mit der Demokratie)? Jede Form von Macht umfasst auch die Macht, die Übergänge zwischen Realität, Semantik und symbolischem Narrativ zu kontrollieren und im eigenen Sinn zu manipulieren. Weshalb ja auch eine »freie Presse« mitsamt einem Zugang zur Welt der (politischen) Fakten zwingend als Kontrollinstanz geboten ist (oder müssen wir sagen: wäre?). Der demokratische Konsens liegt nicht in einem fundamentalen Verbot des Überschreitens der Grenzen zwischen den drei Zonen von »Wahrheit« im politischen Text, sondern im konsensuellen und rationalen Bestimmen der Grenzen solcher Überschreitungen. Es wird wohl wenig Menschen geben, die leugnen, dass sich diese Grenzen in den letzten beiden Jahrzehnten entschieden verschoben haben. Und das meint nicht, dass etwa heute mehr gelogen würde als, sagen wir, in der verklärten Zeit von Wirtschaftswunder und Wohlfühlkapitalismus. Es heißt im Gegenteil, dass das »Bedienen« der symbolischen und »identitären« Zone immer bedeutender wurde, und zwar aufgrund zweier scheinbar widerläufiger Trends: nämlich auf der einen Seite durch die Vermischung von politischem Text und Marketing-Semantik, die Verwandlung des politischen Textes in ein Werbe-Geschehen, und auf der anderen Seite durch die (selbst verschuldete) Neigung zu rechtspopulistischen Bewegungen, die dringend nach der »Erzählung« verlangen, in der man sich mit den Gegebenheiten einrichtet oder sie mehr oder weniger gewaltsam zur Anpassung an diese Erzählung zwingt (praktisch: die Errichtung autokratischer, rassistischer, nationalistischer und reaktionärer Regimes auf den Trümmern der Postdemokratie).

In einer diskursiven politischen Kultur der Gesetze, Argumente und Entscheidungen mag, frei nach Carl Schmitt, jene

Person, jene Instanz die wahre Macht verkörpern, die über den Ausnahmezustand bestimmen kann (eine Regierung, die sagen kann, ob und wie viele der demokratischen Regeln unter welchen Umständen gelten und wo und welche nicht), in einer politischen Kultur der Dispositive, der Emotionen, Geschmäcker und »Trends« dagegen hat jene Person, jene Instanz die wahre Macht, die über die Begriffe, die Narrative und die Bilder bestimmt.

Der Weg von einer leichten Färbung oder Verklärung der Fakten zum Zweck der besseren Verkäuflichkeit eines politischen Textes bis hin zur kontrafaktischen Erzählung der Post Truth Policy scheint weit (und ihn zurückzulegen hat sich die Postdemokratie ja auch einige Zeit genommen), zur gleichen Zeit aber auf eine ausgesprochen zähe Weise auch folgerichtig und unaufhaltsam, zumal wenn man die Parallelgeschichte einer von Markt und populistischem Druck aufgefressenen »freien Presse« mit besieht.

Post Truth Policy ist umso leichter zu verwirklichen, als die Bildwelten in den Medien längst ihre dokumentarische Verlässlichkeit verloren haben. Der emotionale oder ikonografische Aspekt (der Affekt und die Ordnung) in einem Bild obsiegt selbst dann, wenn die Inszeniertheit, wenn nicht gar die »Gefälschtheit« des Bildes erkannt oder wenigstens erahnt wird. Den Bildern ausgeliefert zu sein und ihnen zugleich zutiefst zu misstrauen, das ist die Praxis der halbwegs bewussten Mediennutzer. Aber der Widerstand gegen Affekt und Ordnung ist keineswegs grenzenlos. Die Bilder in der Post Truth Policy wollen daher ihr Gemachtes gar nicht mehr verbergen. So wie der postdemokratische Politiker sein »Die Wirklichkeit interessiert mich nicht« hinschmettert, sagt das in seinem Auftrag produzierte Bild: »Was geht mich die Wirklichkeit an, wenn das, was ich zeige, ›stimmt‹?« Falsche Bilder produzieren falsche Texte und umgekehrt. Walter Benjamin hat für die Fotografie dringend die Unterschrift als Mittel gegen das Vage und Durchscheinende der Bilder gefordert (man hat diese Unterschriften nicht ohne Ironie als »Legende« bezeichnet); aber längst gilt nicht mehr die Unterschrift als Legitimation des Bildes, sondern das Bild als Legitimation des Textes. Das *post truth picture* des politischen Textes offenbart nicht viel von der Welt, sondern füllt die Lücken des Subjekts. Es spricht nicht vom Sein des Objekts (der

Fotografie zum Beispiel), sondern vom Begehren dieses Subjekts nach einem Platz in der Erzählung.

Die Ursprünge der Post Truth Policy liegen natürlich in einer Form von Berichterstattung, die nicht mehr an Fakten und Urteilen, sondern an den Emotionen interessiert ist, die sie erzeugen und manipulieren kann. Das Interesse an der »großen Politik« verschob sich in den neunziger Jahren auf die direkte »Betroffenheit«. Mehr oder weniger dezent deutete es im Jahr 1992 Rainer Ingber vom Pay-TV-Sender *Premiere* an, als er von dem Wert einer Nachricht sprach, der davon abhänge, »wie sich eigentlich bestimmte Dinge auf mich persönlich auswirken«.[13]

Post Truth Policy als Text und als Bild funktioniert freilich nicht allein in einer linearen Bewegung (von objektiver Darstellung zu subjektiver Inszenierung zum Beispiel), sondern sie erzeugt ihre besondere Lust durch Inklusion und Exklusion. Auf der zweiten Ebene der »Wahrheit« nämlich, auf der der Einigung über den Bedeutungsgehalt der Symbole (beginnend mit Perspektiven, Bildausschnitten, Licht und Farbe etc.), lassen sich trefflich Gesagtes und Gemeintes voneinander trennen. Das simpelste Beispiel ist die Rede eines deutschen AfD-Populisten, der seinen Anhängern stets etwas anderes zu sagen in der Lage ist als den Gegnern (dem Rest der Welt). »Ihr wisst schon, was gemeint ist«, ein klassischer Gestus der Subversion, wird zum eigentlichen Inhalt des Textes. Er besteht selbst in der Spaltung der Welt in »Wir« und »die anderen«. Es interessiert nicht »die« Wahrheit, und schon gar nicht, wenn sie in Konkurrenz mit »unserer« Wahrheit steht.

Das Wesen der *post truth*-Form des politischen Textes ist die Abkehr vom Recht und die Rückkehr zum Körper. Die »Obszönität« der *post truth*-Inszenierung tritt an die Stelle der ursprünglichen »dokumentarischen« Wahrheit; die unleugbare Wahrheit der Körper genügt nun als Authentisierung. Die Inszenierung der Rechtspopulisten hat immer einen betont sexuellen Aspekt, der, wie der »geheime« Code der Gewalt, auch gerne als anti-sexueller Text daherkommt. Am Ende ist die Wahrheit der Post Truth Policy nichts anderes als die »nackte« Gegenwart von Angst/Hass und Begehren/Sadismus. Die äußere Wirklichkeit, einschließlich aller Kompliziertheit von Beziehungen und Verhältnissen, wird in der Post Truth Policy schließlich zu so etwas wie einem

»feindlichen Ausland«. Das Faktische wie das Semantische gerät in den Rang einer Beute: Was in die eigene Erzählung und ihre Sprache eingebaut werden kann, wird genutzt, was nicht, wird als »Lüge« abgetan. Das entspricht einem paranoiden Weltempfinden ebenso wie der klassischen Verschwörungsfantasie, unterscheidet sich aber in einem wichtigen Punkt: Post Truth Policy wird gemeinschaftlich hergestellt und bleibt flexibel. Lange Zeit bleibt erhalten, dass man die äußere Wirklichkeit nicht wahrnehmen *will*, bis der Punkt des Paranoikers erreicht ist, dass man sie nicht mehr wahrnehmen *kann*. Post Truth Policy erhält sich lange das Bewusstsein einer schieren Strategie, eine Illusion, man könne bei Bedarf oder nach Erreichen seiner politischen (und subjektiven) Ziele wieder zur äußeren Wirklichkeit zurückkehren. Post Truth Policy ist davon überzeugt, eine extrem kontrollierte Form der Paranoia zu sein; jeder Anhänger der Post Truth Policy ist der Meinung, die anderen würden noch viel mehr »überzeugt« sein als er selber; ja möglicherweise »glaubt« er den politischen Text viel weniger als an eben diese anderen. Daher benötigt er unentwegt Rituale, Feiern, Bewegung, Handlung, um die anderen zu spüren, und auch aus diesem Grund muss er so dringend seine Transformation ästhetisieren. So wie sich die Texte und die Bilder in der Post Truth Policy in Zeichen (der eigenen Erzählung) verwandeln, so verwandelt sich ihrem Anhänger mehr und mehr der eigene Körper, die eigene Sprache, der eigene Alltag in solche Zeichen.

Die Frage ist ebenso lästig wie unvermeidlich: Gibt es die Post Truth Policy (die sich ganz offensichtlich von einer reinen Propaganda-Politik unterscheidet, insofern sie ohne ihre »demokratische« Entstehung gar nicht denkbar ist) nur in der sattsam bekannten, nämlich »scharf« rechten Form? Was es zweifellos gibt, um das Mindeste zu sagen, ist eine Sehnsucht auf der linken und nicht minder auf der liberalen, demokratischen Seite, selbst zu einer »großen Erzählung« zurückkehren zu können, wieder auch semantisch »Gemeinschaft« zu spüren, im Ritual zumindest temporär von der äußeren Wirklichkeit abzusehen. Mehr lässt sich im Augenblick wohl einfach mangels Masse und Kraft nicht darüber sagen. Was freilich den Diskurs und seine Teilhabe anbelangt, so wäre jeder Flirt mit großer Erzählung und Post Truth Policy ein Verrat an den Vorgaben der Aufklärung.

Problematisch freilich scheint auch die Erzählung von einem »Verlust der Wirklichkeit«, die eine Erinnerung daran enthält, dass man ihr einst zumindest näher gewesen sei. Sie ist nicht minder problematisch als die Erzählung von einer demokratisch-kapitalistischen »Befreiung« der Sicht auf die äußere Wirklichkeit. Da die Demokratie keinen anderen Souverän als »das Volk« kennen soll, kann auch ihre Ästhetik nur eine »populäre« sein; der demokratische Staat wird Schutzherr der freien Kunst (wie der freien Presse) und muss sich doch beide »einverleiben«. Und der Kapitalismus kennt keinen anderen Herrn als den Markt, sodass wiederum die Kunst nur den Markt ausdrücken kann. Doch sind sowohl »Volk« als auch »Markt« virtuelle Konstrukte, Abstraktionen oder sogar dogmatisch verwaltete Mythen. Wie also sollten sie »Wahrheit« legitimieren oder gar erzeugen? Die Wahrheit in der kapitalistischen Demokratie ist auf nichts anderes bezogen als auf die Balance der Kräfte. Jede Sprache, die hier erzeugt wird, kann ihre Bedeutung nur aus diesen beiden Beziehungen, nämlich zum Volk und zum Markt, gewinnen (gehen wir für den Augenblick mit den Poststrukturalisten so weit, die äußere Wirklichkeit als Referenz der Sprache zu eliminieren). Der politische Text in der kapitalistischen Demokratie drückt die Einheit zwischen Volk und Markt aus, oder, andersherum, er arbeitet daran, diese Einheit zu erzeugen und zu erhalten. In der neoliberalen Postdemokratie ist diese Einheit aufgehoben, genauer gesagt, sie wird nicht mehr durch den politischen Text erzeugt, sondern, wenn überhaupt, durch ikonografische Dispositive (durch Bild-Texte, sozusagen), die »das Volk« nur noch marktförmig erreichen können. Dies bedeutet für den Menschen, der sich als »Volk« verstehen will (und nur als Volk kann er sich einen Platz in der Erzählung imaginieren), nicht nur Komfort, sondern auch Kränkung. Post Truth Policy, die ursprünglich vielleicht reagierte auf den Bruch zwischen Volk und Markt, beschleunigt damit einen merkwürdigen Prozess: Der Mythos des Volkes macht sich selbstständig. Es drängt ihn nach einer Realisierung, es drängt ihn nach »Verkörperung«. Und so wirkt sehr rasch das semantische, das ästhetische Geschehen auf das politische Geschehen zurück. Die Dekonstruktion der Post Truth Policy offenbart denn auch eine Wahrheit der zweiten Ordnung, die Wahrheit über das »Volk«.

Die Kultur der Selbstverachtung und die fortschreitende Kapitalisierung des Außen

In der Phase der zweiten Konsolidierung wird aus der ökonomischen Erpressung und Ausgrenzung auch eine politische Entrechtung. Der performative Anteil dabei ist eine bizarre Rechtsprechung, bei der Arbeitnehmer im Allgemeinen, Arbeitnehmer auf prekären Arbeitsplätzen und weiblichen Geschlechts im Besonderen wegen Nichtigkeiten bestraft werden und wo bei Polizeieinsätzen gegen Minderheiten offensichtliche Übergriffe nicht geahndet werden (was etwa in Großbritannien zu den Sommer-Riots des Jahres 2011 führte, nachdem die Polizei einen dunkelhäutigen jungen Briten erschossen hatte, ohne dass es zu einem Verfahren gekommen wäre). Aufstände und Demonstrationen werden von der Rechten und von der rechten Mainstream-Presse stets als Ausbruch krimineller Energie denunziert. Auf der anderen Seite werden die Ereignisse stets uminterpretiert. In der »heroischen« Phase des Neoliberalismus wurden große Streiks niedergeschlagen (bei der Niederschlagung des Bergarbeiterstreiks in England wurden neben der Polizeigewalt auch massiv die Medien eingesetzt, um die Streikenden zu diskriminieren: Arthur Scargill, dem Führer der National Union of Mineworkers, etwa wurde in den entsprechenden Kampagnen der Boulevardpresse hartnäckig unterstellt, im Dienste Libyens oder einer »faschistoiden« Organisation zu stehen – der Bruch zwischen Medien und demokratischer Zivilgesellschaft war damals schon sichtbar); in der zweiten Konsolidierungsphase dagegen werden informelle, »chaotische« Riots niedergeschlagen, aber eben auch gutmütige und friedvolle Demonstrationen der demokratischen Zivilgesellschaft. Nach und nach wird aus der sozialen Gleichgültigkeit der Postdemokratie eine nicht mehr zu leugnende Parteilichkeit von Bürokratie, Polizei und Justiz. Man arbeitet nicht nur »für das System«, was sich nach aller soziologischen und systemanalytischen Beobachtung ohnehin ergeben muss. Man arbeitet bereits an der Transformation des Systems. Man arbeitet im Zweifelsfall rechts.

Der Anteil der Gewalt in der Herrschaft des Neoliberalismus tritt in dieser Phase weiter hervor, zumal auf der anderen Seite die Erkenntnis vom Zusammenhang der politischen und der »privaten« Folgen von Prekarisierung und Freisetzung der Arbeit wächst: Depression und Angststörung werden nicht mehr nur als individuelle Folge des »Verlierens«, sondern als strukturelle Krankheit des Systems angesehen. Kurzum: Nachdem sich der Neoliberalismus in der ersten Phase als »geistige« Konstruktion zu erkennen gibt und in der zweiten Phase die Ambitionen, Hoffnungen und Ängste der Menschen besetzt, tendiert er nun immer stärker dazu, »körperlich« zu werden. Im Subjekt zeigt sich das als beständiger Kampf zwischen Krankheit und Versagen auf der einen, Fitness und Optimierung auf der anderen Seite; in den öffentlichen Transiträumen aber im Nebeneinander von Schutzlosigkeit (die sozialen No-go-Areas) und performativer Gegenwart von Staatsgewalt.

Als ästhetisch-mythische Begleitung dieser strukturellen Gewalt lässt sich ein Fernsehprogramm verstehen, das seiner Kundschaft die Möglichkeit gibt, anderen »Verlierern« lustvoll beim mehr oder weniger katastrophalen Scheitern zuzusehen. Man wird Zeuge, wie Menschen (Promis, die gerade dabei sind, ins mediale Prekariat abzusteigen) daran scheitern, ihre Ekel- und Angstschranken zu überwinden (*Dschungelcamp*), wie Verlierer des Systems nicht einmal dann ihren Verliererstatus überwinden können, wenn das gnädige RTL ihnen einen Koffer voller Geld gibt (*Zahltag!*). Es sind, genauer gesagt, 25.000 Euro, und mit ihnen sollen Hartz-IV-Empfänger (oder ihre Darsteller, wer könnte das schon noch auseinanderhalten) ein neues Leben beginnen, was mit schöner, programmatischer Regelmäßigkeit schiefgeht, weil die aufgestauten Wünsche die Fähigkeiten zu Vorsorge und Planung bei Weitem übersteigen müssen:

> »Dabei ist das Scheitern nicht Schuld der Hartz-IV-Empfänger. Es ist in diesem Setting vorprogrammiert. Der Ausweg aus der Armut soll in die Selbstständigkeit führen; der Koffer voller Geld ist als Anschub gedacht. Doch nicht jeder ist zum Unternehmer geboren, und wer seit Jahren keinen geregelten Arbeitstag hatte, für den ist der Einstieg doppelt schwer. Erst recht in einer Branche, von der man keine Ahnung hat. Zudem muss das Geld noch für den Alltag reichen, denn Hartz IV gibt es bei so viel Barvermögen nicht länger. So ist bei RTL alles wie immer: Die Zuschauer weiden sich am Scheitern der Anderen; unbedarfte Menschen werden vorgeführt.

Die Zuschauer weiden sich am Scheitern der Anderen: *Zahltag! Ein Koffer voller Chancen*

> ›Selbst schuld, diese Hartzies‹ wird als Subtext vermittelt. FDP-Wähler mag das freuen. Armen in Deutschland hilft man so nicht.« (Juliane Wiedemeier)[14]

Die Kultur der Selbstverachtung ist der Nährboden einer rechtsextremen Wiedergeburt. Eben dieser Widerspruch zwischen Selbsthass und Größenwahn wird die Sprache des Rechtspopulismus. Dieser Selbsthass des unteren Segments der Gesellschaft ist nicht zu verstehen ohne die vier großen Niederlagen:

- der individuelle Abstieg (oder auch nur der Bruch mit dem Aufstiegsnarrativ);
- der Verlust der sozialen, der Klassen-, der Berufs- und der Milieu-Identität;
- die Zerschlagung der intermediären, gewerkschaftlichen und politischen Organisationen, die über den Gruppenegoismus einzelner Sparten und Produktionseinheiten hinausgehen;
- die semantische und kulturelle Enteignung als Form der inneren Landnahme, die Umkehr der oppositionellen oder eigensinnigen Impulse in Warenformen und Ausbeutungsfelder (Sport, Mode, Freizeit, Sprache: keine noch so drastische, codierte

oder reduzierte Ausdrucksweise, die nicht postwendend in der Kulturindustrie medial verarbeitet wird und als Ware zurückkommt).

Alle großen Wegbereiter des Neoliberalismus haben Streiks als Schlüssel zu ihrer Macht und zu ihrem Systemwechsel benutzt. Maggie Thatcher hatte mit ihrem wahrhaft eisernen Eingreifen bei dem Kampf gegen die National Union of Mineworkers und deren Ausstand durchaus im Sinn, auch symbolisch jede Opposition der Arbeit gegen das Kapital zu unterbinden. Blut muss fließen im heroischen Neoliberalismus (der scheinbar wie ein böser Spuk verging und in Wahrheit von seinen sozialdemokratischen Opponenten nur effizienter und eben post-heroisch fortgeführt wurde): Thatcher bekam wie Reagan ihren Krieg, ließ Streikende erschießen und irische Häftlinge im Kampf um ihre Anerkennung als politische Gefangene verhungern. Aber zur gleichen Zeit machten Fernsehserien und Filme das Leben im »unteren Segment« der Gesellschaft »zugänglich«, lächerlich und amüsant. Keine Phase der Neoliberalisierung und Postdemokratisierung, die nicht ihre zynischen Begleitserien gefunden hätte, bis das System in Roseanne Barr (deren Familienserie *Roseanne* eine »trumpistische« Wiedergeburt erfuhr) und ihren rassistischen Ausfällen dieser Entsprechung zu einer offenen Wahrheit verholfen hatte, die dem medialen Mainstream dann doch eine Spur zu viel war.

Man könnte das System in etwa so beschreiben: Begrenzte, egoistische, stets zum »Bösen« bereite mikroökonomische Elemente bilden gemeinsam einen Markt, der sich als das Unbegrenzte, »Gute« und Allgemeine inszeniert und ewige Expansion verspricht (oder diese als alleiniges Überlebensmittel versteht), in einer Welt, die wiederum durchaus begrenzte Mittel zur Verfügung hat: begrenzte Rohstoffe, begrenzte Energie, begrenzte Belastbarkeit mit dem strukturell erzeugten Abfall. Bei Überschreitung drohen Hunger, Katastrophe und Krieg, was dazu führen soll, dass entweder die Begrenztheit der Ressourcen, der Natur überlistet oder wenigstens verzögert wird oder aber dass – Stichwort »Grünes Wachstum« – der ökologische Umbau selber kapitalisiert wird. Der Markt soll nicht nur den unabdingbaren Widerspruch zwischen ihm und seinen Teilnehmern, zwischen Mikro- und Makroökonomie, zwischen Ökonomie und Welt auflösen, sondern immer auch eine Zukunft, ein Außen erzeugen, dass es schließlich zu erobern, zu kapitalisieren gibt. Es ist also sehr wahrscheinlich, dass noch der Weltuntergang in kapitalisierter Form stattfindet; alle Fantasien, alle Szenarien, alle Diskurse dazu sind es schon.

Die Kapitalisierung findet auch auf den Feldern ihrer Opposition statt. Die ökologische Bewegung bildete eine eigene Industrie aus, der Feminismus droht in eine Modelinie zu schmelzen, in der eine schwarze Designertasche mit dem pinkfarbenen Aufdruck »Feminist« als Luxusgegenstand das Pendant in einem H&M-T-Shirt für 9,99 Euro mit der gleichen Aufschrift findet. Während die Neoliberalisierung und die neuen Klassen in den Familienserien ihren Ausdruck und ihre Bestätigung finden, drückt sich die kapitalisierte und medialisierte Form der Emanzipation in Serien wie *Girls* aus, die zwar einerseits mit Schönheitsidealen und Rollenmodellen brechen, andererseits aber auch immer wieder ein Arrangieren mit den ökonomischen Gegebenheiten vorführen. Die Emanzipation, zeigt sich in alledem, findet wenn, dann nur im Rahmen des ökonomischen Systems statt und darf sich darüber hinaus nicht politisieren. Den Rest besorgt ein zynischer »Realismus«. Die Frauen sollen entdecken, dass ihr Wert dadurch steigt, dass Werbung und Emanzipation Hand in Hand gehen; das Marketing-Jargonwort dafür ist »Empowertisement«: (Selbst-)Ermächtigung durch Werbung. Und das bedeutet: Konsum ist der Ausdruck der Emanzipation, und Emanzipation drückt sich durch Konsum aus. Dieser Akt des Kannibalismus ist nicht neu, erhält allerdings einen neuen Grad an Drastik. Angela McRobbie definiert diese feindliche Übernahme, die auch dort wirkt, wo ihr mitnichten subjektiv stattgegeben wird, als »Postfeminismus«[15]; dieser verhält sich in der Tat wie die Postdemokratie zu ihrem Ausgangszustand, nämlich durch die Aufrechterhaltung von Begriffen, Riten und Narrativen bei gleichzeitiger innerer Zersetzung und Verknüpfung mit gegenläufigen Bewegungen. Feminismus und »gnadenloser« neoliberaler Wettbewerb gehen eine bemerkenswerte Einheit ein, sodass sich die Anleitungen von Sheryl Sandberg (Co-Geschäftsführerin von Facebook) nicht viel anders lesen als die Ratgeber zum Reichwerden von Donald Trump.Postfeminismus ist überdies so wenig gefeit gegen rassistische, nationalistische und klassistische Ressentiments wie der Neoliberalismus selbst; und seine Orientierung an der oligarchischen, kleptokratischen Oberschicht macht ihn kalt gegenüber dem Schicksal unterprivilegierter, ausgebeuteter und unterdrückter Frauen aus anderen Segmenten der Gesellschaft und der Welt. So generiert der Postfeminismus wie sein Verbündeter, der Neoliberalismus, eine Verachtung gegenüber den »Verlierern«, diesmal eben den »Verliererinnen«, die stets »selber schuld« sind, wenn sie »es nicht schaffen« oder in der Wahl ihrer Mittel zum Aufstieg zu zimperlich sind. Solche Frauen finden sich, gezeichnet in einer sonderbaren Mischung aus Faszination, Erschrecken und Zynismus, in Serien wie *The Good Wife* (Anwältinnen, die nicht anders korrupt, verräterisch und machthungrig sein können als ihre männlichen Kollegin, sich dabei aber immer noch in einem Prozess des Empowerments wähnen).

Auch im Postfeminismus also kehrt das materiell Erreichte in der Form des Gespenstischen zurück. Was bleibt, ist neben Konsum und Karriere ein enormes Defizit, ein Unbehagen, das sich selbst in solchen Serien nicht vollständig (melodramatisch) überwinden lässt. Die erworbene Freiheit, die sich ausschließlich marktförmig zeigen kann, erweist sich zugleich als neues Gefängnis. Die Frau, die von Konsum und Karriere ausgeschlossen ist, ist dann so schlimm dran wie ihre Vorläuferin, die sich nicht kosmetisch und chirurgisch »aufwerten« ließ, die kein Objekt werden konnte oder wollte. Die postfeministische Frau (in der Fiktion immerhin) entscheidet zwar selbst »frei« über ihre Sexualität, aber die Entscheidung, mit welchem Mann sie schläft, hat immer auch Karriere-Auswirkungen; zumeist schlafen hier Menschen miteinander, die, kaum haben sie das Bett verlassen, auch schon wieder erbitterte Konkurrenten um Macht und Geld sind. Das ist durchaus Emanzipation, wenngleich keine glückliche, dass Frauen nun von denselben Gespenstern von Gier und Angst gejagt werden wie Männer.

Die Aufspaltung aller Dinge, Beziehungen und Wesen in Beute und Gespenst ist nur auf den ersten Blick eine Rückkehr zu den barbarischen Prämissen: Jäger und Gejagte auf der einen Seite, das Wirkliche und das Transzendentale auf der anderen. So als wären die beiden großen Projekte der Menschheit, die Verwandlung von Jagd in Arbeit und die Verwandlung von Magie in Erkenntnis, Sozialisierung und Aufklärung, gescheitert. Genau davon spricht jeder postapokalyptische Film, aber auch eine Mehrzahl anscheinend zeitnaher Settings etwa in den populären Fernsehserien. Beute machen ist, denken wir an unseren Freund, den Piraten, das Gegenteil von Arbeiten, und es kommt umso mehr dazu, als sinnvolle Arbeit ungerecht verteilt oder schlicht abgeschafft wird. Und das Gespenst ist nicht die Rückkehr zur Magie, sondern im Gegenteil das Produkt ihres Verfehlens. Magie war die Kunst, die Gespenster zu bannen; die Vorherrschaft von Gespenstern entspricht also einer Gesellschaft, die weder vom Geist der Erkenntnis noch von dem der Magie durchdrungen ist.

Das Gespenst ist Teil eines Wesens, das nicht sterben kann. Für diese Form der verfehlten Unsterblichkeit finden sich in der Regel drei Gründe:

1. Es gibt einen Zusammenhang der Schuld, der nicht geklärt ist; entweder ist das Wesen mit einer nicht beglichenen Schuld abgetreten, oder aber es musste abtreten durch eine nicht beglichene Schuld der anderen. Setzen wir für Schuld den ökonomischen Begriff der Schulden, der ja, wie wir von Giorgio Agamben wissen, direkt aus diesem Zusammenhang entstanden ist, dann ist klar, dass nahezu jedes Ding aus dieser Verkettung auch gespensterhaft wird. Wieder überzeugt uns ein Blick in die populäre Mythologie: Häuser, die vorher von jemand anderem bewohnt worden sind, sind selten ohne Gespenster zu haben.

2. Es hat keine Trauer stattgefunden und, damit verbunden, keine wirkliche Entlassung des Dings oder des Wesens ins Jenseits. Oder aber die Trauer ging ins Leere, traf nicht das Wesen, nicht die Seele von Ding oder Wesen. Von einer »misslungenen Trauer« spricht Mark Fisher in seiner persönlichen Hauntologie. Es kann sowohl sein, dass die Trauer den Tod nicht akzeptiert, dass es also einen ganz und gar praktischen Umgang von hinterbliebenen Menschen mit etwas oder jemandem gibt, das oder der nicht mehr wirklich existiert. Es kann genauso gut sein, dass Trauer zu gleichgültig, zu kurz, zu sehr übermalt erscheint. Wenn ein Promi begraben wird, grinsen andere Promis in die Kameras, so als freuten sie sich, dass jetzt wieder ein Platz vor den medialen Aufmerksamkeitsmaschinen frei geworden ist.

3. Gespenst wird etwas, was nicht anderweitig bezeichnet, ritualisiert, in gewisser Weise entwertet oder umgewertet wurde. Gespenst wird also, was nicht entschuldet, was misslungen betrauert und was nicht semantisch verabschiedet wurde. Ge-

spenst wird auch der Traum, den man paradoxerweise dadurch verraten hat, dass man ihn als Form erfüllt, während man seinen Geist so drastisch verfehlt.

Beute ist das, was sich jemand nicht durch Arbeit verdient, sondern durch Gewalt, Betrug oder List angeeignet hat. Eine Beute trägt den Schmerz dessen, den man dafür verletzt oder verarmt hat, in sich, trägt die Spur der Gewalt weiter, enthält Seelensplitter der Beuteopfer. Gespenst ist, was nicht entschuldet und nicht vollständig transformiert wurde. Man sieht also, dass es sich bei Beute und Gespenst als Zuschreibung für alle Dinge und Wesen des Neoliberalismus nicht um eine Metapher handelt, sondern um eine direkte funktionale Charakteristik.

Wer also im Neoliberalismus avancieren oder wenigstens nicht zugrunde gehen will, der muss mit diesen Charakteristika der Dinge als Beute und Gespenst umgehen können. Wahrscheinlich ist es falsch, anhand der behavioristischen Oberfläche, die dem kapitalistischen Realismus als Menschenbild allein zur Verfügung steht, zwischen »Integrierten« und »Nicht-Integrierten« zu unterscheiden. Ebenso scheint es Illusion, von Menschen zu sprechen, die eine »Identität« haben und solchen, die es nicht haben (und die deshalb, zum Beispiel, zu den Nazis oder zu den Dschihadisten gehen). Vielmehr verläuft die Linie zwischen Menschen, die mit dem Nicht-Integriertsein und der Nicht-Identität umgehen können, und solche, die es nicht können.

Integration bedeutet nichts anderes als die fundamentale Einigung auf ein Beuteschema und die nicht minder fundamentale Einigung auf die Gespenster, die uns »in helle Aufregung« versetzen. Integriert ist jemand, der nicht verrückt wird, weil er den Ferrari, von dem er zeit seines Lebens träumt, als realen Besitz von vornherein ausgeschlossen hat und als Feind nicht den Besitzer eines Ferraris ansehen muss, sondern einen Menschen, der bekennt, nicht vom Besitz eines Ferraris zu träumen. Der Ferrari, der zum Zeichen (archaisch genug zum »Wappen«) und zum Ritual (Werbung und Wettrennen) geworden ist, wird als Meta-Beute vergöttlicht. Und integriert ist, wer sich zur Front gegen die als Nicht-Integrierte Gezeichneten findet, deren Hauptverbrechen darin besteht, eine geheimnisvolle Gegen-Ökonomie zu führen. Denn wie leben die, denen doch der Marktzutritt verwehrt sein soll, wenn nicht »auf unsere Kosten«?

So darf einerseits ökonomisch »nichts umsonst« sein. Wenn die Welt aus Beute und Gespenst besteht, ist jede Art von Wohlfahrt und Verteilungs-Empathie selber nur gespenstisch. Sehen wir unsere Fußgängerzonen an: Einem Bettler dort dürfen nur Kinder, Greise und Freaks etwas geben. Sie sollen das sogar, sie beweisen damit nämlich, dass sie nicht Teil des Wettbewerbs auf dem Arbeitsmarkt sind. Ein Mensch dagegen, der noch Karriere zu machen meint, muss sich fürchten, sich am Bettler-Gespenst zu infizieren. Die Empathielosigkeit des Karrieristen im Neoliberalismus ist also nicht persönliche Charakterschwäche (so etwas mag erschwerend hinzukommen), sondern vor allem strukturelle Eigenschaft: Sie ist zugleich Voraussetzung und Ergebnis eines erfolgreichen Lebens in der Welt von Beute und Gespenst.

Andererseits aber muss es politisch einen Anspruch auf Teilnahme am Arbeitsmarkt ebenso wie auf dem Konsummarkt geben. Indem er auf diese Weise politisiert wurde, funktioniert auch der Arbeitsmarkt nicht mehr ökonomisch. Der Kampf um Arbeitsplätze einerseits, um Transferleistungen andererseits ist zwar von der extremen Rechten mit den bekannten »politischen« Slogans unterfüttert, er ist in Wahrheit aber systemimmanent.

Es wird politisch ausgeschlossen, was ökonomisch nicht taugt. Umgekehrt ist ökonomisch zu opfern, was politisch nicht taugt. Regierung und Ökonomie unterhalten sich gegenseitig in ihren Ausschlussmechanismen. Man muss »Migration« und »Arbeitsmarkt« anders zusammendenken, als es die Propaganda tut, um zu verstehen, dass der Kapitalisierung dieser Stufe auch der Mensch selber nichts anderes mehr sein kann als Beute oder Gespenst. Migranten und Arbeitslose werden zu den Gespensterheeren des Finanzkapitalismus; da diese Gespenster toxisch sind (wie die Zombies), werden sie von einer Mehrheit gehasst und bekämpft, deren Angehörige selbst stets mit ihrem halben Sein schon Gespenster sind. Die Aufgabe eines Menschen im Neoliberalismus ist es, seinen eigenen Beute-Aspekt zu pflegen: In der neoliberalen Weltsicht ist klar, dass ein Leben lang Beute zu sein besser ist als einen Tag Gespenst (und nichts verwandelt Menschen todsicherer in Gespenster).

Beginnen wir also mit einem Katalog der Dinge, die weder Beute noch Gespenst sind. Auch das ist eine Aufgabe der Kunst, die sich als widerspenstig und widerständig empfinden mag. Denn nirgendwo ist die fundamentale Verwandlung der Welt in Beute und Gespenst so drastisch, so obszön, aber glücklicherweise auch so offen wie auf dem Kunstmarkt und im Kunstbetrieb. Das Kunstwerk ist zum Fetisch geworden als Beute der Kapitalisierung und als Gespenst der Prekarisierung. Es wird erzeugt von Menschen, die immer weiter entrechtet werden, von einer neuen Auftragskunst spricht Hanno Rauterberg[16], Kunst im Auftrag einer oligarchischen Schicht; wir sehen etwas viel Dramatischeres, nämlich eine kapitalisierte und damit versklavte Kunst. Dafür, dass sich Künstler mit Haut und Haaren verkaufen, gibt es so viele Beispiele wie dafür, dass sie absolut keine Rechte mehr an der eigenen Arbeit haben – nicht nur, nachdem sie entstanden ist, sondern schon davor. Sie sind also nicht nur die Avantgarde der prekarisierten Arbeit, sondern auch Geschöpfe einer neuen Aneignung, die wir, wenn wir die dazu in unserer populären Mythologie spukenden Bilder miteinander in Verbindung setzen, nur als apokalyptische Akkumulation ansehen können. In der kapitalisierten Kunst produzieren die Künstlerin und der Künstler nur noch die Beute für die Kapitalisierung und den Gespensterraum für eine staunende Öffentlichkeit, die sich in den als Museum getarnten Mausoleen der politisch-ökonomischen Macht findet. Kunst ist das, was die Herrscher der neuen Oligarchie unsterblich machen soll. Und dass diese Art von Kunst dazu tendiert, Gespenster zu gebären, das wissen wir aus jedem Mumien- und Indiana-Jones-Film.

Aber wie macht man das, etwas herstellen, das weder Beute noch Gespenst ist? Und andersherum, wer wäre in der Lage, es zu erkennen, es zu benutzen als Waffe im Kampf gegen die Kapitalisierung der Dinge und der Seelen?

Die Deflation der Erwartungen

Die Beute wird weniger, und die Gespenster werden mehr. Daran besteht kein Zweifel, es ist zugleich der Verzweiflungsschrei der Verlierer und das Opressionsmittel der Gewinner. Eine Reaktion darauf ist das, was Mark Fisher die »Deflation der Erwartungen« nennt.[17] Mögen die Wünsche weiter zunehmen, so sinken die Erwartungen auf die eigene, mehr noch aber auf die gemeinschaftliche Erfüllung. Diese Deflation der Erwartungen wird als

»realistisch« empfunden, auch dies vor allem durch die Spiegelung an der Negation: Zu viele Erwartungen seien unrealistisch. Der kapitalistische Realist reagiert mit spöttischer Verachtung auf alles »Unrealistische«: Zu viele Erwartungen verweisen immer auf etwas anderes, nämlich auf zu viele Forderungen. Der Spott über die unrealistischen Erwartungen ist das strukturelle Verbot der Forderungen. Man muss mit der übrig bleibenden Beute auskommen lernen, oder man muss lernen, keine Forderungen an »das System« oder an »die Gesellschaft« zu stellen. Vor allem aber muss man, was wirklich neu ist, lernen, ohne gedankliche und ohne historische Transzendenz auszukommen. Es ist dies, um einen berühmten Satz von Adorno abzuwandeln, der Wahn der ökonomischen Abklärung (des Neoliberalismus), die Transzendenz aus den erworbenen, getauschten, vermarkteten Dingen ausschließen zu können.

Fisher erwähnt die Deflation der Erwartungen eher im Vorbeigehen; versuchen wir, den Begriff auch beim ökonomischen Wort zu nehmen. Die Deflation bedeutet einen anhaltenden und signifikanten Rückgang der Preise für Waren und Dienstleistungen. Mit ihr verbunden ist ein Mangel an Investition und Innovation. Natürlich verhält es sich auch umgekehrt, ein Mangel an Investition und Innovation kann zur Deflation führen.

Setzen wir für »Preis« einfach »Wert«, um das Modell aus der klassischen Ökonomie zu erweitern. Man könnte nun allgemein sagen: Die Dinge werden weniger wert. Nicht nur Waren und Dienstleistungen, sondern auch Ideen, Fantasien, aber auch Natur und Menschenleben und schließlich eben auch Erwartungen (ein imaginäres, ideelles und kreatives »Investieren« in die Zukunft). Deflation der Erwartungen bedeutet mithin: weniger »psychische« oder »geistige« Energien, die in die Zukunft investiert werden.

Eben diese Deflation der Erwartungen erleben wir sowohl auf Popkonzerten als auch in den Museen. Gerade weil vom Kunstwerk immer weniger erwartet wird, jedenfalls in diesem Spannungsfeld zwischen Beute und Gespenst, braucht man immer mehr davon. Und es muss, was nicht mehr qualifiziert werden kann, quantifiziert werden. Die umfangreichste Werkschau, boah! Die einzigartige Zusammenstellung, boah! Der dritte Rang im Künstler-Ranking, ey boah ey!

Der Beuteanteil an der Zukunft ist die Erwartung, das nicht Erwartete dagegen entspricht dem Gespenstischen. Da wir nichts Gutes von der Zukunft erwarten können und nicht das Schlechteste erwarten dürfen (Suizidgefahr!), ist es das Beste, überhaupt keine Zukunft mehr zu erwarten. Bis zu einem gewissen Grad meint man wohl damit auch das Gespenst der Zukunft bannen zu können. Das Schlimmste an diesem Gespenst ist nicht, dass das Schlimmste eintritt, das Schlimmste sind vielmehr die Fragen, die das Gespenst an die Gegenwart stellen könnte.

Eine Deflation hat, wie wir aus den großen Krisenzyklen des 20. Jahrhunderts wissen, eine Tendenz zur Selbstverstärkung. Die sinkenden Preise führen zu sinkenden Löhnen. Das Verlangen nach sinkenden Preisen (durch Arbeitnehmer, die sinkende Löhne verkraften müssen oder die durch die Wirtschafts- und Finanzpolitik ihres Staates gezwungen werden, ihre Löhne neu zu verteilen, etwa weil Treibstoff, sinkende Bankzinsen, Immobilien, Fürsorge, Steuern usw. Lohnsteigerungen auffressen) führt automatisch zu weiter sinkenden Löhnen (wenn auch, unter Bedingungen wie der des deutschen »Merkelismus«, zunächst erst einmal anderswo). Aber das Deflationäre hat immer auch, auch auf dem Markt des täglichen Bedarfs, einen kulturellen Aspekt. Der Preis ist unter vielem anderen immer auch ein Ausdruck einer Wertschätzung. Wer, nur zum Beispiel, das Essen nicht wirklich wertschätzt, wird es auch weniger nach Qualität, sondern nach Preis besorgen, auch dann, wenn er oder sie nicht durch schieren Mangel zum Sparen um jeden Preis gezwungen wäre, wenn eine einfache Qualitäts-Quantitäts-Rechnung das Einkaufsverhalten verändern würde.

Natürlich befinden wir uns noch mehr als in einer kulinarischen in einer kulturellen Deflation. Der Wert kultureller Arbeit geht gegen null. Zwar gibt es auch hier einige wenige Gewinner, die einer Unzahl von Verlierern gegenüberstehen (Bestsellerautoren, Starphilosophen, teure Maler, Medienprominenz etc.), doch täuschen deren absurde Überbezahlungen nicht darüber hinweg, dass die meiste Arbeit auf dem kulturellen Sektor bereits ohne Bezahlung ausgeführt wird oder mit einer Bezahlung, die zu keinem menschenwürdigen Leben reicht. Dementsprechend sinken auch die Preise für die kulturellen Waren. Das wird fast ausschließlich technisch erklärt. Im Internet herrscht eben eine

Umsonstkultur. Kulturwaren, die ihren Sensationsgehalt verloren haben, landen im Ein-Euro-Laden. Aber immer mehr davon wird bereits für ihn produziert. Kunstwerke sind entweder viel oder gar nichts wert.

Die kulturelle Deflation betrifft indes nicht nur die politische Ökonomie von Kunst, Kritik, Wissenschaft, Bildung, Musik, Debatte, Architektur, Theater oder Literatur, sondern selbstverständlich auch die Ware selbst. Sie ist als Beute kaum noch etwas wert, nicht zuletzt, weil Kultur weder mehr Distinktionsgewinn noch Legitimation verspricht. Ein Zugang zur neuen Gewinnerklasse durch Kultur ist, ganz im Gegensatz zur alten »bürgerlichen Klasse«, nicht mehr möglich. Diese neue Gewinnerklasse dagegen eignet sich Kultur als Beute an und will das Gespenstische dem Rest der Gesellschaft überlassen. Ganz gelingen kann das natürlich nicht.

Neoliberalismus muss zwangsläufig durch eine deflatorische Phase, von der nicht sicher ist, ob sie sich »letal« auswirkt. Die Privatisierung auch noch der grundlegendsten sozialen Dienstleistungen und der Verzicht auf alle Regulationen der Preise führen im Verbund mit dem internationalen Freihandel zu einer Wettbewerbssituation, in der nur Preissenkung als Mittel taugt (nicht zuletzt, wenn Rohstoffe und Arbeitsleistungen beliebig abgefragt werden und etwas komplexere Waren wie etwa Automobile in ihren Marken nur jeweils neue Zusammensetzungen der gleichen Komponenten sind), noch unterhalb des Luxus- oder Edel-Sektors Vorteile zu erzielen. Was dem Verbraucher hier zu dienen scheint, schadet dem Arbeiter – noch in die Abwärtsspirale der Arbeitslosigkeit hinein –und drückt, staatlich unter anderem durch die Errechnung der Lebenshaltungskosten und damit der Sozialleistungen unterstützt, weiter auf die Preise. Der Luxussektor und der allgemeine Verbrauchssektor gehen auf diese Weise immer weiter auseinander. Das kapitalisierte Kunstwerk zum Beispiel drückt eine Möglichkeit aus, der Deflation zu entgehen, ja es scheint sogar ein Hebel dazu, die destruktive Deflation nach unten und die quietschlebendige, wenn auch ein wenig hysterische Inflation nach oben zu verlagern. Das Kapital kotzt oben, und unten hat es Verstopfung. Sehr gesund ist das nicht.

Die kulturelle Deflation funktioniert ganz ähnlich. Der Wert kultureller Arbeit (wir könnten auch sagen: der Arbeit an den

Erwartungen) fällt immer weiter, als Wert der Produktion wie als Wert der Produkte. Staat und Gesellschaft können oder wollen das entstehende Defizit aber nicht mehr in erforderlichem Maße ausgleichen. Die Beute also wird privatisiert, und die Gespenster werden losgelassen. Aus den Bunkern der Besitzenden erscheinen die Gespenster (und seien es Graffiti an den Bankbetonwänden) als »Vandalismus«, tatsächlich bewirkt die drastische Spaltung der Kultur in Beute und Gespenst eine Unbewohnbarkeit der Städte.

Die Kultur der Gespenster (Kunst und Zeichen, Klang und Blut im Fleisch der Städte) kann nicht Besitz werden, und in der Besitzlosigkeit, der nomadischen Energie der Gespensterkultur liegt zugleich deren Stärke und Schwäche. Sie ist so flüchtig, dass sie als Beute nicht mehr taugt. Und damit erhöht sie zugleich den Grad an Unerlöstheit in allem Gespenstischen. Die reine Gespensterkultur kann die kulturelle Beute nicht mehr erreichen, und beide halten den Prozess der kulturellen Deflation nicht weiter auf. Mit anderen Worten: So naheliegend es erscheinen mag – für die Kunst ist es keine Lösung, sich vom Beuteschema zu lösen, indem sie versucht, vollkommen auf die Seite der Gespenster zu wechseln.

Die Ästhetik des digitalen Kapitalismus lässt sich vielleicht in vier große Projekte unterteilen. Alle Dinge (Erscheinungen) müssen

- marktförmig werden (also nicht im Sinne eines freien Marktes, sondern im Sinne einer allgemeineren »Vermarktbarkeit« funktionieren),
- quantifiziert werden (um zum Rating, zu Listen usw. zu werden),
- maschinenlesbar sein und
- einem »bildgebenden Verfahren« unterworfen sein, worunter wir nicht das Abbilden und nicht das »Visualisieren« (das »Verstärken« der ikonografischen Elemente einer Sache bzw. das Sichtbarmachen des Verborgenen mit den Mitteln von Röntgenstrahlen oder Kunstwerken) verstehen wollen, sondern die Herstellung eines Bildes, das Bildwerden von etwas, was ursprünglich nicht bildförmig ist. (Man kann sagen: Bildgebung bildet nicht Sachverhalte, sondern Informationen ab.)

Das Ding bzw. die Erscheinung (einschließlich eines Menschen und seiner Arbeit) sind vollständig »neoliberal«, wenn sie alle vier dieser Kriterien erfüllen: als marktförmiges, quantifizierbares, bildgebendes und maschinenlesbares Ding bzw. als besonderes System von Informationen. Entscheidend ist, dass es offensichtlich so leicht ist, ein Ding in sein neoliberales Pendant zu verwandeln, wie es schwer ist, es wieder in ein analoges bzw. beseeltes Ding zurückzuverwandeln.

Die vier Elemente dieser Verwandlung sind nur durch Ästhetik miteinander so zu verknüpfen, dass sie nicht als Reduktion, sondern als Anreicherung begriffen werden.

Neoliberalismus erzeugt einen Sog der Deflation, Neomerkantilismus zwingt andere Staaten in die Deflation, um ihr selber zu entgehen. Das beste Beispiel derzeit ist das Verhältnis von Deutschland / der EU zu Griechenland (hier betrug zu Beginn des Jahres 2015 die Deflationsrate 2,8 %, also mehr als die 2,3 % zu Beginn der großen Depression 1930 in den USA). Man zwingt das Land zu eben jenen drastischen Budgetkürzungen – Lohnkürzungen und Arbeitslosigkeit in den verschiedensten Formen mit eingeschlossen –, die selbst nach konservativen wirtschaftlichen Theorien zwangsläufig in die Liquiditätsfalle und in die Deflation führen.

Es gibt einen offensichtlichen Zusammenhang zwischen Deflation und einer Form der Entsolidarisierung und Entsozialisierung, in die nur allzu leicht der Faschismus greift – und, zynisch genug: Das »beste« Mittel gegen Deflation ist ein Krieg. Das zweitbeste ist die gezielte Destabilisierung und der »Wirtschaftskrieg«.

Seit wir wissen, dass wir in einer neuen Form der Organisation von Beziehungen und Positionen leben, in dem Geflecht von Postdemokratie und Neoliberalismus, das mit der vorherigen Lebensform, der »sozialen Marktwirtschaft« und der »repräsentativen Demokratie«, nur noch gewisse (hohle) Formen gemeinsam hat, ist uns (das heißt hier: der breiten Mitte der »Mediennutzer« hierzulande) die Kriegsgefahr bewusst. Natürlich schieben wir die Schuld dafür den *anderen* zu, und das gewiss nicht völlig zu Unrecht, denn diese *anderen* haben ja selber nicht weniger brisante Gemengelagen erzeugt, aber wir können auch beim besten Willen nicht verhehlen, dass in unserer Mitte eine gewisse Form der Kriegslüsternheit entsteht. Hier und dort, auf der äußeren Rechten oder in unachtsamen Momenten, nimmt diese neue Kriegslüsternheit die Form der älteren an, und es zeigt sich, was dahinter stecken kann: eine Gier zu töten, die stärker ist als die

Furcht zu sterben, die Lust an einer Katastrophe, die wenigstens etwas anderes ist als immer so weiter, die Plünderungshoffnung, die Vergewaltigungsfantasie. Aber der marktkonforme Krieg hat ein anderes Gesicht. Er versucht ganz buchstäblich eine Front in die Dialektik zwischen Beute und Gespenst zu ziehen, ganz so, als könnte man diesen Schmerz nach außen projizieren und dort metaphorisch wie real totschießen, vergewaltigen, besetzen. Wenn die Dinge, Beziehungen und Menschen nur in Form von Beute und Gespenst gedacht und gesehen werden können, was Ökonomie, Alltag und populäre Kultur gleichermaßen erzeugen wie widerspiegeln, dann kann man sie am Ende nur als Kriegszustand empfinden, und umgekehrt ist der Kriegszustand, oder wenigstens eine Art Para-Kriegszustand, der einzige, in dem ich ganz ehrlich und direkt Beute und Gespenst in allen Dingen sehen darf.

Beute ist nicht nur das Ding (das Wesen), das es zu jagen gilt, sondern auch das Bild von ihm. Praktisch ist das so, weil die Beute erkannt werden und weil, unter anderem, das Jagen nach ihr erlernt werden muss. *Erziehung* heißt hier also dreierlei: das Erkennen der Beute, die Techniken der Jagd auf sie, die Selbstoptimierung als Jagender. In der »bürgerlichen« Erziehung wird das alles erlernt, indem das eigentliche Objekt, die Beute, verheimlicht wird. Die Erziehung des Neoliberalismus hält sich mit einer solchen Mythisierung nicht auf.

Schon im Bild der Beute ist das Gespenst enthalten. Religionen sind dazu da, es zu bannen, entweder indem das Gespenstische im Bild einfach verboten wird oder indem das Bild ein ambivalentes zwischen Gutem und Bösem wird oder indem Opfer und Respekt für eine Versöhnung zwischen Jäger und Erjagtem sorgen (wie in den indianischen Riten des Dankens, wie im Tischgebet, bei dem einem höheren Wesen nicht nur gedankt, sondern ihm auch die Verantwortung für das Beutemachen zugeschoben wird). Wir wissen, dass alles Verzehren (Konsumieren, Verschlingen, Verdauen) schuldhaft ist; Neoliberalismus lässt sich als Vollendung einer kulturellen Technik ansehen, die Beute nach oben und die Gespenster nach unten zu lenken. Zumindest was die Gespenster anbelangt, wissen wir, dass sie sich so leicht nicht befehlen lassen. Die Ästhetik des Neoliberalismus – von der vom Weltkünstler bemalten Yacht bis zum Gruselclown in der Fußgängerzone – ist so von ihren Gespenstern beherrscht, dass sie keine Werte mehr erzeugen kann, nur Preise, und nicht einmal die, sondern viel eher Quantifizierungen des Beutemachens.

Bis hin zu Max Webers grandiosem Versuch, den Geist des Kapitalismus aus der protestantischen Religion abzuleiten, hat es nicht an Theoremen gefehlt, nach denen die Ökonomie eine mehr oder weniger direkte Folge von religiösen Ordnungen ist, die dann wieder in einen Kreis der Legitimationen oder, siehe Max Weber, der Beschleunigungen zurückgeführt wird. Möglicherweise wird es nun notwendig, genau umgekehrt zu verfahren, um jede Religion (oder Post-Religionen wie Fundamentalismus und Entertainment) aus einem Modell des Wirtschaftens abzuleiten. Auch das Geld war immer zugleich Zahlungsmittel, Sprache und religiöses Symbol. Die Götter sind Ausdruck des ökonomischen Systems und mehr noch der Gespenster, die es erzeugt, Entertainment und Fundamentalismus (als gespaltene Religion, als Konzentration mehrerer Religionen) sind Ausdruck der Gleichzeitigkeit von Globalisierung, Tribalisierung und Retromanie. Konsequenterweise finden die Insassen des Neoliberalismus keine neuen Götter mehr, sondern erflehen die Wiederkehr der alten, und zwar in einer doppelt antimodernen Weise, als diskursive Auflösung (Comic-Superhelden-Blockbuster als postreligiöses Sampling) und als dispositive Restauration. Die Götter, mit anderen Worten, die aus der Beute entstanden sind (die liberale Spiritualität einer polyglotten und kreolischen, immer aber »nützlichen« Religiosität, zu keinem anderen Zwecke als dem, dass es einem besser geht und man verbessert wird, wie der »wiedergeborene« Christ in den USA, für den Jesus vor allem eine Ersatzdroge liefern soll), können nur als Gespenster verstanden werden. Die verschwundenen Götter der Menschheit sind als Gespenster zurückgekehrt, und folgerichtig sind sie so »wahr« wie das Bedrohungspotenzial, das von ihnen ausgeht. So gleicht die Wahrheit dieser Götter der Summe der in ihrem Namen begangenen Verbrechen.

Anmerkungen

1 Henri Lefebvre: Kritik des Alltagslebens. Grundrisse einer Soziologie der Alltäglichkeit. Frankfurt/Main 1987.

2 Vgl. Markus Metz / Georg Seeßlen: Kapitalistischer (Sur)realismus. Neoliberalismus als Ästhetik. Kapital & Krise 5. Berlin 2018.

3 Noam Chomsky / Edward S. Herman: Manufacturing Consent: The Political Economy of the Mass Media. New York 1988.
4 Jacques Derrida: Marx' Gespenster – Der verschuldete Staat, die Trauerarbeit und die neue Internationale. Frankfurt/Main 1995.
5 Vgl. Markus Metz / Georg Seeßlen: Freiheit und Kontrolle. Berlin 2017.
6 Evelyn Pschak: Nur kein Neid. In: Süddeutsche Zeitung, 9.8.2018.
7 Thomas Schörner: Mit diesen Apps gelingen bessere Schnappschüsse. www.spiegel.de/netzwelt/apps/kamera-apps-besser-fotografieren-mit-diesen-apps-a-1115401.html [3.9.2019].
8 Vgl. https://de.wikipedia.org/wiki/Arbeitender_Kunde [3.9.2019].
9 »Wir brauchen Waffengleichheit«. In: Der Spiegel, 16.1.2016.
10 Ludger Evermann: Kommune killt Kapitalismus. In: Freitag, 4/2016, S. 15.
11 Gernot Böhme: Ästhetischer Kapitalismus. Berlin 2016, S. 56.
12 Rainer Stadler: Mädchenstunde. Seit 13 Jahren spielt Heidi Klum mit dem Modeljob. Warum findet sie noch Kandidatinnen – und die Show Zuschauer? In: Süddeutsche Zeitung, Pfingstausgabe, 19./20./21.5.2018, S. 48.
13 Zitiert nach Christoph Schwanenflug: Im Mittelpunkt der Zuschauer. Über die politische Berichterstattung im Fernsehen. In: Vorgänge, Nr. 126, Heft 2/1994, S. 38.
14 Juliane Wiedemeier: Ein Koffer voller Ekel vor RTL. In: Der Freitag, 31/2018.
15 Angela McRobbie: Top Girls. Feminismus und der Aufstieg des neoliberalen Geschlechterregimes. Berlin 2018.
16 Hanno Rauterberg: Die Kunst und das gute Leben: Über die Ethik der Ästhetik. Berlin 2015.
17 Mark Fisher: Gespenster meines Lebens. Berlin 2015, S. 17.

Der Sprachkörper und die Körpersprachen des Neoliberalismus

»Die Physiognomie unserer Zeit ist das lächelnde Gesicht, hinter dem keinerlei Freude lebt.«

Frank Jödicke

Preziöse kleine Kunstwerke: In der Metaphernzone

Eine historische Epoche erkennt man nicht zuletzt an ihrer Sprache und ihren Sprechweisen. Natürlich gibt es, was den Neoliberalismus anbelangt, auf der einen Seite die Fachsprache der ökonomischen Wissenschaft und den Jargon von Kaufen und Verkaufen auf der anderen. Das eine webt einen Text der wissenschaftlichen Vernünftigkeit, das andere einen von Wunsch und Traum. Zum Dritten aber gibt es eine sich erweiternde Metaphernzone zwischen beidem, in der es um sinnliche Veranschaulichungen zu gehen scheint, damit verbunden aber auch um die Schaffung von Bausteinen eines großen Narrativs. Man assoziiert dabei gerne die Lebensbereiche, die mit bestimmten emotionalen Attributen zu belegen sind: den Sport (Deutschland ist »Exportweltmeister«, die Manager sind »Leistungsträger«), das Wetter (gegen absehbare Pleiten sollen »Rettungsschirme« aufgespannt werden), das Automobil (es muss unbedingt eine »Schuldenbremse« eingebaut werden), die Schule (da müssen »Hausaufgaben gemacht« werden, und Zensuren werden verteilt), die prekäre Freizeit (da faulenzt doch jemand in der »sozialen Hängematte«), die Natur (wir haben es mit »Schuldenlawinen« zu tun, und Anlagekapital verhält sich wie ein »scheues Reh«) und den Landschaftsbau (Vorsicht vor einem »Reformstau«). Immer wieder gibt es auch die körperlichen Metaphern, wie die vom idealen, das heißt vom »schlanken Staat«. In den Börsensendungen des deutschen Fernsehens, die seit geraumer Zeit vor der Haupt-Nachrichtensendung so unabwendbar wie das Wetter sind, wird diese Metaphernsprache gepflegt und entwickelt: Da kokettiert eine der Moderatorinnen stets mit dem Vokabular von Lust und Gier, der andere weiht seine »Analysen« mit der Karikatur eines Segensspruchs. Jede, wirklich jede Folge dieser endlosen Gehirnwäsche für den Finanzkapitalismus, gießt in Sprache und Performance, dass Kapital und Subjekt Freunde, wenn nicht Geliebte sind.

Josef Ackermann, seinerzeit Chef der Deutschen Bank, soll angeblich höchstpersönlich den Reklamespruch »Leistung aus Leidenschaft« geprägt haben. Als sich die Finanzkrise abzeichnete, erklärte er unter dem Applaus seiner Entourage das neoliberale Mantra: »Wer die Banken und Märkte zu stark reglementiert und in ihrer Leistungsfähigkeit einschränkt, trifft am Ende Wirtschaft und Gesellschaft.« Das ist angesichts der Ereignisse nicht nur kolossal unverschämt, sondern führt auch tief ins »religiöse« Verbundsystem des Neoliberalismus: Bank – Markt – Wirtschaft – Gesellschaft. Später wurde übrigens bekannt, wie groß der Druck der Banken im Allgemeinen und der Deutschen Bank im Besonderen auf die deutsche Politik wirklich war. Das Ergebnis einer veritablen Erpressung war, dass die Banken im Jahr 2008 statt der verhandelten 35 Milliarden Euro nur ein Viertel zur Rettung der Hypo Real Estate beisteuerten.[1] In dieser Zeit war Ackermann »das Gesicht« des Finanzkapitalismus in Deutschland und gern gesehener Interviewpartner, der gerade für seine griffigen, nonfaktischen Sprüche bekannt war: Dieser Mann gab Testimonial und Rollenmodell nicht obwohl, sondern gerade weil er so schamlos log und sich noch viel schamloser persönlich bereicherte. Bei Ackermann konnte man studieren, wie sich Propagandasprüche von der offenkundigen Wirklichkeit lösten und gerade dadurch den Protagonisten des kapitalistischen Surrealismus als preziöse kleine Kunstwerke erschienen. Nicht in seinen Worten, sondern in seinem Grinsen liegt die Wahrheit. (So wie in Seehofers Grinsen die Wahrheit über rechte Postdemokratie liegt.)

Der Körper wird zum Bild der Politik und entzieht sich zugleich der Kritik. Mit dem alten Instrument der »Menschenkenntnis« würde wohl jeder erkennen, wie »falsch« das Grinsen ist (so wie »gesunder Menschenverstand« jede erkennen ließe, wie »falsch« die es begleitenden Worte sind), aber die Kraft der Inszenierung im Verbund mit dem Verbot, von Äußerlichkeiten aus zu schließen (einst löblicher liberaler Ansatz zur Verhinderung der Diskriminierung, mittlerweile indes Analphabetismus in der Körpersprache), lässt das reine Zeichen als Botschaft bestehen. Die Oberfläche wird so »perfekt«, dass es nicht mehr das Prinzip des »Durchschauens« gibt, und umgekehrt ist die Wunscherfüllung (das »Reden nach dem Mund« der Wählerinnen und Wähler) ausreichend, um zu blenden. Das Direkte und Zwischenmenschliche wird ebenso eliminiert wie die Gesten der Herrschaft.

> »Längst haben beispielsweise Emmanuel Macron und Sebastian Kurz ihren Kabinetten verboten, sich spontan öffentlich zu äußern. Jeder Auftritt muss vorab sorgfältig gescriptet werden. Durch diese immer mehr ausgearbeiteten medialen Inszenierungen wächst der Spalt zwischen einstudierter Emotionssimulation und verborgener innerer Regung. Als direkte Folge daraus bekommen die Auftritte von SpitzenpolitikerInnen zunehmend eine gewisse gespenstische Note.« (Frank Jödicke)[2]

Natürlich ist die Vergespensterung der Spitzenpolitiker kein isolierter Vorgang; die Perfektion der Oberfläche zulasten der Lesbarkeit von Physiognomien ist ein allgemeines und schichtenübergreifendes Phänomen. Menschen entziehen sich der entsprechenden Kenntnis; es geht also nie allein um die Erfüllung eines Schönheitsideals, wie eine erste Kritik feststellen wollte, sondern vielmehr darum, wie, sagen wir, Melania Trump, nicht mehr Person, sondern nur noch Bild zu sein (ein gewisser Dorian Gray indes sollte schon für eine solche Transformation bestraft werden). Nicht nur die Regierenden, sondern auch die Regierten zeigen die gewisse gespenstische Note. Der Körper ist so sehr Metapher des »Werts« (in Arbeit und Freizeit), wie sich die Sprache in Bilderketten der Begehrnisse verwandelt.

Alle diese Metaphern verknüpfen das ideale Leben des Menschen im Neoliberalismus mit Politik und Ökonomie. Alles um ihn herum ist Körper und Natur, in nichts davon ist noch etwas von »Gesellschaft« erkennbar. Dagegen sind die Metaphern von Sport und Freizeit über die Medien fest im allgemeinen Sprachgebrauch verankert worden. Der Neoliberalismus spricht von sich in einem Kauderwelsch, das beständig zum Ausdruck bringt, dass der einzelne Mensch nichts anderes ist als eine Realisierung der

Die Perfektion der Oberfläche zulasten der Lesbarkeit von Physiognomien: Josef Ackermann, »mit sich im Reinen« (*Handelsblatt*)

allgemeinen Tendenzen, und jede einzelne dieser Metaphern will die soziale Brutalität verbergen, die in ihr steckt. Nicht immer bleibt diese dabei so offensichtlich wie in der vom »Exportweltmeister« (denn wo einer Meister wird, da müssen nun einmal andere verlieren).

Jeder der längst umgangssprachlich gewordenen Begriffe beinhaltet eine Zuschreibung: »Eigeninitiative« bedeutet nichts anders als die Kürzung der Sozialleistungen, mit denen die Betroffene gefälligst selbst fertig werden muss; der »sozial Schwache« (den man selbst in einer Mitleidsgeste so beschreibt) muss wohl jemand sein, der es nicht recht gepackt hat, weil es ihm oder ihr an physischer Kraft, an Durchhaltewillen und an Intelligenz mangelt, ein Schwacher eben, dem man Almosen gibt, aber mit dem man sich eher nicht gemein machen will, da solche Schwäche anstecken könnte. »Wettbewerbsfähigkeit« bedeutet Kostenminimierung auf Kosten des »Humankapitals«, während »Bürokratieabbau« die Abschaffung von Rechten der Arbeitnehmer meint.[3] Diese Sprache »bildet sich« natürlich in den Medien und im Alltag, aber sie wird auch ganz gezielt durch Agenten und Agenturen verbreitet.

Eine soziale Metapher gesellt sich zu diesem Jargon, die von der »Unterschicht« oder der »neuen Unterschicht« spricht, gern in Formen wie »Unterschichtsfernsehen«, zum Zweck der kulturellen Distanzierung. Ähnlich wie die »soziale Hängematte« dient auch die »Versorgungsmentalität« solcher Diffamierung. Die Sprache des Neoliberalismus erzeugt, was sie zu beschreiben vorgibt.

Diese Sprachschöpfung geht sowohl in den Bewegtbildern als auch in der populären Literatur als Klassen- und Kulturkampf von oben weiter. Die Diffamierung der Unterschicht als fett, faul, dumm und roh findet sich etwa in dem Bestseller *Schantall, tu ma die Omma winken*, der sich als Satire von etwas ausgibt, was er erst als Projektion erzeugt: Das Buch wurde von einem Unternehmer verfasst, der seinen größten Spaß daran zu finden scheint, seine Verachtung gegenüber dem auszudrücken, was als Nachfolger der »Massen« erscheint: Menschen, die sich von Junkfood ernähren, ihre Wohnungen verkommen lassen, der deutschen Sprache kaum mächtig sind und sich bei alledem auch noch eifrig vermehren. Das Buch, das die vermeintliche Unterschicht dem vermutlich wiehernden Gelächter der Mittelschicht preisgibt, täuscht perfekt über den kulturellen Mangel eben dieser Adressaten hinweg und wird entsprechend verkauft. »Werke wie ›Schantall‹ leisten die nötige ideologische Schützenhilfe, um auch hierzulande bei der zunehmend prekär beschäftigten und mit Abstiegsängsten konfrontierten Arbeiterklasse das soziale Klima weiter in Richtung eines blanken Hasses von allen Seiten auf die erniedrigten, geknechteten, verlassenen, verächtlichen Wesen zu schüren«, heißt es dazu auf *kritisch-lesen.de*.[4] Umgekehrt häufen sich aber auch die kritischen Romane aus den tieferen Schichten des Neoliberalismus: *Winkler, Werber* von Enno Stahl zum Beispiel beschreibt das Schicksal eines Mannes, der sich selbst bedingungslos unter das gnadenlos dumme Diktum »Leistung muss sich wieder lohnen« stellt. Und auch der sieht im »Unterschichtler« vor allem sein eigenes Schreckbild: »Auf Schritt und Tritt Leute in Jogginghosen, besifft und beschmiert, voll am Arsch mit der abgesenkten Stütze oder den miesen Jobs. Das ist der Weg der globalen Wirtschaft, kannst nur dafür sorgen, auf der richtigen Seite zu stehen: die was haben, sonst auaaua.«[5] In der amerikanischen Literatur haben Autoren wie Jonathan Franzen oder Don DeLillo[6] sich den Schrecken der neuen

Finanzwelt gestellt. Für die Banker, die sich, ihren Körper, ihre Seele, ihre Biografie bedingungslos dem »Geldmachen« überantwortet haben, gibt es nur selten, wie in John Lanchesters *Kapital*, eine Hoffnung auf eine innere Wandlung. Der Zugriff des Systems bei Philipp Schönthaler (*Das Schiff das singend zieht auf seiner Bahn*) dagegen ist noch radikaler; die neoliberale Arbeitswelt formt einen neuen Menschen:

> »Meine Romanfiguren können keine Grenze mehr ziehen zwischen dem beruflichen Selbst und dem privaten. Diese Grenze ist kollabiert. Und daher rührt vielleicht auch eine klaustrophobische Stimmung im Roman. Dies ist ja gerade die Logik der Management- und Coachingliteratur, dass ich immer schon selber beides in einer Person bin: Beobachter und Beobachteter, Prüfer und Prüfling.«[7]

In Kathrin Rögglas *wir schlafen nicht* geht es in einer Fiktion mit dokumentarischer Grundierung um die Verhältnisse in der Branche der Unternehmensberatung. Kurzum, es ist nachgerade ein literarisches Genre zum Motiv »Leben im Neoliberalismus« entstanden. Die positivistische Variante bildet der alljährliche IKEA-Katalog, den man keinesfalls als bloßes Angebot verstehen darf, sondern erst in seiner Funktion als umfassende Lebensberatung begreift. Da gibt es zum Beispiel »Fünf Elternregeln für das Kochen mit Kindern«, zu denen es gehört, »nicht zu schimpfen, wenn etwas nicht klappt«, und es wird klargemacht: »Die Zeiten, als ausschließlich am ordentlich gedeckten Esstisch gegessen wurde, sind vorbei. Setzt euch doch einfach aufs Sofa oder gleich auf den Fußboden.«

Daneben ein konstanter Fluss der Ideologie- und Werbefetzen, die sich um Sprache als ästhetischen Code nicht mehr kümmern: »Soo! muss Technik« warb das Elektrohaus Saturn 2012 (Werbeetat: eine halbe Milliarde Euro im Jahr) in seinem Claim auf Straßen, Illustrierten und Fernsehsendern. »Der neue Slogan ›Soo! muss Technik‹ ist nun der Spruch für den gesättigten Jäger, der, von Optionen überwältigt, nicht mehr in der Lage ist, mit dem Fortschritt Schritt zu halten: Brabbelnd versucht er sich an der Expertise einer Sache, deren Verständnis ihm entglitten ist. Er bedient nicht Technik, er wird bedient« (Peter Kümmel)[8]. Aber zugleich darf er sich natürlich als Mitglied einer Kaste der Bescheidwissenden fühlen, und so ist es kein Zufall, dass die Nachfolge-Kampagne dieses Prinzip personalisierte, in Gestalt eines gutmütigen, etwas pummeligen und bärtigen Nerds namens »Tech-Nick«, der angeblich alle Produkte des Hauses fachkundig »abgenickt« hat. Der Konsument ist nicht mehr der Angesprochene, sondern der Eingeschlossene. Die Ware soll ihm nicht mehr helfen, ein besseres (soziales) Leben zu führen, sie *ist* sein soziales Leben. Im Gegensatz zu den helfenden Fabelwesen von einst, dem »weißen Ritter« auf der Waschmittelpackung, dem Tiger, den es in den Tank zu packen gilt, und in Nachfolge der freundlichen Avon-Beraterin simuliert nun das Testimonial, simuliert vor allem seine Sprache ein »wahres Leben«.

Eine weitere Technik der Sprachentwendung bildet die Verschiebung von Begriffen ins Ungefähre und Mehrdeutige. Ein Großteil dieser Verschiebungen entstammt der mehr oder weniger gedankenlosen, mehr oder weniger taktischen Übernahme aus dem angelsächsischen Sprachgebrauch. Natürlich verdankt sich diese Praxis vor allem dem Import von Produkten der Popkultur, und doch lohnt es gewiss, zu verfolgen, welche Begriffe übernommen werden und welche nicht oder welche neue Bedeutungen damit geschaffen werden. So übernimmt man, nur zum Beispiel, die englischen Wörter »Mum« und »Dad« wohl nicht allein, weil sie in Soap-Operas und Sitcoms gängig sind, sondern auch, weil sie anscheinend die mythische und psychologische Schwere aus den deutschen Bezeichnungen »Mutter« und »Vater« nehmen, aber auch den affektiven Gehalt von »Mama« und »Papa« entbehren. Die Übertragung ist ein semantisches Erleichtern. Und damit verbunden ist die Vorstellung der Produzierbarkeit: »Beauty«, so scheint es, ist herstellbar, jedenfalls leichter als »Schönheit«. Jemand, der »tough« ist, ist weniger bedrohlich als einer, der »zäh« oder gar »hart« ist. »Poetry« (wie in »Poetry-Slam«) erscheint weniger anmaßend und weniger verpflichtend als Poesie. Eine »Story« verrät nicht so viel wie eine »Geschichte« von ihrer fiktionalen Grundierung, »fun« nicht so viel vom egoistischen Hedonismus wie »Spaß«. Fremd- oder Lehnwörter dieser Art wollen also vor allem etwas verbergen und etwas erleichtern, Verpflichtungen abmildern, Wünsche legitimieren. Dabei kommt es, was die eigentliche Absicht vielleicht deutlich macht, zu Neuschöpfungen (aus dem amerikanischen *host* wurde ein deutscher »Talkmaster«, aus dem *mobile* ein »Handy« usw.), zu Wort-Inflationen (man ernennt sehr viel mehr Einrichtungen zum »Center«, als es in der Ursprungssprache gebräuchlich ist) und zu Herabstufungen (»Kids«). In der Übertragung verlieren die Begriffe ihre Geschichte und damit auch einen Teil ihrer emotionalen und mythischen Fülle, nicht zuletzt die Besetzung mit Schuld oder Scham. Wer von »Kids« spricht statt von Kindern (oder Jugendlichen), der meint nun eben keine soziale Zuordnung mehr, sondern die Konstruktion eines Lifestyles (oder eines Konsumgedankens). Das Label verrät weniger von seiner strategischen Absicht als die Marke. Richtig Fahrt nimmt diese »kreative« Übertragung auf, wenn aus der Wirklichkeit die »Reality« und aus dem Gefühl der Freiheit die Aufforderung »feel free« werden, denn hier geht es nicht mehr um eine leichte emotionale und semantische Verschiebung, sondern um einen generellen Bedeutungswandel: Die »Amerikanisierung« ist ein doppeltes Spiel aus zwei Komponenten, nämlich der Verschiebung vom Sozialen und Demokratischen aufs Vermarktete und Subjektive, und der »Entschwerung« (wenn Deutsche von »Mum« und »Dad« sprechen statt von Mutter und Vater, geben sie damit eine Lockerung der Familienbindungen, aber zugleich eine Entspannung in den Verhältnissen wider, ob als Realität oder Wunsch bleibt dahingestellt). Durch eine Marktsprache jedenfalls (eine Sprache des Marktes, eine Sprache, die auf dem Markt ist) mag man sich die Ersetzung der Verpflichtung durch Effizienz versprechen. Nicht als Imperative gelten nun die Begriffe, sondern als Ausweis des Funktionierens.

So bilden die vier dominanten Sprachpraxen des Neoliberalismus eine geschlossene semiotische Welt, wie sie vorher kaum denkbar war: der Ökonomiesprech, der sich die Begrifflichkeit einer Wissenschaft zu eigen macht, die sich vor allem als ideologisches Rüstzeug versteht, die Werbesprache, die den Alltag nicht mehr überhöht und perforiert, sondern ihn möglichst vollkommen besetzt, der Trickle-Down-Effekt des anglisierenden Lifestyle-Brandings und schließlich der neue politische Jargon, der ebenfalls und eingestandenermaßen von nichts so sehr besessen ist wie von dem Bemühen, »Begriffe zu besetzen«. Die »schwarze Null« als magisches Ziel der Budgetpolitik wurde ein solch besetzter Begriff, so sehr, dass kaum noch eine Kritik, ja nicht einmal eine Nachfrage nach der eigentlichen Bedeutung mehr möglich schien. So erkennen wir durch den praktischen Umgang mit gewissen Worten eine informelle Sprachregelung. Zum Beispiel gilt der neoliberalen Sprechweise alles als »abstrakt«, was kritisch und bewusst sein will, »dynamisch« scheint, was sich den Gegebenheiten »geschmeidig« anpasst, »Leistung« ist identisch mit finanziellem Ertrag (sodass »Leistungsträger« auch einfach als »Reiche« übersetzt werden kann), »pfiffig« ist eine Idee, mit der man auf dem Markt reüssieren kann; in den höheren Etagen nutzt man »Standortverbesserung« als Suche nach billigen Arbeitskräften und Steuervorteilen, »Umstrukturierung« wird genannt, was Arbeitsplätze vernichtet. Wer sich mit den neoliberalen Gegebenheiten nicht anfreunden will, ist wahlweise »weltfremd«, »etatistisch«, »archaisch« oder einfach »old school« (wenn man nicht ohnehin gestrig, alt-links, öko-romantisch usw. ist). Über ungerechte Verteilung des Reichtums klagen heißt »sozialneidisch« sein, Entlassungen – oder doch »Freistellungen« – sind aufgrund von »Strukturanpassungen« oder »Redimensionierungen« des Unternehmens notwendig. Und wenn etwas ganz und gar nicht mehr ethisch zu rechtfertigen ist, dann wird man aufgefordert, das Ganze doch einmal »unideologisch« zu sehen. Der neoliberale Jargon verbindet »oben« und »unten«, arbeitet nicht nur mit Maskierungen, sondern auch mit verqueren Versinnbildlichungen und Entspezifizierungen. Er erfüllt alle Kriterien einer Propagandasprache. Unnütz zu sagen, dass er auch die Kategorien von »rechts« und »links« abschaffen möchte.

Diese Sprechtaktiken des Neoliberalismus haben einen entscheidenden Haken. Denn wenn alles, was mit dem Tempo der Neoliberalisierung selbst nicht einverstanden ist, als Sache der Abgehängten, der Nicht-Mitgekommenen, der Verlierer und der Nicht-Leistenden angesehen wird, muss sich gerade unter jenen, die sich weniger als Kritiker denn als Opfer dieser Entwicklung sehen, eine zunächst semantische Gegenbewegung bilden, eine sprachliche Militarisierung, Nationalisierung, Reaktion und Nostalgie. Schon in der Sprache kündigt sich an, was bald darauf politische Wirklichkeit wird: der Rechtspopulismus als gespenstischer Schatten des Neoliberalismus.

Die Alternativlosigkeit als Prinzip des politisch-ökonomischen Handelns macht aus jedem Kritiker einen »Bedenkenträger« und aus diesem einen »Bremser«, während die Verspottung des »Gutmenschen« bereits aus dem neoliberalen Mainstream in die extreme Rechte übergewechselt ist. Der Gutmensch war in der Sprechweise des Neoliberalismus nahezu jeder, der sich im Sinne der berühmten Unterscheidung von Max Weber der »Gesinnungsethik« verpflichtet fühlte, moralischen Prinzipien und Anschauungen, die zumindest im Kern konstant sind, während der gestandene Realpolitiker sich der »Verantwortungsethik« verschreibt (und damit nur meint, dass er von Fall zu Fall und nach wechselndem Interesse entscheidet). Und schon Weber behauptete höhnisch, dass man es bei Gesinnungsethikern »in neun von zehn Fällen mit Windbeuteln zu tun habe«.[9] Mit der Verantwortungsethik, die sich nach den realen Gegebenheiten und Zielen zu richten hätte, scheint ein Instrument gefunden, das Ethos zu »versachlichen«, wenn nicht gar zu technisieren, es in den »Objektivismus« einer Ayn Rand zu integrieren.

Natürlich durfte sich bei dieser diskursiven Ersetzung der Gesinnungsethik durch Verantwortungsethik, die in den achtziger und neunziger Jahren medialer Mainstream wurde und die entscheidenden Umwertungen vorbereitete, wie wir sie in den zehner Jahren dann in der Behandlung flüchtender Menschen erlebten, weder die Frage stellen, ob dieser Unterschied überhaupt selber etwas anderes ist als eine ideologische Konstruktion (denn wie sollte jemand Verantwortung empfinden, wenn er keine Werte kennt, auf die er sich besinnen würde), noch ob so etwas wie eine Verfassung oder auch ein Rechtsstaat ohne Einigung auf grundlegende Gesinnungen überhaupt vorstellbar wäre. Im Kern ging es bei dem Widerstreit zwischen Gesinnungs- und Verantwortungsethik um einen Nachhall der Gottesbeziehung im (kapitalistischen) Christentum mit einem vorläufigen Sieg des subjektiv-egozentrischen »evangelikalen« Verständnis: Ich und mein Gott gegen den Rest der Welt.

In seiner gewinnenden Phase bediente sich der Neoliberalismus seinen Kritikern gegenüber wie gegenüber den Verlierern mit einer Form der nachsichtigen Verachtung, die die schneidende Arroganz der Millionärsgattin Margaret Thatcher etwa vergessen lassen wollte. Man hört halb und mit einem Grinsen zu, welche Dummheiten sich die unreifen und unvernünftigen (und übrigens meist schlecht gekleideten: Der Amtsantritt von Schröder und Fischer in Deutschland war eine hoch symbolische Herrenmodenschau!) Opponenten nun wieder ausgedacht haben. Die kritischen Stimmen wiegen vergleichsweise wenig, sind womöglich sogar das »Salz in der Suppe« dessen, was man den medialen »Marktpopulismus« genannt hat. Alles, was dieser Populismus aktiviert, ist auf die Konstruktion eines »kleinen Mannes« ausgerichtet, der sich durch »Leistung« in das System einschreiben will (Opfer müssen gebracht werden) und dem dabei nur Steine in den Weg gelegt werden: von einem Staat, der zu viel regeln will, den linken »Gutmenschen«, die dauernd moralische Besinnung verlangen, von allem, was nach »Planwirtschaft« riecht (und alles riecht nach Planwirtschaft, was den Interessen der Konzerne im Weg ist), von »Bedenkenträgern« usw. Dieses Narrativ wurde seit den späten siebziger Jahren verbreitet. Ex-Präsident Trump ist vielleicht der schrillste unter den Einpeitschern des Neoliberalismus über die Fernsehgeräte, der erste war er beileibe nicht. Schon im Jahr 1980 hatte Milton Friedman eine populäre Sendung mit dem programmatischen Titel *Free to Choose*. Berlusconi und Trump waren vor allem als Medienfiguren bekannt, bevor sie »in die Politik gingen«, aber dort setzten sie ihre Entertainment-Formate – Trumps brutal-sadistische Serie *Hire and Fire* als Castingshow des Karrierismus – sehr direkt fort. Marktpopulismus und Sadismus gehen eine auf Abneigung gründende Beziehung ein: Der Neoliberalismus schreit den Verlierer an: »Selber schuld!«, und der Markpopulismus antwortet: »Gar nicht wahr! Ich wäre bei den Gewinnern, wenn nur nicht dieser Staat, dieses Europa, diese Weiber, diese gehätschelten Minderheiten, diese Verschwörer, diese Flüchtlinge … wären.« Marktpopulismus beginnt als harmloses Spiel politisch-ökonomischer Gemeinheit und verwandelt schließlich die Erfahrung der Niederlagen im Neoliberalismus in Hass auf die anderen, auf alle jene Konkurrenten, die man ungestraft hassen darf.

Die Verschränkung der Wirtschaftswelt mit den Mediengewohnheiten, aber auch mit den scheinbar »klassischen« bürgerlichen Werten Freiheit und Selbstbewusstsein und schließlich mit dem, was vom Privatleben blieb, schuf nicht nur einen »neuen Menschen«, sondern auch eine neue Beziehung zwischen Individuum und Allgemeinheit. In etlichen Zusammenhängen tritt auch Religiöses in den Dienst der marktgängigen Selbstoptimierung. Scientology-Anhänger und »wiedergeborene Christen« eignen sich offenbar perfekt für Karrieren sowohl in der Politik, in der Medienwelt und in der Wirtschaft. Sie repräsentieren gleichsam das umgekehrte Weihnachtsmärchen des Kapitalismus: Der (christliche) Geist, der in sie fährt, erweicht nicht mehr das versteinerte Herz des Scrooge-Typus, sondern er hilft umgekehrt dem haltlosen Hedonisten dabei, sich erfolgreich zu versteinern. Neben vielem anderen gebiert der Neoliberalismus ein herzloses, aber bigottes Monster, in dem »Christentum« die Rolle der Selbstoptimierung und Selbstkontrolle übernimmt, die anderswo das Fitnesscenter und der Mental-Coach innehaben.

Die (»herzlose«) Sprache der Ökonomie durchdringt immer weitere Bereiche des Lebens und des Alltags. Die »Nutzenmaximierung«, der »social profit« oder die »Marktrelevanz«: Die natürliche Grenze der Ökonomisierung, so hieß es einst, das waren in der kapitalistischen Demokratie die Menschen- und die Bürgerrechte, moralisch unter anderem zusammengefasst im Begriff der »Menschenwürde«. Man könnte dies wohl auch die Versklavungsgrenze der Ökonomie nennen. Sie galt nie in einer fundamentalen Weise, und nur in den besten Jahren des letzten Jahrhunderts auch nur annähernd. Die Versklavungsgrenze wurde nur immer wieder verschoben; die Dinge, die mit einem »absoluten Wert« bedacht waren – zum Beispiel die Freiheit, die Unversehrtheit – und die deswegen theoretisch nicht verhandelbar waren, sind durch den kapitalistischen Surrealismus, der im Verein mit der postmodernen Ironie den »Glauben« an solche absoluten Werte verloren hat, doch zur Beute der Ökonomisierung geworden. Damit sind die Möglichkeiten von neuen Versklavungen eröffnet; weit entfernt oder tief unten, dort eben, wo der gute Bürger nicht hinkommen oder wo er nicht hinsehen mag.

Die Welt als Bühne, sich selbst zu beeindrucken

Es scheint dem neoliberalen Geist ausgesprochen zuwiderzulaufen, dass es immer noch Felder der menschlichen Existenz gibt, die nicht ökonomisiert und nicht kapitalisiert sind. Nicht nur die Grundbedürfnisse sind das inzwischen – Ernährung, Hygiene, Kleidung, Behausung – und das kulturelle Darüberhinaus – Bildung, Kult, Feier, Kommunikation – oder die wesentlichen Betätigungen – Arbeit, Familie, Krieg und Organisation –, sondern auch und gerade die Nischen – man könnte sagen: die Pausen, das Nichtstun, die Entspannung, das Intervall. In den Lifestyle-Konstruktionen, den Verbindungen von Konsum, sozialem Gestus und Biografie, spielen gerade Letztere eine immer bedeutendere Rolle, unter anderem deswegen, weil die anderen so hoffnungslos an Entfremdung und Korruption verloren scheinen. Mit der Pose der Naivität erklärt die *Süddeutsche Zeitung*: »Nach Ernährung und Fitness könnte Schlafen das nächste große Lifestyle-Thema werden«. Das meint nicht allein, dass für das »optimale« (und »optimierende«) Schlafen mehr Geld ausgegeben wird, es meint vor allem, dass darüber gesprochen wird, dass es ein Medienthema wird, dass es performativ gehandhabt wird. So wie man zuvor »öffentlich« Ernährung pflegte (was kaum noch mit dem Wort »Essen« belegt werden kann) und »öffentlich« Fitness betrieb – nämlich als Teil eines Dispositivs –, so stellt man nun seine Schlaf-Optimierung aus. Beinahe aus dem Lehrbuch der Neoliberalisierung erscheint, was Frederic Böert erklärt, Mitbegründer der Design-Marke *Muun*, die alles rund um den Schlaf in durchformulierten Stilrichtungen anbietet (und besser kann man auch die Verinnerlichung der neoliberalen Weltsicht nicht ausdrücken):

> »Schlafen wird immer noch als Mittel zum Zweck angesehen. Das steht unserer Meinung nach im Widerspruch zu den Kernwerten unseres modernen Lebensstils: dem Streben nach Leistung, Selbstoptimierung und Effizienz. Wir ernähren uns gesünder, treiben Sport und machen Wellness – aber dem natürlichsten Energielieferanten überhaupt, unserem Schlaf, bringen wir keine Wertschätzung entgegen.«

Schlaf wird zum neuen Statussymbol aufgebaut in einer Welt, in der Schlafen in der Tat schon zum Luxus geworden ist. Und im Zuge der nächsten inneren Landnahme wird nun eine der letzten, unnützen und wilden Sphären des Menschenlebens fundamental kapitalisiert. Kein Mensch soll mehr einfach so schlafen dürfen, Zeit vergeuden für das arbeitende Geld und die Selbstvermarktung!

»Die Elite schläft« (*Neue Zürcher Zeitung*): Luxusbett im Angebot der chinesischen Handelsplattform *AliExpress*

Wer also performativ, durchgestylt und mit allen Design-Aufwertungen, deren man habhaft werden kann, schläft, gehört zu den Besseren; und ein Gespräch über die ideale Matratzenform tritt in den Rang eines Gesprächs über Picassos im Eingangsbereich oder Joggingmeilen am Morgen. Natürlich wird dieser (Night-) Lifestyle mit den elektronischen Gadgets zur Selbstkontrolle wie den REM-Registrierungen oder den Atemrhythmen verbunden: »Wie viele Tiefschlafstunden habe ich pro Nacht; wie optimiere ich diese, um fitter und effizienter zu werden? Das beschäftigt die Kunden momentan sehr«, so Benjamin Esser, Gründer von *Urbanara,* der Heimtextilienfirma für »bewusst Shoppende«. Und so werden Kopfkissen-Sprays, Design-Pyjamas und Smartphone-Apps auf den Markt gebracht. Dem Schlaf-Hype folgen auch die großen Modehäuser und spezielle Design-Marken wie *Horror Vacui,* deren Designerin die Freuden des hemmungslosen Narzissmus erklärt: »Ein paspeliertes Knopfloch oder eine scheinbar nahtlos aufgesetzte Tasche sind schon ziemlich over the top für einen Pyjama – und dann bekommt es noch nicht mal jemand mit. Genau das finde ich schön: Luxus, der so intim ist, dass man ihn ganz allein genießen kann.«[10] Die Phasen der Kapitalisierung im Neoliberalismus, die mediale Erzeugung des Dispositivs, die performative Übernahme und schließlich die narzisstische Aneignung – vielleicht weil es ja »nur« um das Schlafen geht, drückt sich das alles so bis an den Rand zur Persiflage kenntlich aus.

Und die Landnahmen gehen weiter. Nach den Männern sollten nun auch die Frauen mit dem auch semantisch gestählten Körper zum Träger der großen Marken-Komplexe werden. In gewaltigen Kampagnen versuchten Puma, Nike und Adidas den bis dahin eher vernachlässigten Markt der *women's sportswear* zu entwickeln. Ein neues Phänomen bekam den Begriff »Athleisure« verpasst: Die Sportkleidung wird zur Alltagskleidung; ihr Zeichenwert übersteigt bei Weitem den Funktionswert. Natürlich dienen auch hier Testimonials nicht nur als Werbeträger, sondern werden mit eigenen Produkten und Kollektionen identifiziert wie der Fußballstar Beckham mit einer Unterwäscheserie. Puma bringt den »Rihanna-Schuh« auf den Markt, von dem das Paar im Endverkauf etwa 200 Euro kostet. Stella McCartneys *StellaSport*-Kollektion umfasst Bodywear mit auffallenden Farben. Der Sport-BH dieser Kollektion ist für 65 Euro zu haben. Sein Trick ist, dass er nicht mehr »im Verborgenen« getragen wird, sondern geradezu designt ist, um unter anderer Kleidung hervorzustechen. Der typische »Krieg« zwischen den Rappern setzt sich im Kampf um die Testimonials fort; so wurde etwa der Rapper Kanye West als Testimonial und Sneakers-Entwerfer von Nike abgeworben, um für Adidas Modelle wie die *Adidas Yeezy Boost 750 Chocolate Gum* (circa 350 Euro) Aufmerksamkeit zu schaffen; Michael Jordan steht für die teuersten Sneakers auf dem Markt, etwa den *Jordan 4 Retro Snakeskin,* der in vergangene Zeiten der Sportschuh-Ästhetik zurückführt. Der *Nike Air Jordan 12 »Flu Game«* erzielte bei einer Versteigerung übrigens 100.000 US-Dollar.

Hier trennen sich bald wieder die Strategien. Auf einem florierenden Markt erkennt das *Börsenblatt – Wochenmagazin für den deutschen Buchhandel* divergierende Tendenzen: »Bei Fitnessratgebern gibt es derzeit zwei große Trends: Bücher, die versprechen, mit kleinen Übungen ans Ziel zu kommen – und Anleitungen für Körperkultisten, die sich wie Spitzensportler stählen wollen.«[11] (Natürlich erinnert uns das an den im ersten Kapitel beschriebenen Zusammenhang zwischen *poor images* und *rich images*; die kleinen Gesten und die fundamentalen Umbauten.)

Zum markenaffinen Lifestyle gehört auch die Wahl des richtigen Fahrzeugs. Und auch hier hat der Surrealismus den Realismus abgelöst. Der Manager, der etwas auf sich hält, kommt nicht mit der teuren Limousine zur Arbeit, aber auch nicht mehr mit dem extrem gepimpten Sportrad, auf dem er seinen Schweiß vergossen hat, wie in den *heydays* des Neoliberalismus, sondern mit einem silbernen Roller, den er schwungvoll zusammenklappt und verstaut. Die Pointe ist der Kontrast zwischen dem Outfit (es kann gar nicht teuer genug sein) und dem Gefährt, das kindliche Spielfreude, Mut und Beweglichkeit ausdrückt. Gruppenausflüge macht man gern mit dem Segway, dem von Dean Kamen zu Beginn des Jahrhunderts erfundenen zweirädrigen Rollgerät, auf dem man sich ein wenig fühlen darf wie ein römischer Wagenlenker und das erst in den zehner Jahren ein wenig ins Gerede kam, nachdem man die Unfallstatistiken ausgewertet hatte. Während der Tretroller ein frivoles Downgrade für den Karriereschnösel darstellt, ist der Segway (da meistens geliehen und in Gruppenerlebnissen erprobt) ein ebenso frivoles Upgrade der Mittelschicht. Das heißt, ganz nebenbei bemerkt, dass der silberne Tretroller sich als Lifestyle-Ikon definitiv länger hält als der Segway, zu dessen negativem Image nun noch kommt, dass die Herstellung in chinesischen Händen liegt. Es ist vor allem das »Inaktive«, überhaupt das Elektrische (»Elektronische Mobilitätshilfe« ist die offizielle Bezeichnung), was stattdessen die neueste Variante des Tretrollers – die sich gegenwärtig in den Großstädten verbreitenden E-Scooter – sehr viel beliebter macht.

Pop war der junge, aggressive und lustvolle Griff nach der Beute. Man griff sich, was man bekommen konnte, um es vor sich zu halten und auszustellen. Als Beute konnte alles zum Ding an sich werden, wie die *Brillo Boxes* Warhols, der Blues oder der SA-Mantel des Vaters.

Wir müssen, wenigstens nebenbei, diesen Akt der Transformation der Beute-Ware in Kunst vielleicht noch etwas näher betrachten. Warhol benutzte Sperrholz, wo das Original aus Pappe bestand; und er hatte etwas ganz Ähnliches mit Cornflakes-Paketen einer bestimmten Marke ausprobiert, aber das funktionierte nicht. Dass es um eine Marke mit dem konkret-poetischen Namen »Brillo« und dass es um ein Waschmittel ging, war also nicht so arbiträr, wie es den Anschein hatte, so wenig wie die Wahl des Materials. Dass die Verwandlung in ein Kunstwerk nicht mit jedem Beute-Waren-Ding gelingen kann, legt einen Umkehrschluss nahe, nämlich dass es Beute-Waren-Dinge gibt, die diese Transformation bereits in sich haben oder zumindest nichts aufweisen, was sich ihr widersetzt.

Die Postmoderne dagegen war der ermattende, unersättliche und melancholische Griff nach den Gespenstern. Da es nichts mehr zu erbeuten gab (keine »Erwartungen« mehr aktiviert werden konnten), invertierte sich die Ansprache. Der Rock 'n' Roll war nicht mehr die Zukunft, sondern eine besondere Weise der Vergangenheitsbewahrung. Man kann nicht sagen, dass dies ein leichteres Unterfangen ist. Auch Rock 'n' Roll ist einer der verzweifelten Versuche, etwas so ins Gespenstische zu verwandeln, dass es nicht ausschließlich Beute sein kann.

In der Konsolidierungsphase des Neoliberalismus kehren sich einige der Kritikpunkte gegen unsinnige und zumindest für die Umwelt gefährliche Konsumgüter um. Die Prosumer, die sich hemmungslos zum System bekennen, das sie als einzig mögliche Art von Fortschritt sehen, wenden die Argumente der Kritiker gegen diese, und ebenso macht es die an sie gerichtete Werbung. So sieht man in einer Anzeige für den *Peugeot 2008* eine dunkle Stadt mit erleuchteten Fenstern, den Kopf eines Mannes mit Zweitage-Bart und das Automobil des Begehrens, mit der Tagline: »Auch wenn Sie der Weg zum Bäcker selten über einen Bergpass führt.« Mit dem SUV um die Ecke zum Brötchenholen ist widersinnig, gewiss, aber wir machen es trotzdem. Warum? Weil wir es können. Nein, es gibt noch einen weiteren Grund. Er liegt im Slogan der Produktlinie *Peugeot 2008*: »Impress yourself«. Es geht wohlgemerkt nicht darum, sich auszudrücken (kein »express yourself«), noch geht es darum, jemand anderen zu beeindrucken (kein »impress your friends or enemies«). Es geht darum, sich selbst zu beeindrucken. Daher auch die grünliche und lichtdurchflutete Nacht. Die Beute ist selbst schon in ihrer Gespensterhaftigkeit begehrt. Sie impliziert nicht allein den reinen Narzissmus, sondern auch die vollkommene Einsamkeit. Die Welt ist eine Bühne, sich selbst zu beeindrucken. Die Zuschauer sind abhanden gekommen, es ist eine gespenstische Leere, in die sich möglicherweise Likes, Selfies und Shitstorms drängen, wenn man den richtigen Trigger gefunden hat. (Die Frau, wie wir ihr bei der Neoliberalisierung des Schlafvorgangs begegnet sind, die sich in ihrem bizarren Luxuspyjama so angelegentlich allem enthoben fühlt, entspricht dem Mann, der einsam durch die Nacht fährt, um sich mit seinem sinnlos »mächtigen« und destruktiven Automobil selbst zu beeindrucken.)

»Dein Beat. Dein Drive. Dein Style«, verspricht die *Mazda CX-3*-Werbung, auch sie zeigt ein Automobil ohne Fahrer. Die Anzeige für den neuen *Mini John Cooper Works,* auch diesmal scheint jemand einsam in der Nacht unterwegs, behauptet »231 Gründe, nicht den Bus zu nehmen«, zu kennen. Diese 231 Gründe sind in der Tat nichts anderes als die 231 PS des Gefährts (tatsächlich hat ein gewöhnlicher Stadtbus in der Regel nicht mehr als 300 PS). Aber es scheint gerade in dieser Einsamkeit einer der Gründe zu liegen. Der *Audi A6* dagegen wirbt mit einer Fahrt entlang eines Kais mit Skyline im Hintergrund, umflogen von Hubschraubern und begleitet von Motorradfahrern: »Großes Kino für die Straße«. Diese Autos bringen ihre Besitzer nicht mehr voran, sie halten im Gegenteil den Abstand zu den anderen. Bei allen diesen Anzeigen sieht man keinen Fahrer und keine Fahrerin am Steuer, das Auto selbst ist das Subjekt geworden. Es verhöhnt nicht nur die Idee einer ökologischen oder sozialen Vernunft, es verhöhnt seine Mitmenschen. Die Differenz wird nicht mehr herablassend kühl erzeugt, sondern aggressiv und verächtlich. Die Gewinner zeigen, dass ihnen Verantwortung am Arsch vorbeigeht; es geht nur darum, sich selbst zu beeindrucken von der Differenz, die man erzeugt hat. Man kann, listig genug, dies wiederum »Gesinnung« nennen und daraus das Modell der Ersetzung eines Verantwortungskonsums durch einen Gesinnungskonsum gewinnen, einen Konsum, mit dessen Hilfe die Person, die Wahrnehmung und Selbstwahrnehmung, neoliberalisiert wird. Der Konsum wird so lange ideologisiert, bis er selbst sich in Ideologie erschöpft, der Turnschuh beim Gangsta/Banker, der SUV beim Techno-Karrieristen, Schlafen als Luxus- und Optimierungsschauspiel bei der übermotivierten oberen Mittelschicht. Man erzeugt sein eigenes Kino, nicht als dynamischen Erfahrungsraum (Auto und Kino hatten seit jeher eine Wahrnehmungsüberschneidung), sondern in der Gespensterware selbst. Der neue *Mazda2* wirbt auch mit einem Nacht- oder doch einem Dämmerungsbild: Das Auto spiegelt sich als geschmeidige Silhouette in einem riesigen dunklen Fenster. »Spieglein, Spieglein an der Wand«, sagt der Text. Und wieder werden wir darauf hingewiesen, dass es sich nicht um einen Gebrauchsgegenstand, sondern um ein Bild handelt. Die Frage nach dem, wer oder was das Schönste im ganzen Land ist. Die Märchenphrase scheint die Antwort geradezu zu provozieren: Das Automobil als Beute ist super-schön. Aber weiter hinten lauert immer das Gespenst des noch Schöneren. Oder des noch Hässlicheren, wie man es nimmt.

Früher kehrten die Gespenster zu den Menschen zurück, nun die Menschen zu den Gespenstern. In der populären Kultur nennt man das: »Retro«. Es ist der Versuch, und auf bestimmten Sektoren scheint er zu gelingen, aus Gespenstern Beute zu machen. Aber das Gespenst als Beute erzeugt Kälte und Tristesse, der Mensch darin muss geopfert werden.

Retro zu sein ist indes nicht einfach ein Recyclen oder Samplen vergangener Moden und Emotionen, sondern wirkliche »Wiederbelebung« oder Aktualisierung; es geht nicht um eine »Zeitreise«, sondern vielmehr um eine Aufhebung der Zeit. So spielen bestimmte Filme aus Hollywood in mehreren Zeiten gleichzeitig (wie etwa einige Filme der Coen-Brüder, des Neo-Noir-Genres oder des Steampunk), aber auch eine andere Linearität, die von Filmen für Erwachsene und Filmen für Kinder, verharmlosend als »familiy entertainment« bezeichnet, funktioniert als Angriff gegen die Zeit. Nicht mehr wachsen Menschen mit Filmen, es wachsen nun Filme (oder Serien) mit Menschen. So werden aus kulturellen Transiträumen gleichsam ewige (imaginäre) Begleiter. Und »Nostalgie« bedeutet unter diesen Umständen nicht mehr, in eine vergangene Zeit zurückzukehren, sondern sie vielmehr zurückzu*holen*, in Form von Musik, in Form von (»magischen«) Objekten, in Form von Filmen, in Form von Moden, in Form von Trophäen – in Form von Beute. (Und, so könnten wir anfügen, wer sie nicht ökonomisch und kulturell zurückholen kann, der versucht, sie familiär und politisch zurückzuholen.)

Die Beute ist von ihrer räumlichen in eine zeitliche Dimension erweitert. Man kann erbeuten, was bereits Gespenst geworden ist. (Nicht im Sinne eines Horrorfilmes, in dem das Gespenst wie in einer Freakshow in all seiner faszinierenden Abscheulichkeit ausgestellt wird.) Das Verschwinden der Geschichte ist demnach nicht nur Ziel des Neoliberalismus (eine marktförmige Welt ist eine, die weder Vergangenheit noch Zukunft brauchen kann), sondern auch Mittel. Aus dem Abgestorbenen den größten Profit zu erzielen, das kann nur gelingen, wenn es nicht »vergangen« ist; umgekehrt muss alles vergehen, was keinen Profit generieren kann.

Die Gegenwart ist also zugleich die einzig mögliche und die unmöglichste aller Zeiten. Wo aber will man hin, wenigstens mit seinen Träumen? Eine Zukunft kann es nicht geben (nicht einmal mehr, wie noch am Ende des vergangenen Jahrtausends, in der Science-Fiction: als Verurteilung der Gegenwart); die Vergangenheit hat sich in Beute-Fetischen aufgelöst. »Retromania«[12] ist die Sehnsucht nach einer Zeit, die es nie gegeben hat, und das meint nicht eine »Idealisierung« oder Verklärung wie in der klassischen Nostalgie, sondern eher eine »Verschleierung«, das Vernebeln ins Avalon-hafte, die Maskierung der Wünsche durch das bewusste Legen falscher Fährten. Das Traumland der Retromanie ist so gespensterhaft, dass man hoffen darf, dort weder selber zu stranden noch dort »gefangen« zu werden. Vielleicht können wir die Beziehung zwischen Kunst und Gesellschaft selber schon als eine retromanische bezeichnen. Während sie als Beute in den Tresoren und Villen der Oligarchen landet, als Gespenst in den Straßen und Medien nomadisiert, erzeugt sie in der verbliebenen Mittelschicht ein mehr oder weniger wohliges Gefühl einer Kultur, die es nie gab. Das Bild einer Sehnsucht von etwas, das jenseits dieses Automobils liegt, das nur noch den Fahrer selber beeindruckt, der aber schon gar nicht mehr am Steuer sitzt, sondern sein kontrolliert unrasiertes Gesicht ganz buchstäblich in nächtlichen Wolken aufscheinen lässt. Jedermann sein eigenes Gespenst! Jedermann seine eigene Beute! Kunst ist, in einem kleiner werdenden Segment, das retromanische Versprechen, zu einem Zustand vor dieser narzisstischen Falle zurückzukehren, sich selber nicht mehr nur in sich selbst und seinem gespenstischen Beute-Objekt, sondern in etwas zu erkennen, das ganz anders ist. Das vor allem seine Andershaftigkeit ausdrückt. So wäre Kunst das, was mehr ist als Beute und Gespenst, und zugleich das, was am genauesten Auskunft darüber gäbe, wie und warum Beute und Gespenst geworden sind. Aber dieser Kunst-

Traum ist eben weniger utopisch als retromanisch. Im Gegensatz zu einer Street-, Aktions- und Guerilla-Kunst, die sozusagen das Paradoxon des bewussten Gespenstes anstreben, ist diese Kunst von Selbstreflexion und Spiegelung nur auf dem Umweg über eine Gesellschaft zu verstehen, die es eigentlich nicht mehr gibt. Liebes Bildungsbürgertum, möchte diese Kunst schreien, komm zurück, alles ist vergeben! Und vergib auch uns, dass wir dich einst zu vertreiben unternahmen! Aber es gibt keine Antwort auf diesen Verzweiflungsschrei.

Allein bleibt man mit einer radikalen Frage: Welche Rolle kann die Kunst spielen, wenn es keine bürgerliche Gesellschaft, keine Demokratie, keine Bildungsideale und Illusionen, keine Kritik, keinen Diskurs, keinen sozialen Adressaten, keine andere Kultur als die von Wettbewerb und Niedertracht mehr gibt? Die Kunst war eine Metapher der Befreiung und der Freiheit, und sie machte – sollen wir sagen, naturgemäß? – die Umwandlung der Begriffe und Fantasien von Freiheit beim Übertritt in die neoliberale Gesellschaft mit. Jetzt wird es Zeit, sich an einer neuerlichen Umwertung zu beteiligen. Leicht wird das nicht.

Anmerkungen

1 Vgl. Ralf Schröder: Seppis Pumpstation. In: konkret, Nr. 11, 2016, S. 30.
2 Frank Jödicke: Gespenstische LächlerInnen. In: malmoe 83, S. 19.
3 Vgl. auch Daniel Baumann / Stephan Hebel: Gute-Nacht-Geschichten. Politische Propaganda und wie wir sie durchschauen können. Frankfurt/Main 2016.
4 http://kritisch-lesen.de/rezension/ein-ideologisches-lehrstuck [17.10.2019].
5 Enno Stahl: Winkler, Werber. Berlin 2012.
6 Don DeLillo: Cosmopolis. New York 2003. Jonathan Franzen: The Corrections. New York: Picador, 2001.
7 Philipp Schönthaler im Interview. In: Wirtschaftswoche, 14.2.2014. www.wiwo.de/erfolg/beruf/bedrueckender-blick-auf-heutige-arbeitswelt-immer-schoen-funktionieren-und-optimieren/9482670.html [17.10.2019].
8 Peter Kümmel: Burn-out-Werbung. Ein neuer Slogan bringt die Stimmung im Land auf den Punkt. In: Die Zeit, 10/2012, S. 43.
9 Max Weber: Politik als Beruf [1919]. Frankfurt/Main 1999.
10 Alle Zitate nach Celina Plag: Komm, süßer Schlaf. Hippe Matratzen und luxuriöse Nachtfashion: Nach Ernährung und Fitness könnte Schlafen das nächste große Lifestyle-Thema werden. In: Süddeutsche Zeitung, 11./12. 6.2016
11 Kai Mühlbeck: Bis an die Grenze! In: Börsenblatt, 10/2016, S. 32.
12 Den Begriff prägte Simon Reynolds: Retromania. Warum Pop nicht von seiner Vergangenheit lassen kann. Mainz 2012.

Die Entschöpfung der bürgerlichen Welt: Neoliberalismus, Populismus, Demokratie und Kultur

»Ich glaube, wir stehen vor einem neuen, illiberalen Zeitalter. Und für jemanden, der sein Leben einem gewissen Liberalismus verschrieben hat, ist das eine traurige Kunde. Es ist ein Niedergang.«
Fritz Stern

Erbeutete Arbeit, gespenstische Arbeit

Immer mehr Menschen arbeiten, obwohl sie keinen für ein menschenwürdiges Leben ausreichenden Lohn dafür erhalten. Der Mensch, der Arbeit als Strafe ansieht (Max Weber hat das »traditionell« genannt), und der Mensch, der Arbeit als Chance ansieht, werden nun ergänzt durch den Menschen, der Arbeit als Beute ansieht. Wer eine Arbeit hat, ist Sieger, und noch mehr Sieger ist, wer eine »richtige« Arbeit hat. Die »richtige« Arbeit ist indes nicht jene, die zugleich das Glück der Entfaltung von Talent und Fähigkeit bedeutet, und auch nicht jene, die am meisten, nun eben, soziale Verantwortung verrät, sondern jene, die einem so leicht niemand nehmen kann oder die auf direkte Weise mit sozialen und ökonomischen Absicherungen versehen ist. Was aber, wenn die Sehnsucht nach der richtigen Arbeit in etwa so groß ist wie das Empfinden von Arbeit als Strafe? (Denn von der traditionellen Chance im protestantischen Geist des Kapitalismus, wie ihn Max Weber beschrieb, kann ja keine Rede mehr sein.) Die Arbeit, die man erbeuten muss (wir sehen uns die entsprechenden Filme an, lesen entsprechende Bücher und wissen: Bei der Erbeutung einer richtigen Arbeit darf man auch moralisch nicht zimperlich sein), wird natürlich automatisch auch gespenstisch. Denn sie zu haben ist wichtiger, als sie »auszufüllen«; man muss nicht in die Bürowelt eines gewissen Stromberg eintauchen, um zu verstehen, dass die Arbeit, je richtiger sie in diesem Zusammenhang scheinen mag, desto leerer wird. Die allerbeste Arbeit ist daher jene, die ausschließlich Bild ist – und erst in der nächsten Stufe, nach der *Stromberg*-Anmutung, etwa in der Welt der *Dilbert*-Comics, bekennen sich die Inhaber der Orte für solche Arbeit zur kreativen Destruktion als Wesen: Sinn der Arbeit ist es, andere Arbeit kaputtzumachen und durch eine Geistererscheinung von Arbeit zu ersetzen.[1]

Erbeutete und gespenstische Arbeit schöpft weder aus einer Tradition, noch ist sie auf ein Ergebnis in der Zukunft ausgerichtet (Bauwerke, die nie fertig werden, aber Unsummen von Geld verschlingen, sind die haptisch-materielle Entsprechung einer solchen Arbeit), sie ist ausschließlich der Zirkulation von Performance und Geld im Augenblick verpflichtet (irgendwas muss passieren, damit das Fließen von Geld gerechtfertigt scheint, das ansonsten ganz ohne Arbeit natürlich noch reibungsloser verliefe, aber der Legitimation und damit der »Wirklichkeit« entbehrte: Arbeit im Neoliberalismus ist die Simulation einer Verwirklichung von Kapitalbewegungen).

Immer weniger Menschen müssen immer mehr arbeiten für immer weniger Lohn: Dies ist die einzige Möglichkeit, über den Faktor Arbeit noch Wettbewerbsvorteile für die Unternehmer in jenen Sektoren zu erzielen, die nicht oder nur unvollkommen in »Billiglohnländer« verlagert werden können und bei denen nicht die eigentliche Produktion (oder »Kreativität«) schon an die Kunden selbst ausgelagert worden ist. Bei dieser immer weiter *verdichteten* Arbeit handelt es sich zu einem großen Teil weniger um produktive und auch nur teilweise um administrative Arbeit als vielmehr um »spekulative« Arbeit. Es geht um den Verkauf, es geht darum, was der klassische Unternehmer einst selbst erledigte oder von einem engen Mitarbeiterstab erledigen ließ, um das Investieren, das Verträgeschließen, das »Einschätzen« der Marktsituationen. Da wir es, zumindest was die verbliebene Mittelschicht anbelangt, bei der Arbeit in der großen, aber undeutlichen Erzählung des Neoliberalismus mit einer spekulativen Ware zu tun haben, der Mensch ein Unternehmer seiner eigenen Arbeitskraft (und also im Jargon des Neoliberalismus seiner »Kreativität«) ist und sich daher um jeden Preis selber ausbeuten muss (auf Kosten seiner Mitmenschen und auf Kosten seiner Zukunft), nimmt es nicht wunder, dass sich dies auch in der Arbeit selbst fortsetzt: Der Mensch im Bereich der etwas höher bezahlten Arbeiten erhält, undenkbar noch im Kapitalismus der Nachkriegszeit, selber unternehmerische Kompetenzen, und »Karriere« heißt, neben gestiegenem Einkommen, die Ausweitung solcher unternehmerischen Kompetenzen, die einem »Arbeitsplatz« zugeschrieben werden. Das erscheint zunächst als enorme Aufwertung. So entstand nicht nur jene Manager-Elite, die heute als »herrschende Klasse« durchgehen könnte, sondern auch ein Subsegment von Menschen, die sich im Dienste ihrer Firma verschulden, verspekulieren und schließlich zu Tode »arbeiten« oder aus dem Prozess ausgeschlossen werden. Denn die Kehrseite dieser Aufwertung der Arbeiter (der Unternehmer der eigenen Arbeitskraft wird Co-Unternehmer in einem mehr oder weniger undurchschaubaren Konzern-Netz) ist die damit verbundene soziale und vor allem ökonomische Haftung. Die Mittelschicht als Co- und Kleinunternehmer arbeitet und spekuliert immer gegen die eigene Vernichtung an. Einerseits kann man noch ein bisschen reicher werden und noch mehr soziale Performance zeigen (mein Haus, meine Yacht, mein Pool, mein Auto), andrerseits kann aber mit einer einzigen Fehlentscheidung und noch mehr mit einem Fehlgriff blitzrasch alles zu Ende sein und eben das, was man zur sozialen Performance angehäuft hat, zu einer nicht mehr zu tragenden Bürde werden. Angst und Gier verweben sich in dieser »Arbeit«, die in Wahrheit nichts hervorbringt als die Praxis einer rücksichtslosen Konkurrenz, zu einer zugleich unerträglichen und unverzichtbaren Paranoia.

Damit ist Institution geworden, was der Neoliberalismus zunächst, aus der Krisensituation des »alten« Kapitalismus heraus, zum Motor der panischen Dynamisierung im Mikro- wie im Makrobereich der Ökonomien umwidmete: Die Traumata der Krisen sind die Antriebskräfte für die jeweils nächste, stets »verschärfte« Erscheinungsform des Neoliberalismus und seiner Arbeits-Bilder. So schrieb Ernest Mandel zur deutschen Krise der späten sechziger Jahre:

> »Die Wirtschaftsrezession der Jahre 1966 und 1967 hat auf die Bundesrepublik wie ein Schock gewirkt. Die gesellschafts- und innenpolitischen Auswirkungen werden jahrelang nachhallen. Die

> traumatischen Ergebnisse auf psychologischem und ideologischem Gebiet […] dürften weit tiefer gehen, als die Schwankungen in den Wahlergebnissen erkennen lassen. Eine Legende ist in diesen Jahren zusammengebrochen: jene der krisenfesten und einen steten Fortschritt des Lebensstandards gewährleistenden ›sozialen Marktwirtschaft‹. Mit dieser Legende ist auch die langfristige politische Stabilität der Bundesrepublik zum Tode verurteilt.«[2]

Die Wirtschaftskrise erzeugt einen Kern der Panik, der für die nächste Transformation nur allzu geeignet ist: Das Trauma der Krise des Kapitalismus und die Angst vor ihrer Wiederholung treiben die Menschen im Allgemeinen und die Mittelschicht im Besonderen in die Arme des jeweils nächsten Kapitalismus. So wie in der Bundesrepublik die Angst vor Staatsschulden und Inflation die Austeritätspolitik der »schwarzen Null« bei einer Mehrheit akzeptabel macht, auch wenn damit offensichtlich ein Verfall der Infrastruktur, der Zerfall Europas und die weitere Trennung in arme und reiche Schichten verbunden ist. Die »schwarze Null« schaffte es vor der Corona-Krise, zu einem mythischen Bild zu werden, das eine neue Harmonie verspricht, eine Ausgeglichenheit, die zu einem Alleinstellungsmerkmal wurde, auch wenn es nicht wenige andere »Überschussregimes«[3] gibt. Der Anteil der Sinn-Industrie und der ästhetischen Produktion an diesem Vorgang ist kaum hoch genug einzuschätzen. Am deutschen Beispiel lässt sich mühelos zeigen, wie die Wirtschaftskrise einen denkwürdigen Wechsel im Geschmack und in den Inhalten der »Unterhaltung«, der Werbung und der politischen Propaganda bewirkte. Die Zeichen standen, generell gesprochen, nun nicht mehr auf Konsolidierung, sondern auf Erregung. Und jede zusammengebrochene Legende erzeugt eine Flut von Bildern des Zerbrechens und des Zerbrochenen.

Die Ästhetik des Zerbrochenen, der »Scherbenhaufen«, von dem die beginnende Medienkritik damals sprach (wie Hans Magnus Enzensberger etwa von der Wochenschau), war entscheidend immer auch eine Ästhetik der Dynamisierung, und es war vor allem eine Ästhetik der Differenzierungen. Auch die Märkte der Kultur- und Unterhaltungsindustrie differenzierten sich sprunghaft im Nachklang der deutschen Krise. Nur eine der Folgen, kulturpessimistisch beklagt genug, war ein gewisses »Verkommen«, was nur Ausdruck einer politischen Liberalisierung dieser Märkte war. Einfach gesprochen: Es musste Unterhaltung genug geboten werden, um die traumatischen Auswirkungen dieser ersten von vielen Krisen zu bewältigen. Aber natürlich war es weit komplizierter. Denn der Medienmarkt erwies sich als einer der idealen anti-zyklischen Steuerungselemente. Die überkommenen Sprüche aus den USA – »Wenn es dem Land schlecht geht, geht es Hollywood gut«, »Schlechte Nachrichten sind gute Nachrichten« etc. – erfuhren ihre höchst eigene deutsche Ausformung. So entwickelte sich, nur zum Beispiel, das öffentlich-rechtliche Fernsehen in den Jahren nach der Krise rasant von der beflissenen Bildungsinstitution zum nationalen Unterhaltungskörper. Doch beinahe bedeutender noch erschien eine Aufsplitterung und ein Crossover, das diesem Markt vollkommen neue Profitmöglichkeiten eröffnete. Der »Massenkonsum«, der vordem gleichsam eine »klassenlose Gesellschaft« der Neckermann- und Quelle-Verbraucher, der Italienreisenden und Autobahnbenutzer geschaffen zu haben schien, zeigte sich nach der Krise als keineswegs klassenlos. Zum ersten Mal trennten sich die kulturellen Präferenzen nicht mehr allein an der Generationen-, sondern vor allem an der ökonomischen Linie. Auf der einen Seite drängte sich die Mittelschicht weiter mit Macht in die Luxussegmente des Konsums, auf der anderen Seite aber wurden auch immer mehr weite Teile der Bevölkerung kulturell abgehängt. Die »kleinen Unterschiede«, mit denen man seinen sozialen Status markierte, wurden entsublimiert; der Bürger konnte sich weder durch Bildung noch durch »Umgangsformen« allein mehr profilieren – aber es geschah, konsequent unbemerkt, etwas Drastischeres, nämlich die weitgehende Vernichtung der Arbeiterkultur. Denn die in die Krise geratene Industrie brauchte nun auch diesen Markt, der ja in den Boom-Jahren so an Kaufkraft zugelegt hatte, und musste, um ihn zu erobern, die »alten« und »gewachsenen« Strukturen der Arbeiterkultur zerstören, was nicht zuletzt mithilfe der Städteplanung und der Bauwirtschaft gelang. Die Antwort der »leichten« Industrien auf die Krise war der Beginn einer inneren Landnahme. Neue Konsummärkte konnten nur geschaffen werden, wenn Kulturen, die nichts oder wenig einbrachten, vernichtet werden konnten. Die Arbeiter wurden in der Krise zum Opfer ihrer gestiegenen

Produktivität. Sie wurden als Kunden so interessant, dass man ihre Arbeit erst einmal aus dem Blickfeld nehmen konnte; und sie mussten auf das große Versprechen der »sozialen Marktwirtschaft« in ihrer Krise hereinfallen, dass sie mittlerweile »Bürger« geworden seien und daher für die Krise mitverantwortlich. Diese Verbürgerlichung der Arbeiter, die Poeten und Aktivisten der Linken erbitterte (na, die hatten gut reden!), vermischte sich freilich mit einer weniger sichtbaren Proletarisierung des Kleinbürgertums. Medien wie das deutsche Fernsehen oder die *Bild*-Zeitung bedienten diese neue Meta-Klasse mit Welt- und Selbstbildern. Im TV brach die große Zeit der deutschen Familienserien aus, die im Kern nichts anderes waren als Anleitungen zum Krisenmanagement im Mikrobereich von Ökonomie und Kultur. Sie lösten als »Straßenfeger« die pseudo-englischen Kriminal-Mehrteiler nach Francis Durbridge ab, welche wohlig genug das Unheimliche in der späten Wirtschaftswunderzeit zu bannen wussten. In den deutschen Familienserien (denen man, im Gegensatz zu den Produkten des späteren Neoliberalismus, gar nicht vorwerfen konnte, sie seien »unrealistisch«) lernte man, mit dem Zerbrechen und mit dem Zerbrochenen der sozialen Marktwirtschaft umzugehen. Es wurde gelitten, geduldet und geopfert. Hier wurde der immer bunter werdenden Werbewelt die wahre Farbe des Lebens unter den Bedingungen der Krisen entgegengehalten. Es war das Grau.

Jede Krise einer Form des Kapitalismus produziert als Katastrophe, was die nächste Form wiederum als gesellschaftlichen Rohstoff der Gewinnmaximierung benutzt: gesellschaftliche, ökonomische und kulturelle Ungleichheit. Der Kapitalismus lebt, mit anderen Worten, auch in diesem Bereich eben davon, was er zerstört. Und ganz entsprechend ist die Ästhetik einer Form des Kapitalismus das Abbild der Zerstörung, die er in der vorherigen angerichtet hat oder die im Zuge der Krise entstanden ist. Die Ästhetik der einen Variation des Kapitalismus hebt die Ästhetik der vorherigen im dialektischen Sinne auf. Sie übermalt und zersetzt ihre Vor-Bilder und versucht sie zugleich retromanisch durchschimmern zu lassen. Das retromanische kleine Glück gleicht einem inneren Neckermann-Katalog, der ins eigene Kindheitsparadies wie in einen kollektiven Beginn führt; die Generationen darauf müssen für ihre Retro-Kulte zahlen.

All das spiegelt auch die Dialektik des Menschen in den vorletzten Varianten des Kapitalismus, von der sozialen Marktwirtschaft bis zum Ende des Konsumkapitalismus, als Arbeiter und als Konsument. Außer ganz unten und ganz oben kann man sich nie das eine ohne das andere vorstellen, immer ist das eine Frage und Antwort in reziprokem Verhältnis zum anderen. Arbeit und Freizeit verhalten sich zunächst wie Anstrengung und Belohnung, aber nicht nur in der einzelnen Biografie (nachzusehen wiederum in deutschen Familienserien der Zeit) kann sich dieses Verhältnis auch immer wieder umkehren, und vor allem ist die Arbeit immer auch wieder »Erlösung« von den Sündenqualen des Konsums. Die Spannung zwischen Arbeit und Konsum aber ließ sich nie wirklich auflösen, so sehr auch die Maschinen zur diesbezüglichen Mythenproduktion heiß laufen mochten. Doch erst mit dem Übergang vom Konsum- zum Finanzkapitalismus und von der Disziplinar- zur Kontrollgesellschaft wurde das Projekt einer dialektischen Architektur aufgegeben zugunsten einer fluiden Verschmelzung von beidem. So wie Arbeit immer mehr einer Freizeitbeschäftigung gleichen soll (wenn auch eher inszeniert als empfunden), so nimmt die Freizeit immer mehr Elemente der Arbeit auf. Die ästhetische Kommunikation bedeutet dabei immer weniger »Entspannung« als vielmehr »Teilhabe«. So nimmt es am Ende nicht mehr Wunder, dass sich ein der Folter angeklagter Wachmann damit vor Gericht verteidigt, er sei doch Helene-Fischer-Fan.

Immer mehr Menschen also arbeiten, obwohl sie keinen für ein menschenwürdiges Leben ausreichenden Lohn dafür erhalten. Die Menschen arbeiten bis zur Erschöpfung, man könnte allerdings auch sagen: bis zur Entschöpfung. Durch die prekarisierte, intensivierte und verknappte Arbeit wird der Mensch gehindert, sich als (s)ein Geschöpf zu sehen.

Wohlstand, Nation, Demokratie: Symbolische Ordnungen im Widerstreit

Ökonomische Macht achtet auf ihre Ästhetik. Politische Macht ist hässlich, blutig, unappetitlich (allerdings auch von großem Spektakelwert, sodass wir gewiss so schnell nicht auf sie verzichten); ökonomische Macht ist einerseits nahezu unsichtbar, andrerseits aber auch selber ästhetisch. Das große Opfer der ökonomischen Macht wird nicht nur in den medialen Trostmaschinen verarbeitet, sondern auch in beständigen Ritualen gespiegelt und eingeübt.

Wenn wir uns über etwas noch einigen können, dann ist es der Satz: »Wir müssen unsere Freiheit verteidigen!« Wir wissen nicht genau, was das ist, was wir da verteidigen sollen oder wollen, und auch von dem, wogegen wir sie eigentlich verteidigen, haben wir zwar starke Bilder (grölende Neonazis, terroristische Anschläge, NSA-Horcher, ein »Islamischer Staat«, für den Demokratie des Teufels ist, fremdenfeindliche Spießer-Aufmärsche), aber undeutliche Vorstellungen. Scheitern muss die Allianz zwischen Ökonomie und Demokratie schon an der Frage: Wo kommt das her?

Die Mehrheit der Gesellschaft ist um zwei Begriffe versammelt, die Nation und die Demokratie. Beide sind im Sinne von Alain Badiou »Embleme«[4], das heißt, sie werden als unhinterfragbare und unantastbare »Wahrzeichen« benutzt, so sehr sie auch verfallen oder zerstört sein mögen und gänzlich unabhängig von ihrer wahren Funktion: »das Unantastbare eines Symbolsystems« (Badiou). Das Wirkliche dagegen, aber zugleich das, was das Symbolsystem überhaupt erst begründet, das, was »dahintersteckt«, ist die Wirtschaft. Das Bruttosozialprodukt drückt also nicht nur den Wohlstand in einem Land aus, sondern es ist auch die reale Verbindung der beiden Symbolsysteme. So muss man, um den Wohlstand offen und »frei« genießen zu können, sich zugleich zum Wahrzeichen »deutsch« und zum Wahrzeichen »demokratisch« bekennen. Das hat eine Zeit lang funktioniert, nicht zuletzt auch auf äußeren Druck hin, und bereits im Rausch der »Wiedervereinigung« wurde sichtbar, dass es nicht weiter funktionieren würde.

Die Beziehung zwischen Nation und Demokratie ist zugleich prekär (stets scheint dieses Widerspruchspaar auseinanderzubrechen; wenn man vom einen enttäuscht ist, tendiert man dazu, dem anderen mehr Magie zuzuschreiben), und sie ist, um den durchaus ungerechten Anteil am Reichtum der Welt zu legitimieren, »irgendwie« notwendig. Eine Pegida-Demonstration drückt diesen Widerspruch zwischen zwei Symbolsystemen aus, die sich ihres Klebstoffes beraubt sehen. Ist der Wohlstand wirklich bedroht, oder ist es vielmehr die symbolische Ordnung, die um ihn herum errichtet worden ist? Eine doppelte Legitimation, die nun nicht einmal mehr eine halbe ist.

Die beiden Wahrzeichen des Wohlstandes, die Nation und die Demokratie, geraten in einen heftigen Streit miteinander. Sie treffen auf eine zweite Realität hinter den Realitäten des Neoliberalismus, die mit dem Versprechen des »Wohlstands für alle« so wenig zu tun haben wie mit einer Form von »Klimagerechtigkeit«. Wenn und solange Wohlstand, Demokratie und Nation eine einigende Ordnung bilden, dürfen sich die Menschen, wenn auch hier wiederum eher symbolisch als real, als Bewohner der »besseren Welt« fühlen. Die neoliberale Dynamik nimmt den Menschen den Ort in der Gesellschaft, an dem sie das Dreieck Wohlstand – Demokratie – Nation einigermaßen stabil konstruieren könnten.

Das Wahrzeichen »Demokratie« hat nicht sehr viel mit dem zu tun, was man so unter dem politischen Konstrukt von Rechtsstaat, Gewaltenteilung, Repräsentation, Transparenz versteht, sondern es ist ein allgemeines Dispositiv von einer Freiheit, die den Menschen zusteht, die in der besseren Welt leben (weil sie das »verdient« haben und weil sie »schon immer« da waren). Deswegen ist es keine rein taktische Heuchelei, wenn sich Menschen, die auf das Symbolsystem »Nation« umschwenken, und, politisch gesehen, eine Abschaffung der Demokratie zugunsten von »Führung«, »Volk« und »Nation« begrüßen würden, sich auf eben die Demokratie berufen. Denn sie berufen sich nicht auf eine politische Praxis, sondern auf ein Symbolsystem. Ihre einzige Bedingung dabei ist freilich, dass dieses Symbolsystem dem anderen untergeordnet ist. Statt also gemeinsam als »nationale Demokratie« eine Legitimation für das Leben in der besseren Welt, und damit sozusagen nebenher für ein besseres Leben (das »die anderen« noch stets neiden), zu liefern, müssen sich Nation und Demokratie nun einen Symbolraum teilen. Und es scheint sehr einfach, dass sich dieser Symbolraum für das privilegierte Leben in der besseren Welt (und wenn auch in dieser besseren Welt am unteren Rand) unter jeder Form des äußeren Drucks mehr mit Nation füllt und von Demokratie entleert.

Diese Tendenz einer zähen, aber scheinbar unaufhaltsamen Faschisierung immer weiterer Kreise der Gesellschaften ist durch das Beharrungs- und Verdrängungsvermögen der nationalen Demokratien in Europa nicht verhindert, möglicherweise eher beschleunigt worden. Die nationalen Demokratien, man kann es nicht weniger drastisch sagen, sind am Ende. Sie können weder ihrer Fürsorgepflicht noch dem Ausgleich in ihren Gesellschaften gerecht werden, sie bauen, paradox genug, um sich zu erhalten, immer weiter ab. Der Symbolraum »Demokratie« implodiert; er hat keine sinnvolle Beziehung zum Wohlstand und zum Leben in der besseren Welt mehr, und er kann seinen Pakt mit dem Symbolraum »Nation« nur noch negativ erfüllen, nämlich als Wirtschaftskrieg gegen andere nationale Demokratien (wie das Beispiel Griechenland zeigt) und als ohnmächtiger Diener des Kapitals. Wohlgemerkt: Hier geht es nicht um Regierungen, die viel aktiver an den Prozessen der Finanzkapitalisierung beteiligt sind, als nur »hilflose Opfer« zu sein, sondern es geht um das Emblem der Demokratie. Demokratie ist für den Wohlstand oder das Leben in der besseren Welt weder zwingend mehr nötig, noch ist sie eine hinreichende Legitimation. Wenn Angela Merkel etwas Gutes tut (was man ebenso gut auch als das Selbstverständliche ansehen könnte, nämlich Menschen in Not aufzunehmen) – und darauf prompt von den Vorreitern der Allgemeinfaschisierung an den Galgen gewünscht wird –, dann tut sie es bereits nicht mehr in Bezug auf die Demokratie, sondern in Bezug auf »unser Land«. Das Band, das die Regierung und das Volk zusammenhält, wird nicht mehr durch die Demokratie gebildet, sondern durch die Nation.

Die Demokratien müssen sich also nationalisieren und gleiten dabei zugleich auf zwei Ebenen in die Postdemokratie hinüber, auf der Ebene der Deregulationen und der Verschmelzung von Politik und Wirtschaft und auf der Ebene des Populismus, auf der sie den Faschisierungstendenzen in der eigenen Gesellschaft entgegenkommen. Währenddessen wurde nicht nur versäumt, das Projekt einer neuen, einer transnationalen, einer europäischen Demokratie, die diesen Namen verdient, voranzutreiben, sondern es wurde mehr oder weniger alles getan, um es zu verhindern. Dieses noch nicht einmal richtig vor-demokratische Europa hat es zugelassen und gefördert, dass Mitglieder ihr Nation-Building auf der Grundlage von ethnischen, kulturellen und religiösen Identitäten betrieben. Hauptsache, man war nicht links, Hauptsache, man öffnete die Märkte, dann genügten bereits noch so oberflächliche Demokratie-Inszenierungen. So kam es, dass das Problem der großen Flüchtlingszahlen – sie waren absehbar, sie wurden verdrängt, und sie werden weiter verdrängt, denn es mehren sich bereits Anzeichen für neue, noch viel größere »Flüchtlingswellen« – auf ein Europa traf, das sich standhaft der politischen Öffnung und Demokratisierung verweigerte und stattdessen seinen Mitgliedern nicht nur rhetorische, sondern auch politische Renationalisierung gestattete. Wir müssen wohl nicht besonders darauf hinweisen, wie bedeutend darin die Rolle eines gewissen Landes in der Mitte ist, das sich gern mit dem Titel eines Exportweltmeisters schmückt und inmitten der besseren Welt immer noch die beste scheint.

Die drei großen Diskurse, Ökonomie, Nation und Demokratie haben sich auf jeweils spezielle Weise in eine symbolische Ordnung aufgelöst: Der Anteil an der Ökonomie ist für die meisten Menschen weitgehend medialisiert und ritualisiert. Man kauft mehr Symbole des Wohlstands als wirkliche Dinge des Wohlstands, vom schlechten Fleisch für wenig Geld über die Textilien, die in Sweatshops in fernen Ländern gefertigt sind, bis zur Urlaubsreise im Massentourismus. Davon, dass man unentwegt Bilder von Glück, Fortschritt und Wachstum in Werbung und Entertainment konsumiert, ganz zu schweigen. Die Nation ist vor allem eine Inszenierung der Unterhaltungsindustrie, Sport, Heimatschnulze, nationales Feelgood-Movie und Großevent, aber selbst noch die Faschisten und Halbfaschisten sind vor allem und erst einmal ein Marktsegment. Und Demokratie, natürlich, beschränkt sich auf die Differenz zwischen dem, was wir alles dürfen und die anderen nicht. Je weniger man wirklich Anteil hat an Ökonomie, Nation und Demokratie (bzw. »Regierung«), desto wichtiger wird die Teilhabe an den symbolischen Ordnungen. Sie funktionieren nur, wenn es »die anderen« gibt.

Nationalisierung auf der einen Seite, globaler Massentourismus auf der anderen scheint für die Insassen der Mittelschichten in den Industrien (und Post-Wachstums-Gesellschaften) zwischen Deutschland und Japan kein Widerspruch. Im Jahr 2019 stieg die Zahl der Touristen weltweit auf die Rekordmarke von 1,5 Milliarden, und entgegen den Trends in den meisten anderen Branchen schien hier bis zur Corona-Pandemie das Wachstum ungebrochen. Es ist der Tourismus, der das nachlassende Wirtschaftswachstum ebenso »erträglich« zu machen scheint, wie er ganze Regionen am Leben erhält. Aber zur gleichen Zeit ist offenbar, dass er nicht das Geringste an Kriegen oder Bürgerkriegen ändert, dass er weder Toleranz noch kulturelles und politisches Verständnis fördert. Stattdessen trägt der Tourismus zur ökologischen Verelendung, zum kulturellen Ausverkauf und zur Verschärfung der Widersprüche zwischen Arm und Reich enorm bei. Er macht die Welt zur Müllkippe der Mittelschicht, für die sich das Geld auf der Bank nicht mehr rentiert, das Eigenheim finanziert und das Leben Wünsche generiert hat. Die Tourismusbranche geriert sich dabei als Karikatur des »Heuschreckenwesens« des internationalen Finanzkapitalismus: Wenn irgendwo, aufgrund ökologischer Katastrophen oder Terroranschlägen zum Beispiel, das Kundeninteresse nachlässt, wird ebenso rasch ein neues Trend-Ziel kreiert. »Nichts kann den Tourismus aufhalten, Kriege und Katastrophen können die Reiseströme nur umleiten« (Michael Stuhrenberg).[5] Erst eine Pandemie konnte das Wachstum des Tourismus (vorübergehend?) ausbremsen.

Im 20. Jahrhundert galt auch für die »einfachen« Urlaubsreisenden noch zumindest eine Anmutung von »unberührter Natur« oder von »unberührter Geschichte«; schon am Ende das Jahrhunderts freilich war klar, dass nichts davon zu bewahren war, jedenfalls an den Hot Spots der Küsten, der Berge, der Seen und Schlösser, und das Phantasma der »künstlichen Paradiese« wurde zur technischen Wirklichkeit. Aber das Reisen oder, besser gesagt: das Weg-Sein blieb in den künstlichen Paradiesen als Authentizitätsrest notwendig. Die andere Seite des Weg-Seins als »Authentisches« in der Reise zu Unterhaltungsangeboten, die man »zu Hause« genau so haben kann, ist das Dort-Gewesen-Sein, sodass man vom Tourismus als doppelter Form des Ausblendens sprechen kann: das Ausblenden der eigenen Welt und das Ausblenden der »fremden« Welt. Und so entsteht auch für den Tourismus etwas, was am ehesten ein Transitraum genannt werden kann. Weder verweilen noch bewegen kann man sich hier, sondern man verschwindet in Organisationen, die man ungeniert »Maschinen« nennt, ohne sich damit weniger wohl zu fühlen. Wenn es im klassischen Tourismus darum ging, das »Wilde« so zu zähmen, dass man ihm gefahrlos begegnen konnte, ohne dass es ganz und gar verloren ginge, und im »modernen« Tourismus darum, diese Wildnis in Komfort-Zonen des streng kontrollierten temporären Ausstiegs zu machen, so ist der Tourismus unserer Tage (sehen wir von seiner eigenen enormen Diversity ab) vor allem dazu da, Zeit und Raum zu zähmen. »Land und Leute«, die mythische Einheit als Ziel der Reise, der immer auch ein gewisser therapeutischer Aspekt zugeschrieben wurde, verschwindet, um eine Verkettung von Weg-Sein und Dagewesen-Sein zu erzeugen. Man bringt nicht nur seine Küche, seine Sprache, seine Gebräuche und seinen Alltag mit, um die Enklave, die für den Tourismus geschaffen wurde, noch einmal gegen alles »Fremde« zu schützen, sondern auch Entertainer, Fitnesstrainer, Eventmanager, alles Erdenkliche, was als »Bespaßung« gilt, um keinen Augenblick direkter Konfrontation oder auch der Ruhe zu erlauben.

Spätestens seit den neunziger Jahren war das hässliche Gesicht des Massentourismus beim besten Willen nicht mehr zu verbergen. Nicht einmal der Mount Everest war von all dem Müll, der Korruption, der Ausbeutung und der Entwertung verschont geblieben. Die populäre Kultur hielt mit einer »Ballermann-Ästhetik« dagegen, für die gehobene Mittelschicht wurde die Individualisierung und Kultivierung Pflicht. Für den Bereich dazwischen sorgte die Mischung aus *Traumschiff*-Unterhaltung im Fernsehen und Preis-Dumping durch gnadenlose Ausbeutung von Personal und Arbeit noch dafür, dass Kreuzfahrten zum Wachstumssegment innerhalb der Wachstumsbranche Tourismus wurden. Die Ästhetik des Events und die Ästhetik des Reisens verknoteten sich so heillos, dass dabei eine Art des globalen Billig-Kolonialismus herauskommen musste, kaum weniger verheerend als die Vorläufer. Eines der gnadenlosesten Bilder lieferten dazu die schwimmenden Entertainment-Städte, die sich zum Beispiel durch die Stadt Venedig oder zwischen Eisbergen bewegen und deren ökologisches wie ästhetisches Zerstörungswerk unübersehbar ist. Man kann sich dieses Vergnügen gewiss nicht mehr auf eine naive Weise gönnen; man muss sowohl die Ausbeutung an Bord als auch die Zerstörung von Natur und Kultur als Teil des Entertainments genießen. Höhepunkt des kapitalistischen Surrealismus sind »nationale« Bespaßungen an Bord von Kreuzfahrtschiffen durch Schlager- und Comedian-Stars aus der zweiten Reihe, Prostitution und Langeweile an den Orten der kurzen Aufenthalte. In kaum einem Resort an den Stränden dieser Welt ist ernsthaft zu übersehen, was Energie- und Wasserverbrauch und Müllerzeugung jenseits der Mauern anrichtet. Tourismus hat sich auf diese Weise noch einmal in den Kolonialismus des »kleinen Mannes« verwandelt, und wie der »echte« Kolonialismus bringt auch dieser seine eigene Ästhetik hervor. Erbeutete Erfahrung, erbeutete Dinge, erbeutete Bilder und erbeutete Macht bringt der Tourist nach Hause zurück, dorthin, wo er sich von allen Seiten in seinen Privilegien bedroht fühlt. Nicht obwohl, sondern weil man von ihren Stränden träumt, werden die Flüchtlinge, die sie verlassen mussten, hier gehasst. Auch im kleinen Rahmen einer Mittelschichts-Biografie hat sich also das Versprechen des Neoliberalismus auf eine Wirkung der »Katallaxie« nicht erfüllt; im Gegenteil, zur Strategie des kapitalistischen Surrealismus gehört es gleichsam, weltläufig und provinziell, touristisch und faschistisch zugleich denken und empfinden zu können.

Dass mit der Renationalisierung nicht nur im politischen Diskurs und in der Ausstattung des Alltags auch eine Regenderisierung einhergeht, versteht sich fast von selbst. Die Industrie bietet in den Spielzeug- und Wäschelinien, in den Werbeaussagen zunehmend wieder eine klare Trennung von »Jungen« und »Mädchen«, die Farben Blau und Rosa werden wieder in die Ordnung der Geschlechter eingeführt, Mädchenzimmer versinken im Pink, Jungs dürfen Rennfahrer und Raumpiloten spielen. Natürlich ist das zunächst ein Marketing-Kalkül: Durch die Geschlechtertrennung in der Kinderkultur lässt sich der Absatz beinahe verdoppeln. Die anderen Branchen ziehen nach; was man so für die Schule braucht, mit allen tröstenden Zeichen und Erinnerungen an die Spielzeugwelten, die man für einen Vormittag verlassen musste, wird besonders rigide in die weibliche und in die männliche Produktlinie getrennt. Die Welten von Zauberfee und Actionheld trennen die Produkte, die sich ansonsten nicht voneinander unterscheiden müssen. Das funktioniert freilich nur deswegen so gut, weil auf der einen Seite die Begleitmedien der Kinderkultur mitmachen und weil es auf der anderen Seite »der Markt annimmt«. Es gibt die Schnuller in Blau mit der Aufschrift *Bad Boy* und in Rosa mit der Aufschrift *Drama Queen*

(von der Schweizer Firma Bibi); Eltern, die solche Accessoires anschaffen, müssen medial mit den entsprechenden Memen versorgt worden sein. Den Kindern in diesem Alter wird es zunächst noch egal sein, aber schon erkennt man, dass die Geschlechter-Kennzeichnung mehr oder weniger militant wieder eingefordert wird. Das »Gendermarketing« weitet sich aus; schon gibt es besondere Überraschungseier für Mädchen, und die Bezeichnung »unisex« wandert in die liberale Mitte ab. Je »preiswerter« die Waren werden, desto rigider wird die Geschlechtertrennung; je billiger Medien wie Magazine und Bücher, desto mehr sind sie nach weiblich und männlich getrennt. Zu vermuten ist, dass eine Kontrolle über die Geschlechterordnung im Kinderzimmer den Eltern »Halt gibt«, wo sie ihre Kinder in eine ausgesprochen unübersichtliche Welt entlassen werden. Zu vermuten ist aber auch, dass ein Teil der Mittelschicht vor der Liberalisierung, die der andere Teil forciert, erschrocken zurückweicht und zumindest in diesem Kinderzimmer zu einer eindeutig bezeichneten Welt zurückkehrt. Will man nicht nur das Beste für sein Kind? Dann wird es wohl in der Rückkehr der Familie, in der Rückkehr der Rollenverteilung, in der Rückkehr zur Tradition liegen. Der ist man ja auch gefolgt, als man seine Hochzeit zu einem solch großen Ereignis machte, ganz in Weiß, und, ökonomisch, darin, dass der Besserverdienende, also wie gewöhnlich der Mann, das Außen und der andere, also wie gewöhnlich die Frau, das Innen eines Mittelschichtslebens repräsentiert. Oder vielleicht verhält es sich auch genau umgekehrt: Die Rückkehr zu den Traditionen soll eine Rückkehr zu den Sicherheiten und Überschaubarkeiten jener Mittelschicht gewährleisten, die in der Euphorie der Anfangsjahre des Neoliberalismus schon als mehr oder weniger endgültig abgeschafft gelten sollte. Ein Credo dieser Mittelschicht war es: Die Kinder sollen es einmal besser haben. An die Stelle von »besser« rückt indes nun das »so wie früher«.

Die Kiosk-Angebote von Mädchenzeitschriften, eine Orgie in Pink und Weiß, wie *Wendy, Lissy* oder *Hannah Montana*, vertiefen die mythische Beziehung von Mädchen und Pferd, schaffen Merchandising-Verbindungen zu anderen Mädchen-Kulten (wie den BIBI UND TINA-Filmen); ganze vier Prozent der Leser sind Jungen. In einer Studie aus dem Jahr 1994 stellte der Evolutionspsychologe Harald Euler fest: »Mädchen und Pferd haben eine Beziehung mit Bindungscharakter. Das Pferd ist zwischen Puppe und Partner das ultimative Kuscheltier, also das größte, schönste und letzte im Übergang von Herkunftsfamilie zu neuer sexueller Partnerbeziehung.«[6] Es ist dies freilich vor allem in der fiktiven Welt der Kinderkultur. Garniert ist diese magische Übertragung mit Bildern von Glück, Geborgenheit und Ordnung. Der Ponyhof ist also mehr als nur der logische Ort für Pferde, er ist eine Weltmodellierung. Mit dem Pferd, so oder so ein Ausdruck von Kraft und Schnelligkeit, mag sich auch der Erfahrungsraum erweitern. Und nicht zuletzt beginnt hier auch ein Kontrollspiel. Das Pferd kann nicht wie die Puppe geformt werden, aber es ist auch nicht Herr über die Reiterin (oder den Reiterinnentraum). Irgendwann kommt der Abschied mit einem Standardspruch des kapitalistischen Surrealismus, der selten ohne lustvolle, mehr oder weniger ironische Häme ausgesprochen wird: »Das Leben ist kein Ponyhof.«

Die Ordnung der Geschlechter, so scheint es, ist in der unübersichtlichen und bedrohlichen Welt ein Rettungsanker, oder aber, aggressiver, sie ist ein Feld, auf dem man Macht und Kontrolle noch ausüben kann, die man anderswo verloren glaubt, wo jeder Mensch, fühle er sich noch so marginalisiert, »mitreden« kann. So sagt, zum Beispiel, jemand, er verstehe nichts von Politik, aber Burkas würde er sofort verbieten lassen, und offenbart damit, dass er eben das realisiert: Politik. Die verbreitete Homophobie, die sich auch an unerwarteter Stelle zeigt, im Pop zum Beispiel, in Subkulturen der »Verlierer«, gehört als furchtbares Seitenstück zu dieser neuen sexuellen »Moral«: Bei der sexuellen Ordnung kann jeder und jede mitreden. Die einzige Qualifikation dabei scheint, sich als »normal«, als »richtig«, als »ordentlich« zu fühlen.

Hier wird klar, wie sich die Verbindung von Marktliberalisierung als Globalisierung und »Diversity« als Produktivkraft mit dem scheinbaren Gegenteil, Renationalisierung, »Retraditionalisierung« (so der Marketingbegriff, wenn es um Trachtenmoden, Hochzeitskleider, Kommunionsanzüge usw. geht) und Rückkehr zu reaktionären Menschen- und Geschlechterbildern auch im Kinderzimmer abbildet. Natürlich ändern sich zugleich die Rollenmodelle in den Film- und Spielzeugwelten; sie spalten sich in genau in die Modelle, in die sich auch die Gesellschaft spaltet: Es gibt ein »identitäres« Segment (mit längst fälliger Anbindung an den Mainstream), und es gibt ein neo-emanzipatorisches Modell, bei dem Hautfarbe, Geschlecht und Kultur keine große Rolle mehr spielen. Ein Muster dafür war die typische »Disney-Prinzessin«, die einst nichts anderes im Sinne zu haben schien, als sich von einem Prinzen heiraten zu lassen, der natürlich genau so weiß war wie sie selbst. Nach und nach eroberten sich nicht nur verschiedene Ethnien diese Rolle (eine Asiatin in MULAN, eine *native americas* in POCAHONTAS oder eine Afroamerikanerin in KÜSS DEN FROSCH). Mit Elena von Avalor (in der gleichnamigen Serie im Disney Channel) bekam die erste Lateinamerikanerin den Job der Disney-Prinzessin, aber in der üblichen Geschichte vom bösen Fluch ist nun auch ein anderes Bild der Frau angelegt. Sie verzichtet nicht nur darauf, sich über den Mann zu definieren, sondern ist vor allem Job-orientiert. Sie orientiert sich indes durchaus nach wie vor an der Familie, fungiert dabei aber gleichsam als deren Managerin. Liberale Diversity, Globalisierung und Toleranz auf der einen, Retraditionalisierung, Renationalisierung und Volkstümlichkeit auf der anderen Seite. Die beiden Seiten der Kinderkultur prallen immer heftiger aufeinander und lassen sich auch hier nur »surrealistisch« auflösen.

Mit einer Elena-Puppe spielen, während die Eltern AfD-Propaganda lauschen, wie soll das gehen, wenn nicht durch mehr oder weniger kreative Schizophrenie? Durch die Abwehr der anderen werden die symbolischen Ordnungen real – so wie für den Fundamentalisten seine Religion erst durch die andauernde Kränkung durch Ungläubige oder Verräter real wird. Jede symbolische Ordnung verlangt das Opfer. Deshalb kommen »Asylanten« nicht nur den populistischen Taktikern und Rattenfängern recht, sondern auch jenen Menschen, die sich Teilhabe nur noch im rassistischen, nationalistischen und aggressiven Modus zu erringen glauben, da sie ihren Switch von den realen zu den symbolischen Teilhaben (und »Identitäten«) anhand des anderen und anhand des Opfers realisieren können. Das potenziell Mörderische von Pegida und ähnlichen Bewegungen ist nicht nur mit Händen zu greifen, es liegt in der Logik der Entwicklung.

Die »Gefahr«, die von den Flüchtlingen ausgeht, liegt genau in dem Prinzip des Teilens. Sie sind kaum eine Bedrohung für den Wohlstand, »die Wirtschaft« hat das natürlich längst gesehen, und noch weiter unten in der moralischen Skala hat man auch schon erkannt, dass man mit Flüchtlingen bessere Geschäfte machen kann als mit Drogen. Wir erinnern uns noch an die Zeit der »Gastarbeiter«, wo es gerade jene waren, die am lautesten gegen Ausländer und »Zigeuner« hetzten, die ihre letzten Kellerlöcher für horrende Summen an sie vermieteten: Ökonomische Kriminalität, so viel wissen wir aus der Geschichte, erhöht den Faschisierungsdruck. Denn Faschismus verspricht, einerseits die unerwünschte ökonomische Kriminalität zu beseitigen und andererseits die eigene ökonomische Kriminalität zu legitimieren. Kapitalistischer Surrealismus in der Arbeitswelt könnte in einem durch Diversity und Toleranz charakterisierten Öffentlichen und einem rassistischen und völkischen Innen bestehen, der sich in »positiven« Klischees äußert: Inder sind gut, solange sie Mathematik und nicht Gynäkologie betreiben; Afrikaner sollen Musik machen und keine Dissertationen über Schopenhauer schreiben; Afghanen sollen Kinderarztpraxen auf dem Land betreiben und nicht »unsere« Häuser planen, und so geht das fort (gönnen wir uns einen näheren Blick auf unsere populäre Kultur).

Wohlstand, Nation und Demokratie haben eine »bessere Welt« geschaffen, die sich selbst nie befragen durfte; alle Versuche, das eine ohne die anderen zu erzeugen, führten entweder ins Chaos oder zu Diktatur und Terror. Der Zustand, in dem sich die europäischen »nationalen Demokratien« in der Herrschaft des Finanzkapitals und in der Verhinderung des Projekts europäische Demokratie befinden, lässt eine fast schon geometrische Dreiteilung der Gesellschaft erkennen: der Wohlstand für eine Gewinner-»Elite« und ihre Entourage, die in der Erzählung von Wachstum und Fortschritt bleibt – wider besseres Wissen zum Teil, in einer apokalyptischen Gier des Davonkommens (des Mit-allem-Davonkommens, um genau zu sein) zum anderen –, die extreme Nationalisierung inklusive einer eingebauten Faschisierung der Mittelschicht und der »Verlierer«, und schließlich die Demokratie, die von einer Gruppe von Menschen verteidigt wird, die sich auf verlorenem Posten wähnen müssen, nicht zuletzt deswegen, weil ihnen weder von den »demokratischen Parteien« noch von einem hinreichenden Teil der Medien und des Kulturbetriebs Unterstützung zuteilwird. Denn sowohl »Regieren« als auch »Kultur« kann noch zwischen diesen immer weiter auseinanderdriftenden Teilen einer Gesellschaft (auf die beinharte Neoliberalisten ohnehin pfeifen: Was brauchen wir Gesellschaft, wenn wir Markt haben?) kritisch vermitteln. Unglücklicherweise ist die Anzahl der Menschen, die so etwas wenigstens versuchen wollten, verschwindend gering.

Das Verbrechen der Flüchtlinge ist es, diesen fundamentalen Zerfall der europäischen Gesellschaften und der europäischen Idee sichtbar zu machen. Tatsächlich wären diese Flüchtlinge, die zum größten Teil mit einem ungeheuren Potenzial an Produktivität und Kreativität anlangen (davor, nicht vor der sexuellen Gewalt graut den Halbfaschisten in Bezug auf die Wirklichkeit jenseits der symbolischen Ordnungen), ganz einfach die Rettung. Aber eine Rettung, die nur funktionieren könnte, wenn die drei symbolischen Ordnungen und ihre hegemoniale Organisation aufgegeben und die liegen gebliebenen Projekte der Aufklärung und der europäischen Demokratie wieder aufgenommen würden, die dann in der Tat global wirken könnten.

Nehmen wir also an, Wohlstand, Nation und Demokratie seien symbolische Ordnungen, die sich nur indirekt auf eine materielle Wirklichkeit beziehen und die deshalb vor allem durch den Ausschluss funktionieren, und dass sie gemeinsam die Legitimation des »besseren Lebens« erzeugen (man darf besser leben, weil man der bessere Lebende ist): Dann erzeugen sie gleichsam automatisch den Rassismus von der nationalen Seite und den »rhetorischen Eiertanz« oder das »Zündeln« vonseiten der Regierungen der nationalen Wohlstandsdemokratien. Sie erzeugen aber auch einen automatischen Reflex aufseiten der kritisch-demokratischen Reste: Jede Seite beansprucht für sich einen Teil des zerbrochenen Mythos vom »besseren Leben«.

Dieser Mythos vom in jeder Hinsicht besseren Leben durch die nationalen Wohlstandsdemokratien ist nicht mehr zu retten, und das weiß jeder und jede, der und die damit befasst ist, ob man es nun denkt oder ob man es spürt. Den Weg zu einer neuen, transnationalen Demokratie hat man sich indes selbst verbaut, und die Verhandlungen, die ohne demokratisches Mandat um das TTIP geführt wurden – in der Amtszeit von Donald Trump kamen sie zum erliegen, die US-Regierung unter Joe Biden wird sie womöglich wieder aufnehmen –, waren dafür nur noch ein öffentliches Schauspiel, das vor allem die wahre Ohnmacht der verbliebenen kritischen Demokraten vorführte. Der Inhalt dieses Schauspiels ist komplementär zum Inhalt der Schauspiele in der »Flüchtlingsfrage«: Wenn dort Demokratie geopfert werden muss, um das Nationale zu retten, so muss hier Demokratie geopfert werden, um den Wohlstand zu retten. Natürlich geht real weder das eine noch das andere auf: Die Nation wird nicht gerettet, sondern durch die schließlich nicht mehr kontrollierbare Faschisierung von wachsenden Teilbereichen der Gesellschaft weiter gespalten, und ebenso wird nicht der Wohlstand – wenigstens als symbolische Teilhabe am Reichtum – gerettet, sondern der Graben zwischen den Reichen und den Armen wird immer größer.

Die Politik der nationalen Wohlstandsdemokratien besteht im Wesentlichen im Versuch, vor dem unvermeidlichen Ende Zeit zu gewinnen. Daraus entstand die postdemokratische Strategie des Regierens im permanenten Notstand. Der Ausnahmezustand als Normalität lässt die demokratischen Rechte und Kontrollfunktionen, sogar die Gewaltenteilung und das Rechtsstaatsprinzip als etwas erscheinen, was nur gewährt wurde, temporär und gnädig. Daher die Doppelfunktion der Flüchtlinge: Sie sind ein erneuter Beleg für den Ausnahmezustand und zugleich jene, denen diese Rechte nicht gewährt werden. Man mag, wenngleich zögerlich hier und da, zynisch und in Unmenschen-Rede wie de Maizière etwa, »humanitäre Hilfe« leisten, aber zugleich wird der Zustand der Rechtlosigkeit für die Neuankömmlinge festgeschrieben. Die bittere Pointe dabei ist gewiss, dass, gleichgültig wie zynisch und »national« die jeweiligen postdemokratischen Regierungen mit den Flüchtlingen auch umgehen mögen, es den völkisch-nationalen »Bewegungen« nie genug sein kann. Die Faschisierung geht weiter, weil sie zwar augenblicklich Entlastung, aber keine Lösung des Dilemmas einer Vertreibung aus dem Mythos des besseren Lebens bringt.

»Den ganzen Blödsinn abschaffen«: Angriff auf das Prinzip Kultur

Auch die Sprache der Kultur spaltet sich in Beute und Gespenst. Literarische Szenen wie Bilder oder Songs sind Bedeutungsknoten. Man kann sie auffasern (wobei sie natürlich einen Teil ihrer ursprünglichen, schönen Form verlieren) und hat denn mehrere Stricke in den Händen, die leicht einmal ihren Zusammenhang verlieren.

So können wir auch die Szene beobachten, die Alice mit Humpty Dumpty zusammenführt. Humpty Dumpty hat natürlich recht, einerseits: Derjenige, der die Macht hat, hat, ganz direkt, auch das Sagen. In einer Diktatur herrscht immer auch Sprachregelung. Und dennoch kann auch die am wenigsten demokratische Macht nicht ohne die beiden Stützen auskommen, die schon bei Max Weber ihre zentrale Bedeutung fanden: Legitimation und Konsens. Um also die Herrschaft des Neoliberalismus zu verstehen (oder den Schulterschluss postdemokratischen Regierens, finanzpolitischer Neo-Oligarchie und neo-merkantilistischer Politik), müssen wir verstehen, wie er Legitimation bezieht und wie er Konsens erzeugt.

Letzteres haben wir in unserem Buch *Blödmaschinen* zu skizzieren versucht. Eine bemerkenswert wirksame Erscheinung von auseinanderfließenden, sich differenzierenden und zueinanderkommenden, »Mainstream« erzeugenden Bildern, Erzählungen und Begriffen, Ideologemen, Effektbildern, industriell gefertigten Mythen, die von allen Sinnsystemen, einschließlich Religion und Wissenschaft, übernehmen, was zu ihrem Wesen gehört, die Transformation der Welt in Markt und die Transformation des Marktes in ein Spiel der Oligarchien. Der Mainstream, im Übrigen, unterscheidet sich vom Konzept der »Hauptströme« (von Diskurs und Geschmack) durch seine Singularität. Mainstream will immer nur einer sein und die Existenz von mehreren Hauptströmen leugnen. So wäre Mainstream sozusagen der Hauptstrom der Hauptströme.

Der Staat nach traditioneller Ansicht ist eine Art von Arena, in der unterschiedliche Kräfte um Vorherrschaft und Teilhabe ringen. Natürlich gibt es dabei sehr unterschiedliche Formen von Performances, Kämpfen und möglicherweise Methoden, das Publikum zu beeindrucken / zu täuschen.

So muss sich also auch der Mensch selber als Beute und Gespenst erkennen lernen: Die wahre Unmenschlichkeit des Kapitalismus in dieser Gestalt offenbart sich darin, dass er den Menschen vollständig zu Ware und Objekt macht. Dieser »untote« Mensch des Neoliberalismus[7] fühlt sich frei, insofern er auf dem Markt als Subjekt erscheint, und er ist gefesselt, indem er immer auch zugleich als Objekt erscheint. (Nur ein fiktionaler Meta-Gewinner, und von diesem träumt die populäre Mythologie unentwegt, könnte sich über diese Dualität hinwegsetzen.) Der Erfolg eines Menschen besteht nicht darin, sich dem Kreislauf der Menschen-Ware zu entziehen, sondern sich einerseits so teuer wie möglich zu machen und sich andererseits so viel Freiheit wie möglich zu erwerben. Der Ferrari (mit dem wir später in den Ein-Euro-Laden fahren), die Luxusvilla und die Weltreise – es sind nur selber verdinglichte Gesten, der Verdinglichung zu entkommen, und zum fundamentalen Scheitern verdammt. Daher unsere Lieblingsvorstellung: Der »Gewinner« darf nicht aufhören zu gewinnen, nicht einmal Pause machen.

So wird klar, warum der Neoliberalismus die Kultur bekämpfen muss: In seiner ersten Phase war es zu einem großen, vor allem symbolischen Konflikt mit dem Staat gekommen. Der konservative Flügel des Neoliberalismus verlangte nach einem nach außen starken Staat, der vor allem eine politische und militärische Option darstellte, Märkte zu erobern, zu verteidigen oder zu verwandeln. Klappte etwas nicht mit dem versprochenen Ideal des freien Marktes, dann war ziemlich sicher »Einmischung« des Staates und seiner »Bürokratie« daran schuld. In seiner zweiten Phase bekämpft der Neoliberalismus direkt die Gesellschaft. Keine spezielle Gesellschaft, sondern das Prinzip Gesellschaft schlechthin. Dieser Kampf gegen das Konzept Gesellschaft war bei dem Gründerpaar des heroischen Neoliberalismus direktes Programm: Für Ronald Reagan war »sozial« immer als »sozialistisch« verdächtig, und Maggie Thatcher erklärte kategorisch: »There is no such thing as society.« In der dritten Phase des Neoliberalismus greift er die Kultur an. Nicht eine spezielle Form von Kultur, sondern Kultur als Prinzip.

Zunächst gehört zum Neoliberalismus und seiner politischen Ausrichtung des Neomerkantilismus die Austerität: Die Gesellschaft muss sparen, damit die Finanzwirtschaft ihre Löcher stopfen kann. Kultur ist das, woran man als Staat in aller Regel am ehesten sparen und die man zur Senkung der Infektionszahlen in einer Pandemie am leichtesten dicht machen kann, weil der Widerstand gegen die Einschnitte und Reglementierungen auf einen Teil des Volkes beschränkt ist, der nicht wirklich gefährlich wird.

Die Verteidigung der Kunst durch ihre »Aura« (Benjamin) oder »Unbegreiflichkeit« (Adorno) musste sich in der Epoche des Neoliberalismus als zweischneidige Waffe erweisen: Ebendies nämlich wurde zum Wesen der Kunst-Ökonomie, als Fetisch. Demgegenüber stand in den westlichen Industriegesellschaften eine eindeutige Überproduktion an populärer Kultur, Trivialisierung und Entrückung – wieder wurde die Ästhetik für eine bürgerliche, demokratische Mitte ein rares Gut. Nicht Unbegreiflichkeit noch Trivialität, sondern Zerrissenheit war das Charakteristikum dieser Ästhetik, die sich als Brücke – als Crossover – zu inszenieren liebte. Kunst und Pop müssen sich immer wieder gegen diese Konsenskultur in Stellung bringen, um überhaupt noch einen Primärmarkt zu generieren. Das Unbegreifliche der Kunst wird in Geld begriffen; die Trivialität im Pop durch einen jeweils neuen Brückenschlag überwunden. Die Reservoire an Unbegreiflichkeit wie an Sprunghaftigkeit, zwei Quellen der kreativen Irrationalität, werden von verschiedenen Seiten immer wieder angezapft. Der Neoliberalismus ist von Kreativität, von Kunst und Crossover »inspiriert«; auf dem Finanzmarkt nimmt man sich nur allzu gern »künstlerisch Freiheit« heraus. Ganz allgemein erscheint die Ästhetisierung der Diskurse als sexy und das Prinzip des Crossover (zum Beispiel zwischen Kunst und Philosophie) durchaus ebenso. Neben dem Banker nimmt sich auch der post-postmoderne Theoretiker gern künstlerische Freiheiten heraus.

Die Entkultivierung der Klassenorganisation entsteht mithin sowohl aus ökonomischen als auch aus politischen Gründen. Die Entfesselung der Konsummärkte lässt eine stabile, generationenübergreifende und kanonisierte Kultur nicht zu; ebenso müsste eine zum Medien-Populismus changierende Demokratie an klaren Klassendiskursen in ihren neuen Regierungstechniken scheitern. Ein Symptom dieser Transformation, aber auch ein Motor ist die Bewegung vom Diskurs zum Dispositiv.

Die Herrschaft der Dispositive

So wie im Speziellen eine Art Hegemoniestreit zwischen Kunst und Theorie zu herrschen scheint, so bildet dies womöglich auch einen umfassenderen Streit zwischen Diskurs und Dispositiv ab. Das Dispositiv umfasst, im Gegensatz zum Diskurs (wenngleich in enger Verbindung mit ihm), ein ungeheuer heterogenes Gemenge von Maßnahmen, Bildern, Sprechweisen, Gewohnheiten, Klängen, das mit einer gewissen strategischen Folgerichtigkeit auf ein Ergebnis (eine Handlung, eine Akzeptanz, einen Wandel etc.) hinführt. Macht und Wissen treffen sich mit Praxen und Bildern (Polizeieinsätze mit Dresscodes und Sonntagsreden). Giorgio Agamben sieht im Neoliberalismus selbst, dem »Kapitalismus, in dem wir leben«, eine »gigantische Anhäufung und Wucherung von Dispositiven«.[8] Das Wesentliche an einem Dispositiv in unserem Zusammenhang liegt darin, dass in ihm Diskurs und Ästhetik verschmolzen, aber nicht konfrontiert sind. So wie im gehobenen Segment (sagen wir, auf einer documenta oder in einem Diskursrock-Track) Theorie und Praxis miteinander verbunden sind, sind etwa in den Dispositiven der Medien Ideologie und Dramaturgie miteinander verbunden. Das Bild, seine Be-

Deutung plus x (als Partikel von Wissen und Macht) machen das Dispositiv. Es ist das Dispositiv, das seine Adressaten dazu bringt, zum Beispiel, Flüchtlingen nicht mit christlicher Nächstenliebe, sondern mit national-ökonomischer Niedertracht zu begegnen. Das Dispositiv einer Aussage, ihrer Sprache und ihrer »Rahmenbedingungen«. Ein Bierzelt mitsamt der Art, wie in ihm geredet und was in ihm getrunken wird, ist uns so als politisches Dispositiv vertraut, dass wir es bereits wieder als »selbsterfüllende Prophezeiung« parodieren (und andere Dispositive dagegenstellen: Zeitungslektüre und Debatte etwa).

Das Dispositive im Neoliberalismus strebt eine gewisse Totalität an. Denn jedes Dispositiv ist zugleich marktförmig und konstruiert Märkte. Der »dispositive Faktor« wird in der Wirtschaftstheorie beschrieben als

> »Bezeichnung für denjenigen Produktionsfaktor, der die Elementarfaktoren menschliche Arbeitskraft, Betriebsmittel und Werkstoffe kombiniert. Die Kombination der Elementarfaktoren erfolgt durch die Geschäftsführung, wobei diese sich der Planung und Organisation als Hilfsmittel bedient. Geschäftsleitung, Planung und Organisation bilden den dispositiven Faktor.« (Gabler Wirtschaftslexikon)[9]

Was bei einer »Produktion« funktioniert, funktioniert nun eben auch in einer »kreativen« Weise, bei der Herstellung einer Fantasie, nebst ihrer Verbreitung. Dispositive wachsen (und daher benötigen die Regierung wie der Konzern im Neoliberalismus solche Datenmengen zu ihren Kunden/Untertanen), aber sie tun es nur selten vollkommen willkürlich. Am einen Ende des Dispositivs erkennen wir das Wirken von Macht (auch in Formen, die ihrer selbst nicht gewahr sind), am anderen Ende aber das, was Agamben ein »Glücksverlangen« nennt. Sehr einfach gesagt: Ich benutze mein Smartphone, weil es mir das geeignete Instrument erscheint, mein Glücksverlangen zu befriedigen. Doch zur gleichen Zeit realisiert sich in ihm die geballte Macht der neoliberalen politischen Ökonomie. Man kann nach diesem Modell leicht erkennen: Die neoliberalen Dispositive tendieren dazu, sich in meta-medialer Form zu organisieren (ein Kommunikationsgerät mit multimedialen Funktionen, das zugleich eine soziale Praxis und eine semantische und »inhaltliche« Hegemonie bedeutet) und einen Vorgang der Verwandlung von subjektivem Glücksverlangen in objektive Macht zu ermöglichen, die gelegentlich, aber eher selten die Form manifester Herrschaft, wesentlich häufiger indes die Form einer Verknüpfung von politischem und ökonomischem Regierungsinteresse annimmt. Dieser Vorgang ist gleichsam unendlich wiederholbar, denn »Glücksverlangen« ist eine nachwachsende Energie.

Das Dispositiv regiert die Menschen anhand ihres Glücksverlangens. Anders als der Diskurs lässt es die Erkenntnis der Verfehlung und des Verlustes nicht anders zu als zum Preis tiefer Kränkung. Der von seinem Dispositiv enttäuschte Mensch kann nicht einfach »seine Meinung ändern«, denn er ist, wie er ist, recht eigentlich erst durch dieses Dispositiv geschaffen. Er muss daher buchstäblich »ein anderer werden« (ein Terrorist zum Beispiel); möglicherweise gewaltsam zum Diskurs zurückkehren, wo das Dispositiv selber, in dem er verborgen war, so verwirrende Antworten gegeben hat. (Ursprünglich bedeutete das Wort »dispositiv« ja »an verschiedenen Orten aufgestellt« und bezeichnete einen durchaus modernen militärischen Aufmarsch.) Was der Mensch mit seinem Körper macht, in der Arbeit, in der sozialen Performanz, in der Sexualität, im Sport, ist das Ergebnis eines Dispositivs und wiederum selber Dispositiv. Kein Subjekt verlangt, dass ich dieses oder jenes tue (wie in einer Disziplinargesellschaft), sondern »es muss getan werden«. So läuft man, oft ganz buchstäblich, seinem Glück hinterher und wird mit jedem Schritt mehr Objekt der vernetzten Macht. Der Körper wird zum mobilen neoliberalen Dispositiv. Weder muss ich ihn verstehen noch rechtfertigen – ich stelle ihn laufend dar, und er stellt sich in mir laufend dar.

Das Dispositiv ist (für uns) nicht ohne das Bild vorstellbar, das dabei produziert wird. Zwischen dem Glücksverlangen, das am Anfang steht, und der Realisierung von Macht am Ende (Smartphone benutzen, Traumschiff fahren, Fernsehen, Volksfest, Wahl, Shoppen usw.) steht die Produktion eines Lebensfilms, in dem sich beides ausdrückt, das Glück und die Macht. Dieser Lebensfilm als Dispositiv-Produkt, teils theatralische Inszenierung, teils soziale Praxis, ist hoch kontaminiert. See me shop, watch me dance, follow my dream! Das ursprüngliche Wesen dieser Performance ist es, andere »anzustecken«: Man benutzt den Macht-Anteil dieses Lebensfilms, um sein Glücksverlangen auszudrücken. Man konsumiert sich. Das Dispositiv (Shoppen! Joggen! Kommunizieren!), aufgelöst in Mikro-Dispositive (Strandleben, Autofahren, Musikhören …) und noch kleinere Einheiten (Krawattentragen, Display-Wischen, Speisekartenstudieren), versucht das Glücksverlangen performativ aufzulösen. Wenn das Glücksverlangen auf verschiedene Subjekte verteilt ist, kann es die kränkende Wirkung nicht mehr entfalten, die die Verfehlung des Glücks im Angesicht der Macht hervorruft. Im Dispositiv soll die individuelle Anstrengung des Glücksverlangens in einer kollektiven »Normalität« aufgehoben werden. Wir teilen unsere Neigungen, wir verstärken unsere Bereitschaften, wir erkennen die Fantasien.

Auf dem Markt der Dinge wie auf dem der Ideen kann nur Erfolg haben, was sich unersetzbar in ein Dispositiv einschreibt oder selbst zum Dispositiv wird wie gewisse Marken (Nike, Red Bull, Apple …). Regierungshandeln lässt sich nur »verkaufen«, wenn es unersetzbar in ein Dispositiv eingeschrieben werden kann oder selbst zum Dispositiv wird. Eben dies aber macht Regierungshandeln in der Postdemokratie irrational und »langsam«. Effiziente Regierungen sind demnach solche, die die Entstehung nützlicher Dispositive beschleunigen können oder bestehende Dispositive blitzrasch zum eigenen Vorteil nutzen.

Anders als im Diskurs muss sich im politischen Dispositiv der Adressat »verstanden« fühlen, und, mehr noch, er ist überzeugt, Teil des Geschehens zu sein. Im klassischen Sinne kann es demnach in der Postdemokratie eigentlich keine Opposition mehr geben, sondern nur Verschwörungen und Revolten auf der einen Seite, verschiedene Eingänge zu den Dispositiven auf der anderen Seite. (Wenn sich also im Jahr 2018 zwischen der CSU und der CDU in Deutschland ein massiver Streit über die »Flüchtlingspolitik« ergibt – offensichtlich eher Anlass als wirklicher Grund, wären wir in einer diskursiven Politikauffassung, unaufhaltsamer Sog und überlebenswichtig dagegen im dispositiven Verständnis –, so kommt dies einem versuchten kalten Staatsstreich näher als einer demokratischen politischen »Meinungsverschiedenheit«.)

Der postmoderne Staat benutzt zwar alle in der Wirtschaft und beim Militär erprobten Mittel zur Lenkung der Dispositive, kann und will aber andrerseits die Entstehung bösartiger Dispositive nicht verhindern. Einer der größten historischen Verbrechen der postdemokratischen und neoliberalen Regierungsformen ist die weitgehende Akzeptanz partialfaschistischer Dispositive – hier und dort muss man sogar von einer Förderung derselben sprechen. Denn anders als in einer Disziplinargesellschaft lässt sich in der Kontrollgesellschaft offensichtlich nicht gegen die Herrschaft der Dispositive regieren. Im Dispositiv taumelt das Glücksverlangen sehr häufig auf einen Zustand des kollektiven Hasses zu, dessen Instrumentalisierung keineswegs immer leichtfällt. Im Dispositiv hat »das Volk« mehr Macht als im Diskurs, so wie im Dispositiv auch der Kunde mehr Macht über den Konzern hat, als diesem immer lieb sein kann. Die Macht im Dispositiv ist bemerkenswert schwierig zu kontrollieren, woran auch jeder Kontrollwahn aller Beteiligten kaum etwas ändert. Und so wenig im Dispositiv etwas klar gesagt wird, so wenig lässt sich in ihm auch etwas verbergen. Im Dispositiv wird wirklich alles Ausdruck, was zwischen Glücksverlangen und Machtverwirklichung geschieht. Es ist indes, sehr zur Verzweiflung klassischer »intellektueller Kritik«, ebenso offensichtlich wie unlesbar. (Als wären nur noch Schreie und Flüstern, wo einst Sprechen war.)

Dispositive machen Menschen zu etwas bereit, legen nahe, drängen, begrenzen, transformieren, aber im Gegensatz zu »Befehl« und Diskurs lässt sich das Ergebnis nicht linear und konkret, sondern stets nur statistisch und »atmosphärisch« darstellen. Daher die Besessenheit von Zahlen und Mehrheiten: Der Diskurs muss den Widerspruch aufheben, das Dispositiv muss ihn dagegen verdrängen. Es gibt keine Hemmschwelle des Dispositivs; niemand kann sich zu dumm oder zu uninformiert, ja nicht einmal desinteressiert empfinden, da das Dispositiv keine aktive Handlung erfordert. Es gibt weder ein »Außen« (außer einer vagen Bedrohung) noch einen fixen Ort in einem Dispositiv (außer dem im darin verborgenen Diskurs: Einer findet Worte für das, wozu alle bereit sind). Das Dispositiv ist eine Anordnung, eine Strukturierung, eine Dimensionierung, es schreibt keine Gedanken vor, sondern ermöglicht und begrenzt das, was überhaupt gedacht werden kann, es macht keine konkreten Vorschläge, aber es formt, was möglich und was unmöglich ist. Das Dispositiv ist wie ein Körper zu einem Geist (dem Diskurs), es begehrt und handelt auch ohne Bewusstsein und Sprache. So kann das Dispositiv auch nicht endlich beschrieben werden, und es generiert nicht, was man Verantwortung und Reflexion nennen könnte. So sucht die Sprache Rettung im Diskurs, der zugleich Baustein und Ergebnis des Dispositivs sein kann, denn es gehört zum Wesen des Dispositivs, sich der Beschreibung, der Analyse und der Kritik zu entziehen. Und so bedingen einander eine »entpolitisierte Gesellschaft« und eine Herrschaft der Dispositive. Eines verstärkt und legitimiert das andere.

Anmerkungen

1 Ein Mitarbeiter einer IT-Firma erklärte uns jüngst, in den Arbeitsräumen nahezu aller Mitarbeiterinnen und Mitarbeiter befänden sich Vergrößerungen von *Dilbert*-Comics an den Wänden und im Chill-Bereich des Unternehmens bestätige man sich beständig in der Auffassung, diese seriellen Wiedergaben von absurder Autodestruktion seien gegenüber der Wirklichkeit nachgerade geschönt.

2 Ernest Mandel: Die deutsche Wirtschaftskrise. Lehren der Rezession 1966/67. Frankfurt/Main 1969, S. 5.

3 Lukas Haffert: Die schwarze Null. Über die Schattenseiten ausgeglichener Haushalte. Berlin 2016.

4 Alain Badiou: Das demokratische Wahrzeichen. In: [Diverse:] Demokratie? Eine Debatte. Berlin 2012, S. 13.

5 Michael Stuhrenberg: Wir zerstören, was wir begehren. Die Zukunft des Tourismus. In: Neue Zürcher Zeitung, 17.9.2016, S. 18.

6 Zitiert nach Saskia Hödl: Mein bester Freund. In: taz, 3.6.2016, S. 13.

7 Einige Gedanken dazu finden sich in Markus Metz / Georg Seeßlen: Wir Untote. Berlin 2013.

8 Giorgio Agamben: Was ist ein Dispositiv? Berlin 2008, S. 29.

9 Gerhard Schewe: Dispositiver Faktor. In: Gabler Wirtschaftslexikon. http://wirtschaftslexikon.gabler.de/Archiv/2046/dispositiver-faktor-v8.html [18.10.2019].

Ästhetik & Demokratie: Eine Verfallsgeschichte

Postdemokratie: Das neue Einverständnis

Derzeit wird, vor unseren Augen und ohne dass es eines Zwangs von außen wie einer Pandemie bedürfte, die Demokratie zu Grabe getragen. Diese Metapher ist präziser, als es den Anschein haben mag. Es handelt sich nicht um ein bloßes Verschwinden und nicht um eine »Abschaffung«. Es geht vielmehr in der Tat um ein rituelles und kollektives Abschiednehmen, um eine Ehrung des Verblichenen, um Pathosformeln des Scheidens: Das Verstorbene »wird immer bei uns sein« und: »Das Leben geht weiter«. Alles, so scheint es, läuft darauf hinaus, dass man politische Freiheit (unter anderem) opfern muss, wenn man a) im ökonomischen Wettbewerb bestehen und b) gegen den chaotischen Terror von draußen gesichert werden will.

Für eine postdemokratische Gesellschaft geht es darum, so lange und so viel demokratische Fassade aufrechtzuerhalten wie möglich, um den wahren Transformationsprozess zu verbergen. Nur heillose Romantiker indes glauben, dass die langsame, aber unaufhaltsame Verabschiedung des Projekts Demokratie allein »von oben«, gar von politisch-ökonomischen Verschwörungen durchgeführt wird. Es ist eher das Gegenteil der Fall: Einem Teil der Bevölkerung, der nach der Mehrheit strebt, geht diese Verabschiedung der Demokratie zugunsten besserer (oder scheinbar besserer) ökonomischer Bedingungen offenkundig noch nicht schnell genug. Postdemokratie ist nicht ein Zustand, den die Regierung gegen das Volk durchsetzt, Postdemokratie ist ein Zustand eines neuen Einverständnisses. Nur darf natürlich die Demokratie nicht einfach begraben werden. Der Abschied geht vielmehr sanft und gleichmütig vonstatten. Er wird in viele kleine Riten und Bilder zerlegt. Einiges wird stellvertretend verabschiedet (wie, sagen wir, die geistige und organisatorische

Unabhängigkeit der Wissenschaften), anderes rationalisiert (wie durch die Notwendigkeit von Terrorabwehr), wieder anderes im ewig laufenden Karneval des Neoliberalismus als Freiheit zum Tanz auf dem Vulkan stilisiert.

Dass wir (das Staats-, Wahl- und Fernsehvolk) zu diesem Abschied bereit sind, liegt an einem Wesenszug des Neoliberalismus: Wir beerdigen das Projekt Demokratie im Namen der Freiheit (nun forciert im Namen der Gesundheit). Es gibt offensichtlich Wege zu dieser Freiheit, die bequemer, sexyer und performativer sind als die olle Demokratie. So entstand beim Übergang der Disziplinar- zur Kontrollgesellschaft jene Freiheit, die aus dem öffentlichen Raum in die Subjektzellen verlagert wurde. Keine Wir-, sondern eine Ich-Freiheit, kein Schutz von Minderheiten-Ansichten, sondern die Selbstverstärkung des Mainstreams. Keine Freiheit des Handelns in einer Geschichte, sondern eine Freiheit, sich jenseits davon seinen Geschäften und seinen Vergnügungen zu widmen. Das Geschäft, die Regierungen nicht mehr genau zu kontrollieren, gegen die Zusicherung, auch die Regierungen würden nicht mehr genau kontrollieren, wie man überlebt und sein Geld macht (ein Erbe des »Berlusconismus«, der seinerseits ein Erbe viel früherer populistisch-mafiöser Herrschaft ist, in Deutschland gewiss mit dem Namen Franz Josef Strauß untrennbar verbunden). Freiheit, die statt durch ein Aushandeln in Debatte, Kritik und Diskurs durch ein Dispositiv, ein Zusammenwirken von Praxen, Beziehungen, Erzählungen und Bildern, das ihre Adressaten zu einer bestimmten Sache »geneigt« macht, erzeugt wird.

Das Dispositiv Freiheit lässt uns eine Freiheit fühlen, die wir nie erklären könnten. Mehr noch: Im Freiheits-Dispositiv des Neoliberalismus ist jede Erklärung der Freiheit ein nicht tolerierbarer Konsensbruch. Die Freiheit ist nicht »politisch«, sondern marktförmig. Wer sie sie sich nicht leisten kann, kriegt nichts. Und das alles ist doch immer noch besser als gar keine Freiheit, oder? Die anderen haben noch weniger davon.

Wir genießen eine Freiheit, die sofort zu verschwinden droht, wenn man sie zu erklären versucht. Was uns an die berühmte Zeit-Erklärung bzw. Nicht-Erklärung des Heiligen Augustinus erinnert; nicht anders verhält es sich mit der Freiheit als mit dieser Zeit, die Augustinus ganz genau spürte, wenn er für sich war, und die ihm entschwand, sobald er sie, erklärend, mit anderen teilen sollte. Demokratie, so empfindet es sich in diesem Dispositiv, ist nichts anderes als ein Mantel um meine persönliche und intime Freiheit. Bei einer gewissen Temperatur zieht man diesen Mantel einfach aus. Denn offensichtlich kann diese Demokratie meiner persönlichen Freiheit nicht nur nutzen, sondern ihr unter Umständen auch wieder hinderlich werden.

Die Tyrannei der Intimität und ihre Inszenierung

Politik und Mensch, so viel scheint sicher, treffen sich nicht mehr in einem öffentlichen Raum, sondern in synthetischer Intimität. Dabei vermutet man einander so nahe, dass man kein klares Bild voneinander braucht. In solcher imaginierten Nähe verschwimmen Handlung und Geste. Es ist nicht zu unterscheiden, ob der demokratische Fürst etwas tut oder ob er mir etwas sagen will. Ob seine Geste in der Welt etwas bewirkt oder doch nur in mir. Im demokratischen Fürsten hat der doppelte Körper des Königs revoltiert. Legitimiert wird er nun nicht mehr durch die Semantik des unsterblichen und entrückten Teils, sondern im Gegenteil durch den menschlichen und fehlbaren Körper. Der demokratische Fürst lebt durch die Inszenierung seiner Nahbarkeit. Aber eben diese erweist sich nun als Krankheit zum Tode.

In seinem Buch *Transparenzgesellschaft* meint Byung-Chul Han: »Die Tyrannei der Intimität psychologisiert und personalisiert alles. Auch die Politik entkommt ihr nicht. So werden die Politiker nicht an ihren Handlungen gemessen. Das allgemeine Interesse gilt vielmehr der Person, was bei ihnen einen Inszenierungszwang erzeugt.«[1] Dieser Inszenierungszwang freilich steht nicht im Gegensatz zu einer Abwesenheit von Inszenierungszwängen, sondern vielmehr im Gegensatz zu anderen Inszenierungszwängen. Möglicherweise war »Demokratie« einst auch ein Versprechen, die Macht nicht nur zeitlich und politisch zu begrenzen, sondern auch den Inszenierungszwang zu überwinden. Die Folge war natürlich, dass Macht, das ist ihr Wesen nun einmal, versucht, sich ebenso über ihre Begrenzungen hinwegzusetzen wie sich dem Inszenierungsverbot (dem demokratischen Verbot jener Ästhetisierung der Politik, die man als eines der Wesensmerkmale des Faschismus erkannt hatte) zu entziehen. Der demokratische Politiker soll »einer von uns« sein, und in der Folge nimmt Macht die Gestalt dieses »Einer von uns« (oder »Eine von uns«, natürlich) an. Es könnte also durchaus sein, dass die Politiker der Demokratie der Tyrannei der Intimität nicht nur nicht entkommen, sondern sie vielmehr maßgeblich mit erzeugt haben. Es ist dies, wenn wir uns nicht irren, eine von vier Formen der in der Demokratie angelegten Impulse von Tyrannei: die Tyrannei der Mehrheit, vor der bereits die Gründerväter der Demokratietheorie wie Alexis de Tocqueville gewarnt haben. Die Tyrannei der ökonomischen Kräfte, die eine demokratische Gesellschaft innerlich aushöhlt und korrumpiert. Die Tyrannei der Medien, der erzeugten Diskurse und Dispositive. Und nun also die Tyrannei der Intimität und ihre Inszenierung.

Die beiden Grundverbote der demokratischen Machtbegrenzung, das Verbot der Ästhetisierung von Politik und das Inszenierungsverbot von Herrschaft (wenige kontrollierte Ausnahmen soll es geben, aber gewisse »Staatsakte« haben schon stets die Grenzen dieses Inszenierungsverbots überschritten und durften, mindestens, als »peinlich« gelten), sind somit, auf Umwegen natürlich, aufgehoben. Natürlich werden wir uns fragen, wo das alles begann, etwa mit der Angleichung von Politik ans Showbusiness wie in den USA oder mit dem Einschreiben alter nationaler Pathosformeln in die Demokratie wie in Europa? Mit dem Strukturwandel der Öffentlichkeit und der Dominanz der audiovisuellen Medien? Oder war gar dieses nie formulierte Gesetz von Ästhetisierungs- und Inszenierungsverbot der Demokratie von Beginn an eine Illusion, und Anti-Ästhetik und Anti-Inszenierung waren nur besonders raffinierte Formen von Ästhetik und Inszenierung?

Die Re-Nationalisierung des öffentlichen Raums (oder dessen, was davon als Transitraum zwischen Arbeit und Vergnügen geblieben ist) geschah auf zwei nur scheinbar widersprüchliche Arten, nämlich von der Seite des Vergnügens als Volkstümlichkeit und »netter« Nationalismus beim Sport oder als bizarre Veranstaltung wie etwa der Eurovision Song Contest – und andererseits als »moralische« Verpflichtung, die eine Verweigerung als kollektive Kränkung empfinden lässt, wie etwa bei Sportlern, die beim Absingen der Nationalhymne oder beim Grüßen der Fahne nicht mitmachen. So ist auch dieser neue Nationalismus im Wesentlichen schizophren oder eben surrealistisch: Er ist zugleich ironisch und vollkommen ernst.

Der »Terror der Intimität« jedenfalls ist stets nicht nur kulturell, sondern auch politisch spürbar. Denn einerseits inszeniert sich dieser politische Mensch, der »an die Regierung will« (und »an die Regierung wollen« kann man als Wesen dieser Politik ansehen) in einer intimistischen Weise, um die Sympathie der Wählerinnen und Wähler zu erlangen, andererseits aber interessiert sich die demokratische und – um wie vieles mehr – die postdemokratische Regierung in besonderem Maß für die Intimsphäre ihrer Objekte, denn in einer Gesellschaft freier »Subjekte« kann sich Macht nur in diesem Mikrobereich entfalten. In der Kontrollgesellschaft der Subjektfreiheiten ist das Private das Politischste von allem. Dieser Staat interessiert sich nicht für deine Meinungen, schon gar nicht für die Vorschläge, die du zu machen hättest, er interessiert sich für deine Gewohnheiten. Er interessiert sich für deine Bewegungen. (Und natürlich interessiert er sich für die Bewegungen auf deinem Konto.) Man könnte also sagen: Der postdemokratische Staat interessiert sich kaum noch für das, was an einem Menschen den freien Bürger und die freie Bürgerin ausmacht, er interessiert sich vor allem für das, was dahinterliegt. Er interessiert sich vor allem für den »nackten Menschen«; und er interessiert sich vielmehr als für das »Bewusstsein« der Menschen für ihr Unterbewusstes.

Das alles ist zunächst einem ursprünglich durchaus aufklärerischen Impuls zu verdanken. Der demokratische Staat will »eigentlich« keine Massen erzeugen, um zu regieren. Er bezieht seine Legitimation über die Herzen und Geister jeder einzelnen Bürgerin und jedes einzelnen Bürgers. Eine Intimisierung der Beziehung zwischen dem »demokratischen Fürsten« und seinem »Untertan« ist demnach vorgegeben: An die Stelle der Inszenierung von Pracht, Gewalt, Genie und Einzigartigkeit tritt die Inszenierung von Verständnis, Sympathie und Nähe. Der Inszenierungszwang, der dabei entsteht, wird freilich gefährlich, wenn sich sein Feld von einem Diskurs in ein Dispositiv verwandelt. Das heißt: Die Qualitäten einer politischen Führungskraft werden nicht mehr durch Debatte, Kritik und Analyse ausgehandelt, sondern durch ein Konglomerat von Erzählungen, Auftritten, Bildern und Accessoires »erzeugt«. Politische Führung gerät in bedenkliche Nähe zu einer Ware, die vermittels Werbung, Public Relations und »Nudging« verkauft werden muss. Genauer gesagt aber wird nicht die Ware gekauft, sondern das Glücksversprechen, die Lebenswelt, das Marken- und Markierungszeichen, das die Subjektfreiheit absteckt.

Nicht viel weniger bedenklich ist, was das mit dem politischen Bewusstsein der Wählerinnen und Wähler anstellt, die »ihre« Politiker sozusagen als Elemente eines identitätsstiftenden Kulturkonsums benutzen. Alles politische Handeln verwandelt sich unter diesen Umständen in ein identitäres Symbolspiel. Der Inszenierungszwang (in eben jener besonderen Form) verbreitet sich von der Person in das politische Handeln selber. Immer schärfer wird die Grenze zwischen der politischen Inszenierung als Symbolhandeln und »wirklicher« Politik als Geheimaktion. (Wieder ist darin eine der zahlreichen Kräfte zur Selbstentdemokratisierung der Demokratie zu erkennen, die sich, statt sich zu erneuern, stets nur konsolidieren will.) So sagt schließlich jedes Bild, das von der Demokratie gemacht wird, dass die eigentlichen Entscheidungen ganz woanders fallen. Die Ästhetik der Postdemokratie funktioniert mithin als Ausschließung. Der Betrachter weiß (mehr oder weniger), dass jener Politiker, den er »anfassen« darf (der ihm, via Bildschirm, beim Abendbrot zugeschaltet ist), nicht identisch ist mit jenem Politiker, der die Entscheidungen über gemeinsame oder getrennte Zukünfte fällt (wenn er oder sie es denn überhaupt noch tut und es nicht Geheimdiensten, Experten und Lobbyisten überlässt).

Die Intimisierung der Beziehung zwischen Politiker und »Wahlvolk« führt demnach sozusagen automatisch auch zu einer Entfremdung und zu wechselseitigem Misstrauen. Die emotionale Abhängigkeit durch das medial erzeugte Dispositiv, das an die Stelle des politischen Diskurses getreten ist und die Politik in eine Form der Reality Show verwandelt hat, verändert fundamental das, was wir als »Repräsentation« in der Demokratie verstanden haben. Politik repräsentiert nicht mehr unser Interesse oder unseren Willen, sondern sie repräsentiert »unsere Seele«. Das kann, wie wir sehen, mitunter sehr hässlich werden.

Was sich hier möglicherweise rächt, ist die Tatsache, dass man nie über eine Ästhetik der Demokratie nachgedacht hat. Natürlich heißt Demokratie zunächst, sich entschieden von der Ästhetisierung von Macht und Politik abzukehren, die der deutsche Faschismus so perfekt beherrscht hat und die sich bis heute in

»totalitären« Staaten erhalten hat, und sei's als blutige Travestie. Die Demokratien hielten sich von den alten Formen der Macht gleichsam gezähmte Relikte; man behielt Fahnen, Aufmärsche, Ansprachen, Paraden und andere Pathosformeln bei, wenn auch sozusagen »bürgerlich« dosiert. Vieles an diesen Ritualen allerdings offenbart durchaus ihre Falschheit, auch ihre nicht überwundene Sehnsucht nach vordemokratischen Regierungsformen. (An den Gesichtern der Politikerinnen und Politiker ist abzulesen, wie sehr sie diese feudalen Riten genießen oder aber wie sie ihnen ein wenig peinlich sind.) Der Glamour von Staatsbesuchen, die weihevolle Geste von Neujahrsansprachen, das Abschreiten von »Ehrenformationen« – all diese Dinge, die einem wahren demokratischen Geist obszön oder zumindest deplatziert erscheinen müssen, werden als »alte«, prä- oder hyperpersonalisierte, jedenfalls anti-intimistische Inszenierungsformen konserviert, weil man in einem Teil des kollektiven Empfindens weiß, dass der demokratische Fürst immer noch ein Fürst und das demokratische Volk immer noch ein Volk sein will. Hier ist auch der demokratische Politiker mehr als er selbst, hier überwindet er für einen Augenblick die Spaltung von Waren-, (Medien-) und Staats-Körper. Hier ist er nicht die Person, mit der wir uns in einem imaginären intimen Raum (das Talkshow-Studio, das uns den öffentlichen Raum ersetzt) gemein machen, hier muss er »eine gute Figur« machen. (Und ein Volk von Reality-Junkies verwandelt sich in imaginäre Protokollführer, die Journalisten verfallen in die Rolle überwältigter Hofberichterstatter.)

Hier also stellt sich Demokratie mit nicht-demokratischen ästhetischen Elementen dar. Wenn es »offiziell« wird, schlüpft die Demokratie in die Haut feudalistischer Symbolsprachen. Der Politiker ist nicht er selbst noch einer von uns, sondern Staat und Nation. Freilich wird uns die demokratische Beruhigung stets nachgeliefert: Dieser »offizielle« Teil ist nicht jener, in dem Entscheidungen getroffen werden. Daher folgt der zweite Teil der Ästhetik der Demokratie: der Widerschein der »harten Verhandlung«. Wie lieben wir die Bilder von »geschafften«, erschöpften, aber mit sich selbst mehr oder weniger zufriedenen Politikern, die aus einem geschlossenen Raum treten, um wenigstens Teile von »Ergebnissen« der Verhandlungen zu verkünden. (Die weiter intimisierte Variante: Sammelbilder von einer gähnenden, ermatteten, gelangweilten Kanzlerin.) Inszeniert wird indes hier nicht nur der Politiker in seiner »Arbeit«, sondern auch der geschlossene Raum selbst. Kameras und Fragen müssen hier an einer Pforte zurückweichen. Dass wir »keinen Zutritt« haben, ist der eigentliche Inhalt dieses Bildes. Zum zweiten Mal also inszeniert sich Demokratie in einer antidemokratischen Geste. Es ist eine serielle Erzählung von einer weiteren Verwandlung des Körpers des Politikers. Drinnen ist er (vermutlich) ein anderer als der, der vor die Mikrofone tritt, der wiederum ein anderer ist als der, der die »Ehrenformation« abgeschritten hat. Während er die Botschaft überbringt, soll er sich wieder verwandeln von einem Teil der Macht zu einem von uns. Diese Verwandlung ist prekär, weil man ihm anmerkt, dass ein Schatten spricht und er längst nicht alle Geheimnisse des geschlossenen Raums preisgeben wird. (Das ist Teil seiner Macht, ohne die er, erschöpft, wie er ist, der Kamera und den Fragen nicht standhalten könnte.)

Die Ästhetik der Demokratie ist also so etwas wie eine Ordnung der Räume der Macht. Sie unterscheidet sich natürlich von der Raum-Ästhetik des Feudalismus, sie unterscheidet sich aber auch, nicht minder dringlich, von der Enträumlichung der Macht in der Anarchie (wozu wir als Schreckbilder in den Schulbüchern die »Tumult«-Bilder der Französischen und der Russischen Revolution serviert bekommen). Die Ästhetik der Demokratie vermittelt die Öffnung oder das Schließen der Räume der Macht zueinander. Hätten wir zumindest eine theoretische Vorstellung von der Ästhetik der Macht in der Demokratie, dann könnten wir gewiss leichter an der Umverteilung und Neubewertung der Räumlichkeiten in jüngsten Zeiten die Wandlung von der Demokratie in die Postdemokratie nicht nur als äußeren, sondern auch als inneren Vorgang deuten.

Die dritte Inszenierung des demokratischen Fürsten ist sein Auftreten als Redner. Längst hat sich das Bild einer parlamentarischen Debatte (in Deutschland übrigens mehr noch als anderswo), wo »flammende Rede« auf Empörung oder Begeisterung stößt, vernutzt. Das Bild gähnend leerer Plenarsäle ist das Pendant zu sinkender Wahlbeteiligung. Nur die Fernsehkamera kann den demokratischen Fürsten noch wirklich aufwecken. Jetzt steht – oder sitzt – er in der Arena einer Talkshow und kämpft um Aufmerksamkeit. Die Rede der anderen zu stören ist wichtiger als der Inhalt der eigenen Rede. Man muss eine gute Show abliefern.

Gibt es andere, gibt es gar »schönere« Bilder der Demokratie? Wenige, so viel ist sicher, und selbst die sind, in aller Regel, »geborgt« aus anderen Zusammenhängen; Ausdrucksweisen von »echter« Sympathie (»Die können miteinander«, »Die Chemie stimmt«) oder von Betroffenheit (»sichtlich bewegt«, »Er schämt sich seiner Rührung nicht«) als kinematografische Installationen der Beziehung von Menschlichkeit und Macht zum Beispiel. Die Demokratie, so behaupten ihre Verteidiger nicht vollkommen zu Unrecht, findet immer woanders statt, nicht in ihren Bildern. Die Demokratie ist, mit anderen Worten, unsichtbar.

Es ist klar, dass die Demokratie, wo sie sich als Maschine zur Herstellung des Konsenses konsolidiert wähnt (während »die Populisten« mit der Wiedererfindung der Massen drohen), sich von ihren heroischen und pathetischen Bildern und Erzählungen trennen muss. Das geht indes so weit, dass die Demokratie ihre eigene kämpferische Vergangenheit verleugnen muss. Dass es Demokratie nicht gibt, dass man sie nicht haben kann, sondern dass sie immer wieder neu erkämpft und immer neu definiert werden müsste, das eben wird das große Abbildungstabu der demokratischen Konsensmaschine.

So absurd es klingen muss: In dieser Demokratie darf niemand Demokratisierung verlangen. Die Demokratie ist sich selber zum Abbildungsverbot geworden. Der ästhetische Mangel erweist sich also bei näherem Hinsehen als Mangel an Substanz. Es wird nichts abgebildet, weil es nichts abzubilden gibt. Ästhetisierungs- und Inszenierungsverboten sind Ästhetisierungs- und Inszenierungstechniken rund um das Tabu gefolgt; Postdemokratie (re)präsentiert sich nicht, sondern fiktionalisiert ihr eigenes Wirken.

Weil es aber keine politische Ästhetik der Demokratie gibt (aus guten wie aus sehr schlechten Gründen), hat die zweite Konsensmaschine, die »freie Marktwirtschaft«, ein schier unerschöpfliches Gelände. Der Mangel an politischer Ästhetik wird durch ein Übermaß an ökonomischer Ästhetik ausgeglichen (oder auch nicht). Die Demokratie, verheerend genug, drückt sich als Kapitalismus aus. Die Ästhetik der real mehr oder weniger existierenden Demokratie setzt sich mithin aus drei Elementen zusammen: der Übernahme und Abwandlung vor- und undemokratischer Symbolisierungen von Macht und Volk, der intimistischen medialen Inszenierung im Format einer Reality Soap und schließlich der jeweils aktuellen Sprache der Ökonomie. Damit ist nicht nur gemeint, dass etwa in Wahlkämpfen Werbung nach Art von Zahnpasta und Landliebe gemacht wird, dass Meinungsbildung nach Vorbildern von Marketing-Kampagnen betrieben wird und Politiker sich PR-, Style- und Imageberater leisten müssen. Die Kapitalisierung der Demokratie-Ästhetik geht um etliches tiefer. Dem Wahlvolk ist die Warenförmigkeit der Beziehung zum demokratischen Fürsten durchaus bewusst. Die Wahl ist ein Marktplatz, auf dem Preise und Wert ausgehandelt werden. Wechselseitig betrachtet man Nutzwert, Tauschwert und Sinnwert. Und wie es mit dem »freien« Markt unter den Bedingungen des Neoliberalismus so geht: Der Marktzugang selbst wird aus dem Hintergrund (nicht so sehr von einer Verschwörung als vielmehr durch Struktur und Gewohnheit) geregelt. Die Parteien sind neben Geldsammel- und Marketinginstrumenten praktische Selektionsapparaturen. Hier sind die Controller am Werk, die die Markttauglichkeit abgleichen. Und hier finden die eigentlichen (unbarmherzigen) Machtkämpfe statt. Die politische Öffentlichkeit oder was davon blieb, wird dabei wiederum zum Instrument.

Das Wesen dieser demokratischen oder doch schon postdemokratischen Macht ist die Erzeugung von Dispositiven, deren Protagonisten zugleich »Testimonials« sind. Sie verkörpern recht buchstäblich das Dispositiv auf Marktsegmenten, das heißt: Politikerin oder Politiker akkumuliert Partikel von Bildern, Praxen, Erzählungen, Gewohnheiten, Sprechweisen, Auftritten usw., aus deren Zusammenwirken eine Bereitschaft entsteht. Eine Bereitschaft, zum Beispiel, ein bestimmtes politisches Handeln zu unterstützen und gutzuheißen, ohne zu wissen, warum man es eigentlich unterstützt und gutheißt. Es versteht sich von selbst, Widerspruch ist ungehörig und geschmacklos. Das Dispositiv ist auch in seiner politischen Form wohlig und tröstend. Es zu verlassen ist noch wesentlich problematischer, als den Diskurs zu verlassen. Die Demokratie wird also weniger praktiziert als vielmehr imaginiert: im Traum davon, dass das, was mir geschieht, das ist, was ich will. Aufgeweckt werden will dabei niemand so recht.

Mit der Einrichtung einer offiziellen Position zum »Nudging« (dem »Anschubsen« der öffentlichen Meinung durch gezielt gestreute Bilder und Meinungen) bekennt sich eine Regierung wie die deutsche bereits offen zur Herrschaft durch Dispositive und damit zur Postdemokratie. Das Wahlvolk besteht aus Kunden, deren Willen man durch allfällige Methoden der digitalen Kontrolle und des Entertainments (Sende mir deine Lebensdaten, und du bekommst einen praktischen Koffer-Aufkleber umsonst!) immer weiter auf die Spur kommt und die deshalb nicht nur durch offene Werbung, sondern viel besser durch subkutane Kampagnen zu steuern sind. Der »reale« Markt (der Meinungen, der Kontroversen, der Diskurse etc.) wird aufgelöst zugunsten einer direkten, subjektiven Beziehung zwischen Produktion und Konsument. Ich weiß, was du willst, sagt der Mega-Versand von Waren und Dienstleistung zu jedem einzelnen Kunden. Ich weiß, was du willst, sagt die postdemokratische Regierung und »nudgt« sich ihre Untertanen zurecht, was natürlich ein Leichtes ist, wenn die Medien so sehr in der Konsensmaschine eingebunden sind wie in Deutschland.

Eine »Tyrannei der Intimität« also hat es womöglich nie gegeben, vielmehr intimisiert sich die neue Form der postdemokratischen und neoliberalen Tyrannei, und zwar so sehr, dass das, was die Regierung von mir weiß und das, was sie von meinem Nachbarn weiß, zwischen uns beiden kaum noch kommunizierbar ist. Ebenso erzeugt ein intimisierter und subjektivierter Markt Kunden, die sich untereinander nicht mehr absprechen können oder müssen (weshalb sich der Zyklus von Boom und Ramsch in den Geschmackswellen so ungeheuer beschleunigt, dass Konsumwellen – wie die Wellen politischer Niedertracht – sturmhaft über das Land gehen). Der Preis der Ware wird nicht mehr auf einem Markt ausgehandelt, sondern direkt aus meinem Begehren, meiner Angst und meinen Bewegungen errechnet.

Kein Film, sondern Text: Das ästhetische Dilemma der Demokratie

Dass die Herrschaft der Diskurse abgelöst wurde durch die Herrschaft der Dispositive (nachdem sich zuvor die Disziplinar- in eine Kontrollgesellschaft verwandelt hatte), macht das ästhetische Defizit der Demokratie, wie wir sie verstehen, erst wirklich deutlich. Zuvor konnte man sich das leicht erklären: Es kommt eben nicht auf die Erscheinungen und Inszenierungen an, sondern auf Vernunft, Meinung, Kritik und Debatte. Es kommt, kurz gesagt, bei der Demokratie nicht auf das Bild, sondern auf die Sprache an. Demokratie ist eben kein Film, sondern ein Text.

Dieser vermeintlichen Vorherrschaft der Vernunft in der Demokratie (auch wenn sie die Form eines Realismus des »Machbaren«, der »Kunst des Möglichen« angenommen hatte) stand in der kapitalistischen Ökonomie das exakte Gegenteil gegenüber: Hier musste alles Bild werden, hier kam es auf kaum etwas so an wie auf Erscheinung und Inszenierung. Doch so wie sich die Interessen zwischen Ökonomie und Politik verschmelzen lassen, zu einer politischen Trans-Ökonomie etwa, so verschmelzen auch die Ästhetiken. Bis schließlich in der Postdemokratie von der Ästhetik der Aufklärung nichts mehr übrig geblieben ist. Von einer Aufklärung der Ästhetik, die über das endlose Hase-und Igel-Spiel zwischen »heimlichen Verführern« und »kritischen Verbrauchern« hinausgeht, ganz zu schweigen. Die ursprüngliche »protestantische« Bilderfeindlichkeit der Demokratie (mit ihrem Glamour-Ventil) verwandelte sich in eine bildersüchtige Maskerade. Die Demokratie stellte sich selber in Bildern dar, die nicht demokratisiert und nicht demokratisierbar waren. (Das demokratische Bild ist nicht eines, das nichts verbirgt, sondern eines, das seinem Betrachter in jeder Hinsicht auf Augenhöhe begegnet. Das demokratische Bild ist eines, das sich der Kritik stellt. Das demokratische Bild ist eines, das Kritik herausfordert.) Und in ihren Erzählungen verbarg sie ihre Geschichte, in Deutschland zumal, wo sie sich nicht einmal durch ihr Erkämpftsein legitimierte. Eine Demokratie, die sich in einer Collage von feudaler Prunkentfaltung und Daily-Soap-Melodramatik darstellen will, verbirgt sowohl ihre Möglichkeiten als auch ihre Gefährdungen.

Im Gegensatz zu den angelsächsischen Ländern verzichtete die deutsche Nachkriegsdemokratie freilich auch aus einem sehr speziellen Grund auf eine ausgeprägte Ikonografie. Die Regierung konnte dem Volk nicht recht trauen, das sich zum Teil nur widerwillig und oberflächlich zur Demokratie bekannte und zu einem Teil auch gleich gar nicht. Und das Volk konnte der Regierung nicht trauen, weil viel zu viel nicht nur personelle Kontinuität des Nationalsozialismus in ihr verborgen war. Beide Seiten hatten natürlich mit ihrem Misstrauen recht. Auch deswegen war man mit der Entwicklung einer demokratischen Ästhetik lieber vorsichtig und vertraute (erfolgreich, wie wir wissen) lieber auf die Bildkraft der ökonomischen Prosperität. Die deutsche Demokratie drückte sich in Form von Kühlschränken, Musiktruhen und Italienreisen aus. Statt des politischen Bildes von Demokratie entstand das mehr oder weniger kulturelle Bild von »Freiheit«. Demokratie, so musste es nun scheinen, war nichts weiter als das Instrument, das diese neue Freiheit erzeugt.

In dieser Übertragung nun liegt der Keim für die kommende Ästhetik des Neoliberalismus. In ihr kommt Demokratie kaum noch als notwendiges Übel der diskursiven Absicherung des Dispositivs »Freiheit« vor. Weiter und weiter verblassen die Inschriften und Erklärungen dieser Demokratie, mehr und mehr drängen die Akteure der »politischen Klasse« als Rollenmodelle und Identifikationsangebote auf die Bühne. Und wieder eignen sie sich das feudalistische Prinzip des doppelten Körpers an. Angela Merkel wird geliebt, weil sie nicht die Demokratie abbildet, sondern die Nation verkörpert. Das Dispositiv des Deutschseins (mit einem »Abzeichen« der Demokratie, wenn es sein muss) sichert die demokratische Fürstin inmitten eines Vorgangs, den man »Entpolitisierung« genannt hat.

Doch zeigt diese scheinbare Erfolgsgeschichte eines politischen Narrativs in postdemokratischer Ästhetik eben auch die durchaus surreale Verfallsgeschichte einer politischen Ökonomie in Europa: Um sich als Diskurs zu retten, müsste die Demokratie die Grenzen des Nationalstaates überschreiten; nur eine europäische Demokratie könnte die Demokratie in Europa retten. Aber um sich als Dispositiv zu retten, muss sich die Demokratie nationalisieren. Nur nationalisierende Politiker werden noch gewählt. Dies ist keiner von jenen Widersprüchen, die man mit dem herzhaften Sowohl-als-auch überwinden kann, an das wir mittlerweile gewöhnt sind. Die nationalen Demokratien (oder Postdemokratien in verschiedenen Formen des Übergangs) verhindern schon aus Selbstschutz die Entstehung einer transnationalen Demokratie; die dabei zum Einsatz kommenden Mittel eines dispositiven Populismus und einer Light-Version von Neo-Nationalismus behindern eine europäische Demokratie nicht nur, sondern machen sie schlichtweg »undenkbar«.

So stehen sich als Zerfallserscheinungen gegenüber eine Demokratie, die nicht gezeigt werden kann, und eine, die nicht gedacht werden kann. Die gedachte Demokratie (von Gesellschaftsvertrag, Grundrecht und Verfassung) und die gezeigte Demokratie (eine demokratische Gestimmtheit im Zeichen von, nun ja, Freiheit) kommen allenfalls noch in einer Art der apathischen Toleranz zueinander. Das deutsche Volk, zum Beispiel, toleriert in einer (wenn auch schrumpfenden) Mehrheit großzügig die Demokratie, solange es glaubt, dass diese Demokratie sowohl den eigenen als auch den »nationalen« Interessen dienlich sei. Es genügt, eines von beiden infrage zu stellen, um einen Stimmungswechsel auszulösen. Denn natürlich unterscheidet sich eine tolerierte Demokratie von einer gelebten Demokratie fundamental. Der im Dispositiv herrschende demokratische Fürst empfindet die tolerierte Demokratie als wesentlich angenehmer als die gelebte. Er ist also keineswegs nur Opfer von Medialisierung und »Tyrannei der Intimität«, sondern tatkräftig am Umbau der Diskurse in die Dispositive beteiligt. Und es unterwerfen sich auch allzu rasch jene noch, die im Namen des Diskurses begonnen haben, unter das Dispositiv: Man muss doch sehen, wie man rüberkommt, es ist ein Spiel, das man mitspielen muss. Nicht Verfassung und Grundrecht, sondern dieses Spiel (teils *game* und teils *play*) ist die Basis für den Konsens, in dem wir leben.

Dessen Ausdruck zwischen Korruption und Langeweile aber kann keiner Gesellschaft, nicht einmal der unseren, genug sein. Daher suchen wir unentwegt nach Bildern von Macht, Gewalt, Volk, Masse, Charisma und Würde. (Die mehr oder weniger mittelalterliche Fantasy von *Game of Thrones* scheint das auf besondere Weise zu befriedigen.) Unsere populäre Mythologie glaubt an ein Dispositiv der Freiheit (wenn auch in Form der negativen Freiheit des Neoliberalismus), sie glaubt keinen Augenblick an ein Dispositiv der Demokratie. Hier trifft sich die »Gestimmtheit« der Menschen mit dem ästhetischen Dilemma der Demokratie. Es gibt nur Bilder von einer Demokratie, die man nicht hat. Der chinesische Künstler Ai Weiwei etwa ist für die gehobeneren Stände der Postdemokratie das Testimonial für eine retromanische Sehnsucht nach Demokratie, nein, der Sehnsucht nach einem Zustand, in dem man noch von Sehnsucht nach Demokratie durchdrungen sein konnte. Für uns hat es diese Zeit nie gegeben.

Da sie selber keine Ästhetik finden konnte oder durfte, inszenierte sich die Demokratie sehr gern als Hüterin der ästhetischen Freiheit. Diese Allianz von Demokratie und moderner Kunst führte dazu, dass sich die demokratische Freiheit in Form von Kunst ausdrücken konnte (wie für die Kids in Form von Rock 'n' Roll). Entsprechend hatten sie die gleichen Feinde. Aber von Beginn an drückte sich in dieser Kunst auch der Widerspruch von Demokratie und Kapitalismus aus; beide schienen die Freiheit der Kunst zu garantieren, allerdings auf sehr verschiedene Weise. Konsequenterweise wuchs die Spannung parallel zu der in der Gesellschaft, bis hin zu einem Punkt, an dem sich die Kunst zwischen Politik und Ökonomie entscheiden musste. Demokratie ist unter anderem ein System, in dem (im weitesten Sinne) Politik und Ökonomie durch Ästhetik zusammengehalten werden. Oder eben auch: auseinandergetrieben. Der Verlust der Legitimierung durch Ästhetik ist für die Demokratie genau so fatal wie der Verlust der Legitimierung durch den Diskurs.

Jedes anderes System dagegen akkumuliert Ästhetik für die eigene Macht und unterdrückt sie, wenn sie sich als dissident oder lästig erweist. Ist deshalb die Non-Ästhetik des demokratischen Fürsten die Garantie für die ästhetische Freiheit seines Volkes? Auch hier schreitet sogleich die zweite Konsensmaschine ein: Der demokratische Fürst, der auf eine eigene Ästhetik ebenso wie auf ein repressives Verwalten der ästhetischen Produktion verzichtet, kann die ästhetische Freiheit nur dem Markt überlassen. Doch daraus entsteht natürlich keine ästhetische Demokratie, von einer demokratischen Ästhetik ganz zu schweigen. Es entsteht stattdessen ebenjene marktförmige Ästhetik, der sich schließlich die Demokratie selber zu unterwerfen hat. Die Demokratie hat demnach auch ihre Ästhetik privatisiert, und die Herren und Herrinnen dieser Ästhetik, allen voran die audiovisuellen Massenmedien, lassen es den demokratischen Fürsten nur allzu deutlich spüren, dass sein Bild in ihrer Hand ist. Der demokratische Staat, der die Ästhetik nicht (demokratisch) verwalten konnte, wird nun selber Gegenstand der ästhetischen Verwaltung. Ihre Marktkonformität bringt sie naturgemäß dazu, nur jenen Politiker auszustellen, der etwas einbringt. Das politische Bild der Postdemokratie ist ein mediales Spekulationsobjekt. Die Rendite einer Performance hilft beiden, dem Medium und dem Politiker. Nur der Demokratie schadet sie. Aber die wird ja nun eben ohnehin zu Grabe getragen.

Vom Untertan, der nie Bürger werden konnte, sondern nur Kunde

Der neoliberale Staat hat seine Ästhetik noch um etliches weiter »frei«-gegeben als der demokratische. Es graut ihm, wie man so sagt, vor gar nichts. Allerdings gibt es etwas, was einer neoliberalen Gestaltung von Macht und Verwaltung unangenehm sein muss: Ein neoliberaler Staat möchte aus naheliegenden Gründen unter keinen Umständen als »bürokratisch« gelten. Dass er es auf verquere Art doch ist, wie auch die immer noch wachsenden Konzerne eigene Formen blinder Bürokratie ausbilden, lässt sich durchaus zeigen.[2] Doch es geht um Inszenierung: Der Untertan, das »Objekt« der Staats- und Verwaltungsmacht (eine Beziehung, die, wie wir aus der Literatur wissen, zum absurden Theater tendierte), sollte in den Hoffnungen auf Demokratie durch einen »mündigen Bürger« und natürlich eine »mündige Bürgerin« ersetzt werden. Das hätte dazu geführt, dass Verwaltung und Mensch sich gleichsam auf Augenhöhe begegnen. Die Verwaltung würde immer menschlicher, im Gegenzug würden sich allerdings auch Bürgerin und Bürger immer rationaler und offener verhalten (ein Keim zur »Transparenzgesellschaft«, nebenbei). Diese Beziehung zwischen Mensch und Verwaltung hat nie so recht funktioniert, sei es, weil das alte »Untertanen«-Konzept noch viel zu virulent wirkte, sei es, weil sich der Mensch einer »gerechten« Verwaltung just in dem Augenblick entzog, wo er Vorteil und Gelegenheit witterte (die Geschichte unserer »Steuersünden« gibt Beispiele dafür genug), sei es schließlich, weil der Staat selber zu viel »Geheimnisse« akkumulierte, um eine offene Beziehung zu seinen Bürgerinnen und Bürgern zu pflegen.

Da also die Emanzipation des Untertanen zum Bürger nicht gelingen konnte, bot sich nur jener Ausweg, den man auch in anderen Lebensbereichen gefunden hatte: Man übernahm Gepflogenheiten und Jargon der Ökonomie. Der Untertan, der nicht Bürger werden konnte, sollte zum »Kunden« werden. Und so musste ein »Arbeitsamt« zum »Jobcenter« werden, die Amtsstube zum Bürgerbüro und so weiter. Die Räumlichkeiten wurden heller und weiter gestaltet, nichts sollte an die alten »muffigen« Büros der Bürokratie erinnern, wie wir sie uns noch in den Wirtschaftswunderjahren vorstellten. Nicht zuletzt lernten die Bürokraten in entsprechenden Kursen das Lächeln, auch wenn es sich beim einen oder der anderen zu einem bizarren Grinsen verzog, und man lernte Gesprächsführungen, die denen in »Verkaufsgesprächen« ähnelten.

Alles nur Schau? Gewiss nicht. Die Verwandlung des Untertanen statt in den Bürger in den Kunden hatte tiefreichende Konsequenzen, die über das rein Performative weit hinausgehen, ohne es aber nicht zu denken sind.

Ein Kunde hat mehr Rechte als ein Untertan, aber weniger als ein Bürger. Im Tauschvorgang von Waren, Dienstleistungen, Privilegien, Gegenleistungen und Geld trägt er, anders als der Untertan, einen großen Teil der Verantwortung, hat aber zugleich, anders als der Bürger, keine Chance, am Vorgang an sich etwas zu ändern. In seiner Privatisierungsdynamik verwandelt der neoliberale Staat schon seine Behörden in hegemoniale Unternehmen, die ja bekanntlich den Kunden »zu nichts zwingen«, zugleich aber erbarmungslos Inklusions- und Exklusionsrituale durchführen. Besonders anschaulich zeigt sich das bei Unternehmen im Übergang, wie der Post oder der Bahn. Nicht nur verbinden sie gleichsam das Schlechteste beider Systeme mühelos miteinander, ihre Mitarbeiter behandeln die Kunden sozusagen abwechselnd wie Untertanen-Objekte und Verkaufspartner, denen um jeden Preis etwas aufgeschwatzt werden muss, und sie sichern damit ihre Handlungsweise gegen jede Art von Kritik. Der Kunde, der verlangt, als Bürger behandelt zu werden, wird automatisch zum Untertan zurückgestuft. Dass dies sowohl eine »klassistische« als auch eine rassistische Komponente aufweist, weiß jeder, der diese Infrastruktur-Unternehmen frequentiert: Ob dem Menschen, der Bürger nicht hat werden können, als Untertan oder als Kunden begegnet wird, hat enorm mit seinem Aussehen und mit seiner (unterstellten oder tatsächlichen) Kaufkraft zu tun. Wie man hier in der »DB-Lounge« ein »Premium Feeling« erzeugt, versucht man dort die Wege zu dem, was einst ein »Schalter« war, mit Verführungen der Finanzdienstleistungen zu verkürzen. Und während sich die verbliebenen »Postämter« in Einkaufsnischen aufsplitten, wo man neben typischen Büro-Materialien und nun eben den Angeboten der Postbanken auch allerlei Nippes, dem 1-Euro-Laden nicht unähnlich, erstehen kann, verwandeln sich die großen Bahnhöfe in unendlich labyrinthische Shoppingmalls in überall gleicher Raum-Dramaturgie (und den überall gleichen

Nicht Bürger, sondern Kunde: Vom »Arbeitsamt« zum »Jobcenter«

Anbietern). Die Verwandlung des Untertanen in den Kunden findet im Räumlichen wie im Subjekthaften statt. Und während sich die alte Bürokratie jede Beschwerde des Untertanen kategorisch verbot, lässt die neue, ganz nach dem Vorbild der Konzerne, die Reklamation ins Leere laufen. Die Antwort dieser Übergangssysteme auf Fehler in ihrem System sind Kommunikationschaos und absurde Call-Center-Fallen.

Einen Untertan kann man zwingen, einen Kunden aber muss man verführen. Es sei denn, man verfügt über eine gewisse monopolistische oder oligopolistische Marktmacht. Dann geht es eher darum, den Kunden zu »drängen«. So ist es nur folgerichtig, dass der neoliberale Staat seine Bürgerinnen und Bürger als Kunden nicht zwingen, sondern eben »drängen« will. Solches Drängen (eben jenem »Nudging«, wie es im Jargon genannt wird) vollzieht sich in den ästhetischen Codes, die der Markt erzeugt, und in den Medien, die er verwendet.

Es liegt auf der Hand: Ein Staat, der seine Untertanen nicht als Bürger, sondern als Kunden ansprechen will, muss sie auf eine besondere Weise auch entmündigen. Als Kunde ist man gewohnt, bedient und zugleich übers Ohr gehauen zu werden, nicht nach seinem Recht, sondern nach seiner Kaufkraft. Der Staat spricht ja nicht die Interessen der Kunden und schon gar nicht ihr Bewusstsein an, sondern ihre Wünsche und ihr Unterbewusstes. Er gibt ihnen das Gefühl, »wichtig« zu sein (was sie ja in der Tat »irgendwie« auch sind), nimmt ihnen im Gegenzug aber auch das, was man früher »Würde« genannt hätte. Wie in einem gewöhnlichen Marktvorgang interessiert sich der neoliberale Staat für seinen Kunden nur, solange es um den Kauf- und Tauschvorgang selber geht: Staat und Post-Bürger-in haben dann kaum noch eine Beziehung zueinander, wenn voneinander nichts zu holen ist. Der Pop-Nationalismus, einschließlich seines rechtsextremen Ablegers, widerspricht dem in keiner Weise, denn auch er generiert in erster Linie Waren (nicht nur die Deutschland-Fähnchen des Ein-Euro-Ladens) und mediale Fiktionen. Nationalismus ist ein Gebrauchsgut, das der neoliberale Staat verkauft wie andere Waren und Dienstleistungen, nämlich indem er die Kunden dazu drängt.

Die Verwandlung des Bürgers in den Kunden besagt, dass Rechte und Pflichten entpolitisiert und in reine wirtschaftsrechtliche Beziehungen aufgelöst werden. Weder Werte noch Diskurse verbinden uns, sondern Tauschprozesse und Vertragsklauseln (und auch hier spielt das Kleingedruckte, das bekanntlich niemand liest, seine unheilvolle Rolle). Die von den postdemokratischen Politikern so gern ins Feld geführte »Anspruchshaltung« aus dem unteren Segment der postbürgerlichen Ökonomie ist eine Erscheinung dieser Verwandlung: Ein Kunde, der sich darüber aufregt, dass alles teurer und schlechter wird, begegnet einem Anbieter, der sich darüber empört, dass jemand etwas umsonst haben will. Der »Sozialschmarotzer« wird zum Äquivalent eines Ladendiebs (und wir, die braven Kunden, wissen doch, dass sich Ladendiebstähle direkt in die Preisgestaltung einrechnen). Und wenn postdemokratische Politiker im Brustton der Empörung verkünden, man sei doch nicht das »Sozialamt« für die Welt (die Flüchtlinge, die »faulen Griechen«, die Opfer der Ungerechtigkeit), dann meinen sie damit auch, dass es eine solche Institution ohnehin nicht mehr geben sollte. Einen Kunden hofiert man nur so lange, wie er Geld hat oder etwas anderes, was er verkaufen kann (und seien es interessante Informationen, Wahlstimmen oder die Bereitschaft, eine Rolle in bestimmten Prozessen des »Drängens« einzunehmen – zum Beispiel des Hinausdrängens lästiger »anderer«); für seinen Untertan ist ein Staat auch dann noch zuständig, wenn er bedürftig und schwach ist, für seinen Kunden ist der Staat höchstens insofern zuständig, als er sein Potenzial richtig einschätzen muss. Und so wie Ruhe des Untertanen erste Pflicht bedeutet, so ist für den Kunden »Zufriedenheit«, gepaart mit einer gewissen Kauffreudigkeit, das Ideal. In der Geschichte des Wohlfühlkapitalismus konnte der Mensch den Umstand, dass er am Arbeitsplatz wie ein Sklave behandelt wurde, noch leidlich damit kompensieren, dass er als Kunde wie ein König behandelt wurde. Hauptsächlich deswegen, weil die Verkäufer wiederum, wie man selbst, Sklaven ihres Unternehmens waren. Wie wir wissen, wird die Balance zwischen dem engagierten Verkäufer und dem zufriedenen Kunden längst nicht mehr in der Praxis des Konsums, sondern in Werbebildern und Inszenierungen erzielt. Während ein Untertan die Segnungen seines Staates (und ihren Mangel) hinnimmt, erkennt der Kunde in dem, was er kauft, der Ware wie der Dienstleistung, immer auch seinen eigenen Wert. Seinen Respekt konstruiert er in dem scheinbar simplen Satz: »Man will ja nichts geschenkt.«

Eine Pointe des neoliberalen Surrealismus ist es, dass kein Mensch mehr darauf hofft, die Verkäufer in einem Supermarkt könnten wirklich so nett, kompetent und adrett sein, wie sie in der Fernsehwerbung dargestellt werden. Die radikale Deflation der Erwartungen auf die Wunscherfüllungen ist indes kein Fehler im System, sondern die eigentliche Botschaft. Was uns erwartet, ist allenfalls wohltuender Sarkasmus. Ebenso wenig erwartet ein Wahlbürger, dass sich Politiker und Politikerinnen tatsächlich so verhalten, wie sie es im Wahlkampf oder in ihren Talkshow-Auftritten wiedergeben. Ein Bürger, der in einem Diskurs Vernunft und Offenheit verlangen kann, ist eben etwas ganz anderes als ein Kunde, der daran gewöhnt ist, zwischen Werbeaussage und Warenwirklichkeit Unterschiede zu machen. Doch während im klassischen Konsumkapitalismus eine alte demokratische Tugend, die Kritik, in Gestalt der »Verbraucheraufklärung« für einen kritischen Konsumenten überlebte, ist es unter den Bedingungen des kapitalistischen Surrealismus unmöglich geworden, Kritik an jenen Waren und Dienstleistungen zu üben, die sich in den Status des Identitären hineinarbeiten konnten. Wo nicht mehr die Ware als Fetisch-Objekt des Glücksversprechens, sondern ganze Lebenswelten verkauft werden, kann auch Konsumkritik nur noch zur Glaubensfrage werden. Wer Apple kritisiert, und sei es aufgrund von hoch pragmatischen Begleiterscheinungen wie dem Mangel an Reparierbarkeit – die gelungene Kreation einer durch und durch kapitalistisch-surrealistischen Erscheinung von luxuriöser Wegwerfware –, wird nicht als mündiger Verbraucher, sondern als Vertreter einer gegnerischen Weltanschauung betrachtet. Pop-Nationalismus funktioniert auf diese Weise komplementär und analog zum Identitären eines Warensegments, eines Fußballvereins, einer Modelinie oder einer Regionalidentität. (Wir stellen uns einen Trachtenjanker mit Ferrari- und VFL-Bochum-Abzeichen, Red-Bull-Dose und Apple-Smartphone vor, dessen Träger seinen PKW mit Deutschlandfahnen und Rückspiegel-Überziehern schmückt.)

Ein Staat, der mit seinen Objekten vorzugsweise marktförmig verbunden ist (und in zweiter Linie narrativ; als Politainment, in dem »wir« so sehr »wir« ist wie in einer Soap-Opera), behandelt die Menschen weder »herablassend« noch emanzipativ, sondern vor allem situativ. Man betrachtet sich wechselseitig daraufhin, wann und wo »die Gelegenheit günstig« ist, um etwas zu verkaufen oder etwas zu verlangen. (Verschwörungstheoretisch ist die Mutmaßung, große Sportereignisse würden gerne genutzt, um unliebsame politische Entscheidungen zu verbergen, vermutlich hauptsächlich deswegen, weil das ein allzu einfaches Modell wäre: Die Anzahl der Vektoren bei solchen Bewegungen dürfte doch größer sein als eine solche lineare Maskerade. Was nicht heißen soll, man würde solche Gelegenheiten überhaupt nicht nutzen.) Bürokratie schafft dabei nicht mehr so sehr eine Gerechtigkeit – und läge sie darin, dass jeder Mensch, der in die Mühlen der Bürokratie gerät, gleich schlecht behandelt wird –, sondern chaotisiert die Verhältnisse so weit, dass immer wieder neue Ungleichheiten entstehen. Bürokratie, unter den Bedingungen des kapitalistischen Surrealismus, schafft keine Ordnungen, sondern sucht sich Opfer. Der Mensch, der durch Bürokratie – und sei es die Bestimmung, dass sich ein Hausbesitzer an den Sanierungskosten einer Straße beteiligen muss, was ohne Weiteres zur Enteignung eines Rentnerpaares führen kann – vernichtet wird, ist in aller Regel auch Person eines Schauspiels. Zu diesem Schauspiel gehört im Übrigen auch der immer wieder einmal eintretende Fall, dass sich ein Medium auf die Seite der Opfer der Bürokratie stellt und einen heroischen Sieg der Einzelnen gegen »Behördenwillkür« erringt. (Niemand platzt so leicht vor Stolz auf die bürgernahe Kritik der Bürokratie wie die Vertreter dieser Medien selbst.) Im kapitalistischen Surrealismus übernimmt die staatliche Bürokratie offenbar sehr bewusst die Rolle des Schurken, der sich gelegentlich als Dummkopf entlarven lassen muss. Schließlich befinden wir uns nicht in einem Drama, sondern in einer Farce. Marktkonforme Bürokratie generiert weder Gerechtigkeit noch Unterwerfung, sie generiert Geld.

Natürlich wandert Bürokratie als Machtinstrument dabei von oben nach unten. Derselbe »Gewinner«, der verlangt, dass für die wirtschaftliche Entfaltung und das Wachstum dringend Bürokratie abgebaut werden müsse, fordert für Hartz-IV-Empfänger, Flüchtlinge und andere »Sozialschmarotzer« mehr Überwachung – und wenn er es nicht tut, lässt er es die Medien der Niedertracht für ihn erledigen. Es entsteht eine sehr einfache Gleichung: Wirtschaftlicher Erfolg bedeutet Abbau der Bürokratie, mangelnder wirtschaftlicher Erfolg wird mit Bürokratie bestraft. Mit einer Bürokratie indes, die sich nicht mehr als Instrument eines Staates, sondern als »natürliches« Element des Marktes inszeniert. So liegt es auf der Hand, dass ein »Jobcenter« die soziale Brutalität, die hier praktiziert wird, nicht mehr nach außen vermitteln darf. Die »freundliche« Fassade wird mithin für die Betroffenen nicht weniger zum Hohn als Werbetafeln für Hungernde. Aber es gehört zum Wesen von Kundenbeziehungen, dass die wahre Natur der Vorgänge nicht offen gezeigt wird. Von beiden Parteien wird das Lächeln verlangt.

Der Mensch, der nicht Bürger oder Bürgerin, sondern nur Kunde sein darf, fühlt sich zunächst weder unfrei noch eigentlich »schlecht behandelt«. Was ihm widerfährt, bemerkt er in aller Regel erst, wenn etwas von den Dingen, die es in einer Kundenbeziehung gibt, schiefläuft. Man versucht eine ganz andere Form von gegenseitiger Absicherung: Man muss möglichst viel

Informationen übereinander haben, da man sich ja nicht im klassischen Sinne »trauen« kann. Aber nicht nur der Verkäufer oder Dienstleister, sondern auch der andere Käufer ist eher Gegner als Partner. Bekommt er nicht etwa einen Preisvorteil, den ich nicht bekomme? Hat er Informationen, die ihm Vorteile verschaffen? Schnappt er schneller bei der Gelegenheit zu, die sich bietet? Wer hat mit wem geheime Absprachen getroffen?

Der Wahn, möglichst viel, vielleicht »alles« übereinander zu wissen, einander also nicht zu disziplinieren (denn das wäre gegen die Regeln des Marktes), sondern zu kontrollieren, entsteht nicht zuletzt aus diesem Markt-Verhältnis zueinander. Der Staat ist »mein Staat« so, wie PennyLidlAldiRewe »mein Discounter« ist und wie der Mensch einer von »unseren Kunden« ist. Der eine lockt mit Sonderangeboten, Treuepunkten, Payback und Eventshopping, der andere hinterlässt neben seinem Geld und seinem Wohlverhalten als Kunde auch eine Informationsspur, ein Kundenprofil, eine statistische Materialsammlung und schließlich auch ein Milieu, ein »Klima«, eine Situation. Marktförmige Demokratie ist mithin auch ein unendliches Schauspiel. Kein Käufer darf dem anderen mitteilen, wie unzufrieden und enttäuscht er ist; kein Verkäufer darf sich am Glücksverlangen des anderen versündigen.

Anmerkungen

1 Byung-Chul Han: Transparenzgesellschaft. Berlin 2012, S. 59.

2 Vgl. Mark Terkessidis: Unter Akten begraben, in die Irre geführt – Ämterterror. Einst herrschte die Bürokratie, indem sie die Bürger in ein starres Korsett von Normen zwang. Heute übt sie ihre Macht durch Chaos aus. In: Freitag, 9.10.2008. Vgl. auch Georg Seeßlen: Die Verstopfung des Out. Verwaltung und Kapital – Versuch, Mark Terkessidis' kluge Analyse zur neuen Bürokratie noch um ein paar Gedanken zu erweitern. In: Freitag, 27.11.2008.

Psychoästhetischer Kannibalismus: Ökonomie als innere Landnahme

»It's the stupidity, economist«: Neoliberale Ästhetiken der Aneignung und Übernahme

Entgegen den Vorhersagen etlicher Klassiker der kritischen Ökonomie bedeutete der Imperialismus weder den Höhepunkt noch das Endstadium des Kapitalismus. Auf den Kolonialismus folgte ein Weltmarkt, der noch verheerendere, vor allem noch sichtbarere Folgen zeitigte, vom Raubbau an der Natur über die Entstehung der »hyperverelendeten urbanen Räume«[1], der Slums und Ghettos in den Megacitys bis zu den andauernden Kriegen und Bürgerkriegen. Der Imperialismus implodierte aber auch insofern, als er das, was er in seiner nationalen Form »den anderen« antat, nun auch den eigenen Menschen antut. Die anti-hygienischen, entwürdigenden und gewalttätigen Gegenkulturen, die niemand übersehen kann, erzeugen ihre Abbildungen, ihre Dämonen, und César Rendueles sieht sich bei den Slums ohne Abwasserversorgung nicht umsonst an einen Dante'schen Höllenkreis der Scheiße erinnert. Aus der Hyperverelendung entstehen die Zombies, die kannibalischen Hinterwäldler und die Abfall-Monster im Horrorgenre. So ist eine zweite Wildnis entstanden, gebildet aus den überflüssigen, entwerteten und vergessenen Menschen des Neoliberalismus, in der sich, wie der sprichwörtliche Tiger im Dschungel, der Nachfahr des edlen Wilden, der Gangster und Ghetto-Outlaw bewegt und wo sich eine eigene Lebensform bildet, die von Staat und Gesellschaft im traditionellen Sinne nichts weiß. Was daraus entsteht, ist überdies eine Faszination des Hässlichen und Zerstörten. Es wäre unmöglich, in dieser Welt zu leben, die in Filmen wie BLADE RUNNER, DAY OF THE DEAD oder IMMORTAL längst in einen endlosen Slum unten und befestigte Türme oben geteilt ist, wenn man nicht diesem Untergangsbild eine Ästhetik verpassen würde. So wie der Abglanz der »Eliten«, des Superreichtums und des Metaluxus in die verunsicherte Mittelschicht strahlt, so erreichen diese nicht weniger die Schatten der Hyperverelendung, die eine besondere Form von Freiheit versprechen. (Daher ist die weiße Mittelschicht so fasziniert vom Gangsta-Rapper, weil sich in ihm scheinbar beides vereinigt, die Freiheit der Hyperverelendung und der Glanz des Superreichtums.) Da es einen wirklichen Konsens auch in Fragen des Geschmacks nicht geben kann, lebt man die Paradessenz aus. Superreichtum und Hyperverelendung als gleich starke und in gewisser Weise auch gleich attraktive Kräfte, die in Kleidung, Musik, Bildern, Filmen eine Begegnung suchen. Das Unleugbare kehrt statt als Bewusstsein als Bild zurück. Die apokalyptische Peripherie, die mit der Verelendung in der »Dritten Welt« als drohendes Bild in den Wohlfühlkapitalismus reichte, ist im Neoliberalismus ins Innere der westlichen (Post-) Industrienationen gestürzt, und hier bilden sich die »Beulen« der Verelendung, Zonen der Kriminalität, des Straßenfaschismus, der Subkulturen, des »Schmutzes«, die No-go-Areas für Touristen und »zivilisierte« Mittelschichtler, die wie die Slums in den Megacitys »dort drüben« die verhängnisvolle Tendenz aufweisen, sich auszudehnen und immer weitere Bereiche des Lebens, auch kulturell und ästhetisch, zu kontaminieren. Die Verlustängste der Mittelschicht steigern sich dabei derart, dass sie aus Angst vor dem Tod ihrer Lebensweise diese selbst am schnellsten drangeben, nur um Bilder, Narrative, Symbole, Bollwerke, Mächte, am Ende Gewalt gegen die bedrängende Aussicht zu haben, von der Verelendung gefressen zu werden. Die Invasionsfurcht und die Angst vor der inneren Zersetzung, der Unterwanderung, sind die gewalttätigsten Projektionen dieser Verlustangst. Von den skrupelloseren Exemplaren der postdemokratischen Politiker werden sie nach Kräften geschürt und genutzt.

Rosa Luxemburg sah den kapitalen und apokalyptischen Selbstwiderspruch des Kapitalismus in seiner notwendigen Expansion darin, »dass die kapitalistische Akkumulation zu ihrer Bewegung nichtkapitalistischer sozialer Formationen als ihrer Umgebung bedarf, in ständigem Stoffwechsel mit ihnen vorwärts schreitet und nur so lange existieren kann, als sie dieses Milieu vorfindet.«[2] Es ergab sich daraus die nicht minder selbstwidersprüchliche Hoffnung, der Kapitalismus werde, wenn er schon nicht durch ein historisches und politisches Subjekt zu überwinden sei, sich selbst zu Tode siegen, sobald er, in seiner imperialistischen Form, die gesamte Welt erobert oder, in seiner »psychologischen« Form, auch noch die letzten Bereiche des Innenlebens kolonialisiert habe. Wenn also alle Welt kapitalistisch und der Mensch selber nur noch warenförmig wäre, dann müsste ein Neubeginn kommen.

Ökonomie tendiert nicht erst seit den Zeiten der Gründerväter des Neoliberalismus dazu, mehr als die Wirtschaft am liebsten die ganzen Welt zu erklären. Diese Gründerväter versuchten sich an möglichst panoramatischen Modellen, Weltgeschichte und Menschenbild betreffend. Die Ökonomie des »neuen« Neoliberalismus im 21. Jahrhundert geht eher den entgegengesetzten Weg. Sie besetzt immer weitere Bereiche von Alltagsleben und Kultur. So wenden sich Ökonomen, wie Justus Haucap meint,

> »immer stärker Themen zu, die für [sie] durchaus als abseitig und esoterisch betrachtet werden können und traditionell eher der Soziologie, der Psychologie, der Medizin oder anderen Wissenschaften zugeordnet worden sind. Ursache dafür ist auch der steigende Druck beziehungsweise Anreiz zum Publizieren. Während die traditionellen Bereiche wie etwa Inflation, Arbeitslosigkeit et cetera abgegrast zu sein scheinen und es schwer ist, dort einen neuen Beitrag zum Erkenntnisfortschritt zu leisten, weil die Früchte der weiteren Erkenntnis sehr hoch hängen, erscheint dies bei abseitigen, weniger ausgeforschten Themen einfacher.«[3]

Aber diese inneren Beweggründe für die Ausweitung der Ökonomie-Zone haben natürlich auch äußere Konsequenzen. Die Ökonomie als immer breitere und unspezifischere »Wissenschaft« wiederholt sozusagen diskursiv und als böse Karikatur die Krankheit ihres Gegenstandes, nämlich nur im Wachstum noch ihrer selbst gewahr zu sein. Sie produziert nicht mehr – Erkenntnis zum Beispiel –, sondern muss »kreativ« sein in der Eroberung immer neuer Diskursfelder. Und sie kann das, weil sie es dort mit erheblich geschwächten Gegnern oder vielmehr Opfern zu tun hat. Dabei darf von einer Monokultur der Ökonomistik ausgegangen werden, die sich selbst als »Neoklassik« bezeichnet; Verengung der Methodik (die im Übrigen nur Ausdruck der Grundüberzeugungen einer allumfassenden Wachstumsidee ist und sich in endlosen Grafiken, Statistiken, »Berechnungen« etc. ausdrückt) und Erweiterung der Wirkungszonen stehen dabei nicht im Widerspruch. Die neoklassische Ökonomistik will zur vorherrschenden Weltanschauung werden, und was ihr nicht entspricht, soll nicht existieren oder zumindest (wie, sagen wir, »Kultur« als Kritikfeld) keine Bedeutung haben.

Zweifellos erklärt die Ökonomie nun immer mehr ihre eigenen Auswirkungen in der Kultur, doch zur gleichen Zeit werden auch die großen Modelle zur Steuerung in den Hintergrund gestellt. So bekommt der kapitalistische Surrealismus gleichsam auch einen wirtschaftlichen Untergrund. Auf diese Verbindung mit Elementen der Popkultur folgt eine andere Aufmerksamkeitsökonomie dieser Wissenschaften vom Wirtschaftlichem »in allem«. Diese Tendenz hatte ihre erste Landmarke im Erfolg des Buches *Freakonomics* von Steven D. Levitt und Stephen J. Dubner. Es wurden interessante Beobachtungen zum Verhalten der Menschen in TV-Gameshows oder zur abschreckenden Wirkung von Aufklärungssendungen wie *16 and Pregnant* überprüft. War die Linke mit dem Projekt gescheitert, die innere Ökonomie sozialer Beziehungen und technischer Abhängigkeiten aufzuklären, die Welt auf ihre ökonomische Nacktheit zu reduzieren (»it's the economy, stupid«), so triumphierte das neoliberale Denken darin, *allen* Dingen zwischen Weltgeschichte und Alltagsleben einen ökonomischen Mantel umzulegen (»it's the stupidity, economist«).

Die Ökonomie als Wissenschaft musste nach den großen Krisen des neuen Jahrhunderts und nach etlichen sehr falschen Vorhersagen eigentlich in eine Legitimationskrise geraten. Im Jahr 2016 kam eine Studie auf der Basis einer Umfrage unter deutschen Ökonomen zu einem scheinbar überraschenden Ergebnis, die man auf *Spiegel Online* zu zusammengefasst findet:

> »Während mehr als die Hälfte der mindestens 55-Jährigen einräumt, dass die Zunft in einer Legitimationskrise steckt, finden das bei den unter 35-Jährigen nur 36 Prozent. Was in umgekehrt proportionalem Verhältnis zum Standing in der Bevölkerung steht, von der nur noch ein Drittel findet, dass Ökonomen vertrauenswürdig sind. Nur 17 Prozent der Jungen sehen in der großen Finanzkrise auch eine Krise des Marktfundamentalismus – unter den Älteren ist die Quote glatt doppelt so hoch.«[4]

Die Beute wird kenntlich gemacht: Chanels Punk-Beauty-Make-up-Trend der Herbst/Winter-Saison 2020/21

Wie wäre ein solches Selbstbewusstsein inmitten der Krisenerfahrungen anders zu erklären als durch eine Trennung zwischen Legitimation und Macht? Auch hier wird offensichtlich die Legitimation übertragen von einem öffentlichen Auftrag an den »Glauben an sich selbst«.

Aneignung und Übernahme sind die neuen Ästhetiken. Die Beute wird definitiv als solche kenntlich gemacht, sodass der Kontrast gar nicht augenscheinlich genug sein kann: Die Marke Chanel wirbt mit Insignien der Punk-Kultur. Der Atomkonzern RWE veranstaltet in den eigenen Räumen eine Ausstellung mit Werken des erklärten Atomkraftgegners Joseph Beuys. Von den zahllosen Applikationen der Che-Guevara-Ikone ganz zu schweigen. Die First Lady, die in einem Camp mit Flüchtlingskindern in einem Parka mit der Aufschrift »I really don't care, do you« erscheint, tut dies eben sowohl ihrer *stupidity* als auch der *economy* wegen; es ist die Fortsetzung des kapitalistischen Surrealismus vom Markt in die Politik. Man kann diesen Vorgang der Übernahme »Sinnentleerung« von Zeichen nennen, die ursprünglich Opposition, Dissidenz oder Revolte dienten. Aber das scheint zu harmlos. Diese Extremform des kapitalistischen Surrealismus, das Symbol einer antikapitalistischen Geste einzusetzen wie ein Markenzeichen, unterwirft die Jugend-

und Gegenbewegung durchaus performativ. Der Anteil der Lust, so wird in diesem Prozess versprochen, wird durch diese Unterwerfung beibehalten (Punk-Klamotten sind immer noch schrill, Che Guevara ist immer noch schön, Beuys, nun ja, immer noch seltsam und moralische Gleichgültigkeit immer noch irgendwie cool), während der Anteil der Politik vernichtet wird. Während man also vordem die Gegenbewegung integriert und funktionalisiert hat – zum Beispiel, indem aus dem Jugendstil eine Dekorationslinie für den progressistischen Teil des Bürgertums wurde –, wird nun der Vorgang der Übernahme selbst dramatisiert. Er ist ein Effekt, den man, unter gewissen Umständen, als »zum Lachen« empfinden könnte.

So füllen sich Shoppingmalls und Fußgängerzonen bei jedem Wetter mit Menschen, die zerrissene, geflickte oder geritzte Jeans tragen, gleichwohl durch ihre anderen modischen Accessoires zeigen, dass sie keineswegs zu den Armen gehören. Was möchten sie uns damit sagen? (Oder sich selbst.) Mit den *Destroyed Jeans*, die, nachdem sie längere Zeit einem Segment der Jugendkultur der höheren Preisklassen zugeordnet schienen, nun in den modischen Mainstream vorgedrungen sind, bereitet man sich offenbar – die eigene »Zerrissenheit« durchaus provokant vortragend – auf ein Leben vor, in dem auf Superreichtum genauso (ästhetisch) reagiert werden muss wie auf Hyperverelendung. Was zunächst als ein besonders durchgeknalltes Exempel für »Luxese« (oder doch schon die Parodie darauf) erscheint, die mutwillige Zerstörung ausgerechnet des »unverwüstlichsten aller Kleidungsstücke«, das ja gerade erfunden wurde, um den Strapazen bei der Arbeit gewachsen zu sein, erweist sich bei näherem Hinsehen (unter anderem auf die im Netz kursierenden Videos zur Herstellung und Bewertung) als besonderer Dialog mit jener Kleidung, die den Mythos der nonkonformistischen Konformität begründete und die, statt ihn in eine Form zu zwingen, sich dem Körper bedingungslos anzupassen schien. Irgendetwas muss an diesem Kleidungsstück sein, das der Liebhaber, die Liebhaberin von *Destroyed Jeans* zutiefst hasst. Mag es die Erinnerung an die Generationen zuvor sein oder die einst angemaßte Proletarisierung, diese falsche Behauptung der Mittelstandskids, eher dem Blue-Collar-Segment der Gesellschaft angehören zu wollen, als die Heucheleien der Eltern weiter mitzumachen? Macht man sich über die eigenen Abstiegsängste lustig, oder bannt man sie

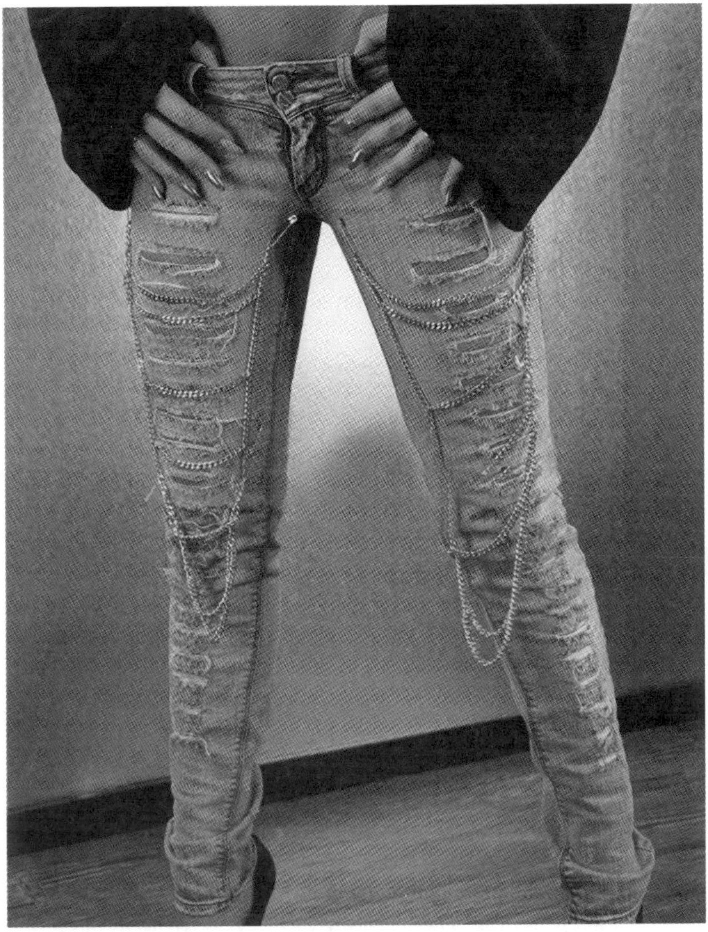

»Zerrissenheit« zwischen Superreichtum und Hyperverelendung: Mit Goldketten behangene *Destroyed Jeans*

im Ritual der Selbstzerstörung? Jedenfalls ist stets dafür gesorgt, dass niemand auf die Idee kommt, die Zerstörungen an der Nobeljeans seien etwa nicht als »Erhöhung« gedacht (gern greift man da auch zu Gold und Silber, um die Risse zu vernähen).

Da die Jeans so sehr dem Körper nahe und zu Diensten ist, liegt der Verdacht nahe, dass man das, was man da ihr antut, eigentlich dem eigenen Körper antun wollte. Oder es handelt sich, andersherum, um eine Fortsetzung von Piercing am Kleidungsstück, eine Verletzung der »zweiten Haut«. Ein Versuch, die Wunden zu zeigen, ein »Protest« gegen nichts Bestimmtes, und doch, so viel ist sicher: Das Zerrissene selbst ist wesentlicher Bestandteil der Botschaft. Die *Destroyed Jeans* zeigen, womit man zu leben gelernt hat, woraus man sich nichts mehr macht, was man überlebt hat. Man ist in der Kaputtheit des Systems angekommen. Der Blick der anderen indes wird auf diese symbolischen Wunden gelenkt, man ist ein Beinkleid-Scarface, für einen Walk.

Eine damit verbundene Transformation hat auch die Tätowierung erfahren. Einst galt sie als Ausweis spezieller Subkulturen. Die Tätowierung taucht zuerst in unseren Südsee- und Matrosenträumen auf, dann in Outlaw-Kreisen, und eine Spur führt auch zu Straf- und Konzentrationslagern. Geheimbünde liebten Tätowierungen, schließlich männerbündische Gangs, die Fremdenlegionäre, wenigstens »verliebte Jungs«. Nach Japan führt eine Kunstspur. Und so weiter. Zum Massenphänomen aber wurde die Tätowierung erst in den europäischen Krisenzeiten. In jenen Zeiten, in denen der eigene Körper zum letzten Objekt von Verfügung und Kontrolle werden sollte. Bald aber war auch dieses Körperzeichen schon wieder Konvention. Nur mit besonders auffälligen oder besonders vielfältigen Tattoos konnte man Unterscheidung und Kontrolle simulieren (gewisse Bands traten in Ganzkörper-Tätowierung auf, und »intime« Tätowierungen wurden Mode); mittlerweile sind Tätowierungen so verbreitet, dass die Europäische Kommission eine Untersuchung über die Gefahren und Risiken vornehmen ließ. 60 Millionen Europäer sind demnach tätowiert; von den benutzten Farbstoffen, die unter die Haut gespritzt werden, müssen 60 Prozent als potenziell krebsgefährdend eingestuft werden. Fünf Prozent aller Tätowierungen führen zu heftigen Infektionen.[5] Jedenfalls wurde in Europa nach verbindlichen Gesetzen zur Regelung der Techniken und der Substanzen beim Tätowieren verlangt, ein untrügliches Zeichen für das Mainstreaming. Der *locus of control* wandert wieder in die industriell-politische Indifferenzzone.

Der Finanzkapitalismus hat letztlich keine eigene Ästhetik hervorgebracht, auch wenn wir *styles, characters* und *jives* der

Banker von der Wall Street durchaus zitierbar in der populären Kultur haben, als eine Subkultur besonderer Nutznießer und Avantgardisten. In Wahrheit sehen aber wohl nur die nützlichen Idioten des Finanzkapitalismus wirklich so aus wie ihre Karikatur in den Medien. (Eher der Handy-Vertreter in der Fußgängerzone als der Broker arbeitet sich daran ab, so auszusehen wie Michael Douglas in Oliver Stones Film WALL STREET.) Wie die Demokratie, so muss sich auch der Finanzkapitalismus durch eine Förderung oder Übernahme anderer Ästhetiken ausdrücken. Er raubte daher einerseits die Kunst von den Protagonisten der Demokratie[6] und andererseits die hedonistischen Praxen und Symbole von den Subkulturen (einschließlich der Drogen). Es ist also auch nicht damit getan zu sagen, durch den kannibalistischen Heißhunger des späten Kapitalismus auf alles, was ästhetischen Mehrwert verspricht, verwandelten sich beständig Inhalte in Formen.

Der Kapitalismus hat keine große Erzählung, er *ist* seine große Erzählung; er hat kein Hochamt und keine Tempel, er *ist* sein Hochamt, und er *ist* sein eigener Tempel; sehr wohl aber hat er seine Priesterschaft, seine Bedeckungs- und Entblößungsrituale, seine Symbole und Feiern. Die magische Verwandlung von Arbeit in Dinge und Profit, die Vermählung von Produktivität und Kreativität zu Wachstum wird in allen ästhetischen Hervorbringungen vollzogen. Das Neue Testament des Kapitalismus, der Neoliberalismus, unterscheidet sich vom Alten Testament des »Fortschritts«, indem die Wahrheit in diesen Dingen, Arbeiten und Profiten offenbart wird. Seine Protagonisten, schreibt César Rendueles, »haben sich mit dem Abgrund des sozialen Nihilismus abgefunden und die Angst vor der Gemeinschaft als wünschenswerte Option akzeptiert«.[7]

Die Vertrashung der Kultur und die Nobilitierung des Trashs nehmen indes jenes Bündnis vorweg, vor dem Hannah Arendt gewarnt hat, die Verbündung der ökonomisch-politischen Elite mit dem »Straßen-Mob«. Eine populistisch-faschistische Partei wie die AfD in Deutschland verkörpert diese mehr oder weniger neue Allianz aufs Beste: Sie besteht zu etwa gleichen Anteilen aus krypto-proletarischen Grölern und Gewalttätern und aus Vertretern des nationalen Kapitalismus; dazwischen vermitteln die »bürgerlichen« Hetzer und Hassprediger, die auch in ihren äußeren Erscheinungen Elemente von beiden Seiten anbieten.

Bad taste muss nur um die entscheidenden Zentimeter *over the top* gehen, um vom audiovisuellen Unterschichtenfraß zum Kult im kapitalistischen Surrealismus zu werden. Im Jahr 2016 startete bei RTL die Serie *Die Kirmeskönige* mit Hugo Egon Balder und Hella von Sinnen (die sich wechselseitig als »fette Schnecke« und »magersüchtiges Frettchen« ansprechen), in der Kandidaten hintereinander enorme Mengen an Süßigkeiten vertilgen und dann einen Bierkrug während einer Achterbahnfahrt balancieren müssen, und immerhin wurde die Serie im deutschen Feuilleton als Feier des Nichts reflektiert: »Es ist alles so egal, dass es egaler nicht sein könnte«, schreibt Hans Hoff in der *Süddeutschen Zeitung.* »Aber letztlich ist es bekanntlich genau das, was einen Kirmesbesuch und einen unendlichen Fernsehabend vereint. Es geht um nichts, und manchem wird auch zwischendrin schlecht, aber ab und an macht es dann doch immer mal wieder ein bisschen Spaß.« Aber sieht denn niemand, mag jemand aus der vergehenden Zivilgesellschaft rufen, das Elend in alledem? Seht ihr nicht, wie sich in diesen Gesichtern der Zusammenbruch von »Person« spiegelt?

Zwischen »volkstümlicher« Unterhaltung und »elitärem« Gestus gerät jener Mensch in eine furchtbare Falle, der weder »Volk« werden will noch sich zu einer »Elite« zählen möchte. Erkennt er in den Unterhaltungen des Volkes, wie sie die Medien auf ihrem Markt bieten, das Wirken von Propaganda, Ideologie und Verblödung, so mag ihm schnell der Vorwurf einer »Verachtung« gemacht werden, einer Verachtung jener, die sich zu einer ziellosen und stumpfen Gemeinschaft zusammenfinden; greift er indes den intellektuellen Gestus der elitären Absonderung an, so wird er der leeren Anbiederung an eine Kultur geziehen. (Dem Bürger dieser Zeit wird dies am ehesten in einer Fußballbegeisterung, der Bürgerin in einer Affinität zu gewissen Serienformaten begegnen: Man wird von »guilty pleasures« sprechen, um Übersprungshandlungen der kulturellen Soziophobie zu kaschieren.) Der Zusammenbruch der kulturellen bei gleichzeitiger Verschärfung der ökonomischen Klassenkämpfe zeigt hier einen durchaus barbarischen Aspekt. Es gibt keinen semantischen und ästhetischen Raum zwischen Volk und Elite. Die Entkoppelung von Reichtum und Macht auf der einen, Kultur und Legitimation auf der anderen Seite erzeugt ja nicht nur in der alten, prekarisierten, entmachteten »kulturellen Elite« ein Vakuum, sondern auch in der populären Kultur, die ihre inhärente Legitimation als energetische Gegenmacht und subversive Selbstvergewisserung verloren hat. In dieser Falle zwischen Volk und Elite steckt zunächst die kulturelle, dann aber auch die politische Kritik.

Die mittelschichtliche Kultur hat es offensichtlich seit einiger Zeit aufgegeben, moralisch und ästhetisch gegen Trash zu argumentieren, aber auch soziologisch scheint man beim großen Egal angelangt (denn möglicherweise gibt es doch das eine oder andere, was einen jährlichen Kirmes-Besuch und einen ununterbrochen laufenden Fernseher voneinander unterscheidet); es gibt eine kolossale Angst, als »Spielverderber« zu gelten, so wie es eine nicht minder kolossale Angst gibt, mittelschichtliche Verachtung gegenüber unterschichtlichem Vergnügen zu zeigen (man gönnt uns ja sonst nichts).

Ein Beispiel dafür, wie Politik durch ihre Vertrashung verkauft wird, lieferte die vormalige deutsche Verteidigungsministerin von der Leyen, die, zum Beispiel, bei einer Reise zur Marine vor Kap Hoorn statt der üblichen politischen Journalistinnen und Journalisten – sogar die Presseagentur dpa wurde düpiert – nur Vertreter der Klatsch- und Frauenpresse einlud, darunter *SuperIllu, Bild der Frau, Gala, Tina* oder *Bunte,* in denen denn auch die entsprechenden Storys von ihrem Besuch gedruckt wurden. In der *Bunten* liest sich das dann so: »Sie trägt einen dunkelblauen Hosenanzug mit hellblauer Bluse, der Wind spielt mit ihren schulterlangen Haaren. Sie ist dezent, aber perfekt geschminkt.«[8]

Die kannibalistische Ästhetik des Neoliberalismus hat vor allem eines bewirkt: Eine Einheit von »Stil« und »gesellschaftlicher Utopie«, von Ästhetik und Politik in Dissidenz, Kritik und Revolte wurde unmöglich. Was blieb, waren Gegenstrategien von Subversion und Appropriation. Durch ihre Verbindung mit den Stilfragen konnten sich politische Bewegungen in der bürgerlichen Gesellschaft noch ausbreiten und stabilisieren. Aber so wie der Neoliberalismus keine eigene konsistente Ästhetik kennt (ganz anders als der vorherige sozialliberal-keynesianische Wohlfühlkapitalismus, der sich in den Warenhäusern, Versandhandlungen und Kinoprogrammen ausdrückte), so kann nun auch die Gegenbewegung keine konsistente Ästhetik mehr ausbilden, ohne blitzrasch kannibalisiert zu werden. Jeder Gesellschaftsentwurf, der irgend Form wird, wird auch zur Beute; die Form wird radikalisiert um den Preis ihres Inhalts.

Selbst eine Analyse des Kapitalismus und was er mit den Menschen macht, kann sich auf diese Weise nicht mehr als Inhalt durchsetzen, da sie ihrer Form beraubt ist. Und umgekehrt muss in einer Welt, in der gleichsam alles Subversion geworden ist, jeder ein Agent, jedes Gespräch ein Verkauf, gerade der Verzicht auf Subversion als Gestus wirken. So stellt etwa der amerikanische Künstler Nik Kosmas 2016 in Berlin eine Anzahl von Fitnessgeräten aus und erklärt dazu kategorisch: »Sie sind kein Statement, keine Installation und gehören zu keiner Performance. Es handelt sich weder um einen ironischen Kommentar zur Fitnessindustrie noch um einen clever versteckten Verweis auf abstrakte Plastik.«[9] Für die Betrachterin mag unentschieden sein, ob die Kunst hier endgültig (aber selbstbewusst) vor der Kulturindustrie und der Warenproduktion kapituliert hat oder ob sie das nächste Level der Auseinandersetzung mit ungleichen Waffen erreicht hat. Jedenfalls nutzen hier weder »Kritik« noch »Subversion«:

Der kapitalistische Surrealismus muss, noch in seiner sozusagen antikapitalistischen Form, das Konzept der kritischen Distanz selbst infrage stellen. Es handelt sich, in der Form, wie es »gelehrt« wird, um ein altmodisches und untaugliches Verfahren aus einer Welt der festen Körper, das in jene der Verflüssigungen übertragen wird. An die Stelle von Kritik tritt hier die »Disruption«, die (kreative) Störung des Flusses; oder eine »Umleitung«, auch eine »Unterbrechung« von semantischen Prozessen kann damit gemeint sein. (Ist nicht ein Fitnessgerät, das nichts als ein Fitnessgerät ist, die Unterbrechung eines beständigen Bedeutungsflusses, der, wenn er nicht »Kritik« in der Kunst ist, Fortkommen, Gesundheit und Kraft bedeuten müsste?) Hier also wird nicht das Gesprochene angegriffen (oder auch ignoriert, was mehr oder weniger dasselbe wäre), sondern das Sprechen selber.

Atemloser Stillstand: Helene Fischer, Andrea Berg und die Überhöhung der Lähmung

Die andere Seite der versprochenen Diversity im Neoliberalismus ist eine kulturell und politisch katastrophale Konzentration:

- Die 32 reichsten Menschen der Welt haben ein Vermögen, das größer ist als das aller anderen Menschen zusammen.

- Adeles Album *25* verkauft sich besser als alle anderen CDs auf der Chartliste zusammen.
- Der neue *Asterix* verkauft sich besser als alle anderen auf der französischen Bestsellerliste des Jahres versammelten Bücher zusammen.
- Die großen Fußballvereine der Welt haben mehr Geld, als sich fußballerisches Talent auf dem Weltmarkt zusammenkaufen lässt (so sieht es etwa Jorge Valdano, ehemaliger Topspieler Argentiniens, nun Unternehmensberater[10]), und wenn die Spielergehälter und Ablösesummen noch so in die Höhe gehen.
- In den USA gibt es mehr Check Cashers (kurzfristige Kreditgeber zu horrenden Zinsen) als McDonald's- und Starbucks-Filialen zusammen.
- Das Gehalt des Vorstands der Deutschen Post AG, Frank Appel, ist 232-mal so hoch wie das Durchschnittsgehalt der Angestellten des Unternehmens.

Das Begehren, sich durch den Gebrauch eines Dinges oder einer Marke von anderen abzugrenzen, ist entschieden von der Angst verdrängt, nicht durch das Ding oder die Marke bezeichnet zu werden, die alle anderen bezeichnen. Die bloße Zahl erzeugt denn die auch moralische Überlegenheit. Mehr oder weniger ironisch wurde das im Titel einer Elvis-Presley-LP zitiert: *50,000,000 Elvis Fans Can't Be Wrong* (übrigens zeigt das Cover einen sich offenbar ins Unendliche hin vermehrenden Elvis). Hätten indes die Elvis-Fans etwas Spott über ihren goldenen Gott wohl noch mit einem Achsel (oder Hüft-)Zucken hingenommen, so sind sich nur zum Beispiel Helene-Fischer-Fans schon darin einig, dass eine Kritik an ihrer kalten Glitzerkönigin einem Sakrileg gleichkommt, das durchaus im Rang einer politischen oder religiösen Ketzerei steht. Und anders als bei Elvis springen solcher moralischen Aufladung von Mainstream-Kulten gegen allfällige Kritik längst auch mehr oder weniger linke Stimmen bei, die sich gegen jede Form von »Überheblichkeit« oder gar gegen das »Elitäre« einer Kritik der Mainstreamkultur wenden.

Mainstreaming ist auch auf dem Pop-Sektor nicht allein ein Einebnen der Stile und Moden zu einem mehr oder weniger bekömmlichen »Brei«, sondern vor allem ein Ausschließen: Die Majors in der Produktion von Musik, Film oder Literatur verknappen ganz bewusst das Angebot. Werbemittel werden konzentriert auf die »Blockbuster«, das mittlere Segment wird strukturell vernachlässigt, Szenen oder Genres, die nicht als Brutstätte kommender Blockbuster infrage kommen, werden ignoriert oder ausgetrocknet. Es geht ausschließlich um die Produktion der Super-Gewinner. In den USA kommen jährlich um die 800 Millionen Musiktitel auf den Markt, 90 Prozent davon verkaufen nicht mehr als 100 Einheiten, 100 davon dafür mehr als eine Million.[11]

Das Mainstreaming, nicht mehr als Konzentration auf die Hauptströme von Diskurs und Ästhetik, sondern auf die eine, einzige »breite« Mitte gedacht, muss daher zugleich expansive und exklusive Elemente ausbilden: Im Mainstream wird einerseits immer mehr möglich, immer mehr »verarbeitet«, aber andererseits werden die Grenzen zum Ausgeschlossenen militanter.

Dem wäre vielleicht ein Widerstand gegen das populistische Kritikverbot an der Kultur der Dummheit entgegenzuhalten. Die Angst, überheblich zu sein, steckt in den Kritikersprösslingen der postbürgerlichen Gesellschaft. Es ist, als hätten sie sich an einem Reflux der antiautoritären und sozialistischen Ideen verschluckt; auch Ideologiekritik darf nur mit einem Löffel Zucker-Verständnis verabreicht werden. Dummheit und Barbarei selber aber dürfen nicht beim Namen genannt werden.

Das moralische Kritikverbot hat einen kulturhistorischen Sinn gehabt. Dagegen, dass eine herrschende Klasse, nämlich das Großbürgertum, die anderen Klassen, das Kleinbürgertum und vor allem das Proletariat, auch noch kulturell unterdrücken und verachten durfte, musste entschieden etwas getan werden. Auch das Zensieren von Schmutz und Schund war ja eine Maßnahme zur kulturellen Disziplinierung durch Herrschaftsinteressen gewesen. Doch nun verhält es sich ja genau andersherum. Der »Bildungsbürger«, über den man eine Generation noch so wohlfeil schimpfen und lachen durfte, ist nun eine kleine, verfolgte Minderheit. Die Kultur, aus der eine Helene Fischer kommt, ist nicht nur populär, sondern auch hegemonial geworden. Und Helene-Fischer-Hören und -Sehen ist eben nicht mehr allein ein Recht, das niemandem bestritten werden soll, sondern es wird zu einer Art von sozialem Ausweis, zu einer Art der politischen Verpflichtung.

Über der aufwendigen und billigen Bühnenshow wird immer wieder vergessen, dass es auch um, wie man so sagt, »Inhalte«

geht. Die beiden Superstars des neuen deutschen Schlagers, Helene Fischer und Andrea Berg, teilen ein Frauenbild des sadomasochistischen Opfers männlicher Bosheit. Andrea Berg bekennt singend, dass sie bei einem Mann zu bleiben gedenkt, der sie »1000 Mal belogen« hat. Helene Fischer ist nur um weniges weniger unterwürfig; zugleich aber sprechen die Auftritte der beiden eher vom Gegenteil, von einer weiblichen Dominanz beinahe. Das diskursive Opfer ist ikonografische Täterin. So »handeln« beide Erzählungen von einer Form, in der Geschlechterrollen-Geschichte steckengeblieben zu sein, und jede einzelne Strophe dieses Endlos-Liedes erzählt in der Tat atemlos von diesem rasenden Stillstand. Während man vor verhaltener Emotion schier zu platzen scheint oder, umgekehrt, noch die größte Leidenschaft mit der Grundtemperatur eines Bauknecht-Kühlschranks versieht, richtet man sich in einem Zustand ein, in dem es weder vorwärts noch zurück geht. Tatsächlich gilt diese Überhöhung der Lähmung sowohl für individuelle Beziehungen als auch für die Kultur der Mittelschicht insgesamt. Besonders Helene Fischer adaptiert dabei, moderierend zugleich, alle erdenklichen Elemente der internationalen Show-Acts und musikalischen Mainstream-Genres und verbindet damit auf eigene Art das Provinzielle mit dem Weltläufigen, ohne es zu einer gefährlichen Verbindung zu machen. Wie sehr dies Teil auch einer politischen Mythologie wird, zeigt eine Episode, die, in genüsslich wechselnder Perspektive, die *Bild*-Zeitung verbreitete: In einer Flüchtlingsunterkunft in Nordrhein-Westfalen übertrieben es einige Wachmänner denn doch selbst für diese »Zeitung«, als sie ihre Stiefel auf gefesselt am Boden liegende Asylsuchende setzten, in ihren Augen »Renitente« in einem »Problemzimmer« ohne Toilette einsperrten und sie zwangen, sich auf eine Matratze mit Erbrochenem zu legen. Ein gewisser Markus H., der mit den auf den Unterarm tätowierten Worten »Ruhm und Ehre« wie mit im Internet verbreiteten Parolen seine politische Gesinnung offenbarten, verteidigte sich laut *Bild* so: »Ich bin kein Rassist. Schon gar kein Nazi, ich höre Helene Fischer.« Bildet die Konsens-Performerin Helene Fischer also so etwas wie einen nationalen Entschuldungsraum aus? Einen Raum der sexuellen und politischen Indifferenz? Wer Helene Fischer hört, findet sich mit den Verhältnissen (daheim und in der Welt) ab, so oder so, und auf der anderen Seite gilt: Wer

Das diskursive Opfer ist ikonografische Täterin: Andrea Berg auf der Bühne

Helene Fischer hört, kann kein schlechter Mensch sein. Denn Helene Fischer ist ja selber, nun ja, »Flüchtling«, wenn sie auch als »richtige Deutsche«, wie ihre Fans betonen, aus der einstigen Sowjetunion kam. Ihre Ein-Euro-Heiligkeit entsteht aus einer vierfachen Überhöhung, der mythischen (sie ist die deutsche Frau schlechthin), der sexuellen (sie ist ein radikal abgekühltes und entschärftes Objekt des Begehrens), der ökonomischen (sie ist ein Erfolgsmodell) und der politischen (sie verkörpert ein »Wir«, das sich jeder Nachfrage entzieht). Und wie ernst man es mit dieser »Heiligkeit« nimmt, zeigen die Reaktionen der Fans auf Kritik, Parodie und andere Formen der Kränkung. Der karnevalistische Kölner Sänger Bernd Stelter formulierte den paradigmatischen Helene-Fischer-Song um in *Arbeitslos durch die Nacht.* Aufschrei im Netz, juristisches Nachspiel wegen Urheberrechtsverletzung. Bei der Verleihung des deutschen Comedy-Preises schwebte die als Helene Fischer gestylte Comedienne Carolin Kebekus auf die

Bühne und sang, wiederum zum paradigmatischen Fischer-Song: »Atemlos, Brechdurchfall, Schweißausbrüche hier im Saal«. Shitstorm im Netz, empörte Kommentare, Boykottaufrufe. Bei der Bambi-Verleihung bekundete die Schauspielerin Josefine Preuß, auf der Aftershow-Party *Atemlos durch die Nacht* nur ein einziges Mal und bitte in der (naiv-parodierenden) Version von Samu Haber hören zu wollen. Helle Aufregung im Fandom, Shitstorms, böse Kommentare in der Presse: öffentliche Entschuldigung der Schauspielerin. Jede Gesellschaft hat ihre eigene Form der Schauprozesse. Als der Comedian Michael Mittermeier eine eher harmlose Helene-Fischer-Parodie ins Programm nahm, kam eine Hassflut auf, nachdem eine ganze Reihe von mehr oder weniger seriösen Publikationen einen Satz daraus kolportiert hatten, dazu *Bild.de, Focus Online, Blick.ch, News.de* und die Webseite von *InTouch*. Er musste auf Facebook richtigstellen:

> »Vielleicht haben's einige von euch schon mitbekommen. Ich krieg ja gerade einen Shitstorm vonseiten der Helene-Fischer-Fans vor allem wegen eines Satzes, den ich laut der Zeitung *Kölner Express* gesagt haben soll: ›Ich kann diese Frau nicht mehr sehen, ohne im Strahl zu kotzen.‹ Diesen Satz hab ich NIE gesagt. Ich hab in meinem Programm *Blackout* eine, wie ich finde, sehr lustige, ironische Helene-Fischer-Nummer, aber ich lass mir keine fremden Zitate in den Mund legen, die ich nie gesagt hab'. Wer gegen mich schimpfen will, der soll sich das anhören, was ich wirklich auf der Bühne sage. Kommt mit guter Musik durch die Nacht! Liebe Grüße, Euer Michl«

Helene Fischer ist ein nationales Heiligtum. Wenn sie, wie in einer österreichischen VW-Werbung, »nicht so gut rüberkommt«, kann das Fandom so etwas nur als internationale Verschwörung ansehen. Das Pop-Idol als nationales Heiligtum ist keine vollkommen neue Erfindung. Allerdings paart es sich nun mit zwei hoch entwickelten Dispositiv-Techniken, der des »gnadenlosen« Mainstreaming (anders als zuvor dient der Erfolg von Helene Fischer und Andrea Berg nicht mehr dem Genre, dem sie im Großen und Ganzen zugerechnet werden, dem deutschen Schlager, sondern sie besetzen das Feld mehr oder weniger oligopolistisch) und der des Pop-Nationalismus, der stets zwei Gesichter zeigt: Das eine lacht und sagt, es ist doch gar nicht so ernst gemeint, alles nur Fun und gute Laune, und das andere droht: Wer es wagt, dieses Heiligtum infrage zu stellen, der kann sich auf etwas gefasst machen. Eine Kränkung führt zu einem mindestens verbalen »Heiligen Krieg«.

Andrea Berg konstruiert die sexuelle Ökonomie der unteren Mittelschicht in Zeiten des Finanzkapitalismus. Sie macht aus dem unangenehmen Umstand, dass diese sexuelle Ökonomie in der Krise wieder mal zuungunsten der Frauen der unteren Mittelschicht ausgeht, ein pathetisches Programm. Sie tröstet die Frauen mit der Aussicht aufs Weiterträumen und damit, wie man an ihr sieht, auch mit über 50 noch »sexy« wirken zu können, und die Männer damit, dass sie vielleicht sozial absteigen, aber immer noch eine Frau wie Andrea Berg finden, der es am Ende nichts ausmacht, wenn die betrunkenen Vollspacken mal mit der Nachbarin rummachen.

Es ist das Merkelistische der Alternativlosigkeit, was hier ins Intime und Erotische gewandt ist. Sie möchte sogar, dass der Mann, der schon bei einer anderen ist, ihr die Illusion lässt, dass die Liebe weitergeht. Explizit ist die Rede von der »Wahrheit, die so viel zerstört«. »Lass mich einfach weiterträumen« ist die militante mythische Botschaft, immer weitermachen, nicht kämpfen, nicht rebellieren, nicht aufwachen.

Diese Ambivalenz der weiblichen Opferrolle, die vehement gegen jeden Einbruch der Wirklichkeit verteidigt wird, hat einen scheinbaren Versöhnungseffekt. Rollenmodell und Sex-Angebot sind immer austariert, was es da allerdings um keinen Preis geben kann, ist Ironie, Selbstreflexion.

Ausweitung der Indifferenzzone oder fortschreitende Redbullisierung

Die bürgerliche Gesellschaft in der Phase westlicher kapitalistischer Demokratien war mehr oder weniger geordnet durch die Organisation von gesellschaftlichen und staatlichen Funktionsbereichen: Politik, Ökonomie, Kultur, Religion, Wissenschaft, Medizin, Militär, Erziehung usw., und die Menschen bewegten sich in verschiedenen Zonen ihres Lebens: Arbeit, Freizeit, Information, Familie, Sport, Medien, Mode. Der Neoliberalismus ist, unter vielem anderen, durch das gekennzeichnet, was

Joseph Vogl die Zonen der politisch-ökonomischen Indifferenz genannt hat. Instrumente von Macht und Management, in denen die Interessen von Regierungen und Wirtschaft untrennbar und unerkennbar miteinander verknüpft sind: eine EZB, TTIP-Verhandlungen, »Behavioral Insight Teams« als verhaltensökonomisch orientierte Instrumente »effizienten Regierens«, Expertengremien und vieles mehr. Seit Silvio Berlusconis Amtszeiten in Italien sind die kaum verhüllten Einflussnahmen offenbar kein Grund mehr, ernsthafte Kritik am Regieren zu erzeugen. Die Donald-Trump-Stiftung hatte 2013 25.000 Dollar in den Wahlkampf der Generalstaatsanwältin von Florida gepumpt, gerade zu jener Zeit, da diese entscheiden musste, ob sich Florida an Ermittlungen anderer Bundesstaaten gegen die Trump-»Universität« wegen Betrugs anschließt. Sie entschied sich, sollen wir sagen: natürlich?, dagegen.

Die ökonomisch-politische Indifferenz und ihre Instrumente sind »ideale« Mittel, auf die Ausbreitung der Anarchie im Alltag zu reagieren; sie begleiten den Rückzug des Staates aus seinen Fürsorgepflichten, in gewisser Weise auch von seiner »Aufsicht«: Selbstorganisationen von Nachbarschaften, Produktivkräften oder kulturellen Konsumenten, die direkt auf ihre soziale, architektonische oder natürliche Umwelt reagieren, wie sie James C. Scott[12] in seiner Anarchismus-Apologie beschreibt. Jene Freiräume, die neue (»kreative«) Energien erzeugen, zugleich aber ganz vehement die neuen Kapitalisten anziehen, widerspiegeln die Indifferenz von Ökonomie, Kultur und Politik und setzen sie in den Alltag fort. Der Neoliberalismus erzeugt seinen Anarchismus.

Und auch bei uns hier unten, in Arbeit, Pop und Alltag, breiten sich Zonen entsprechender Indifferenz aus: So wenig man zwischen Freizeit und Arbeit mehr recht unterscheiden kann, so wenig kann man es zwischen Konsum und Kultur, Lebensstil und Medientraum, Schlagermusik und politischer Meinung. Gewiss haben bestimmte Marken lange sehr viel mehr bedeutet, als nur ein Produkt zu bezeichnen; sie verbanden wie, sagen wir, Coca-Cola, Puma oder Rolex, Status, Einstellung, Identität und schließlich auch Politik. Und dass eine Marke eine ganze Lebenswelt ausbildet, das wissen wir unter anderem vom Disney-Konzern, der die Welt nicht nur mit Entertainment, Zeichen und Waren versorgt, sondern auch mit, schlicht gesagt: Bedeutung.

Erfolg hat auf dem Markt der Waren und Dienstleistungen jenseits der Finanzströme, also dort, wo es noch um uns, die lebenden Menschen, geht, wer solche Lebenswelten aus Zeichen und Verknüpfungen errichten kann, eine Indifferenzzone zwischen Alltag, Kultur, Politik, Religion, Arbeit und Mode. Dabei geht es um mehr als nur um die Assoziation eines Lifestyles, und es geht um mehr als um das Besetzen von Marktsegmenten. Ein Produkt, das zugleich Zeichen und Geste ist, eine elektronische Design-Linie wie bei Apple oder ein »Energy Drink« wie bei Red Bull, wird zum Zentrum von Lebenswelten, die durch eben diese Indifferenz gekennzeichnet sind. Die Marke erfüllt meine Wünsche und erzeugt meine Identität. Dafür zahle ich gern ein bisschen mehr.

Die erste Arbeitsphase eines Konzerns zur Herstellung einer eigenen Indifferenzzone – nach der Akkumulation von genügend Kapital für solche Unternehmungen – besteht in der Verbreitung des Markenzeichens als Symbol für einen Lebensstil. Red Bull soll für einen hyperaktiven, sport- und technikaffinen, fundamental postpolitischen und subjektiven Lebensstil stehen, der darauf ausgerichtet ist, Erfolg und Spektakel per se zum Ziel zu machen. Gleichgültig, ob es sich um Musik, Mode, Sport oder Medienevent handelt: Es geht darum, die Arena, in der man gewinnen soll, gleichsam selbst zu definieren. »Red Bull« heißt, das Leben als endlose Party mit endlosen Superwettbewerben in einem endlosen Freizeitleistungspark zu verstehen.

Hat die Marke eine solche Botschaft etabliert, folgt die zweite Phase, in der das eigentliche Produkt – die aus dem asiatischen Raum importierte Brause – der geringste Kostenfaktor ist. Unnütz zu sagen, dass es hier eine absurde Gewinnspanne gibt: Von den Verkaufseinnahmen decken 30 Prozent die Herstellungskosten ab, 70 Prozent sind Gewinn. So etwas gelingt sonst nur hoch angesagten Modemarken, die allerdings im Gegensatz zu Red Bull – das seit gut 30 Jahren nur wenige Bilanz-Rückschläge verzeichnen musste – so rasch an Wert verlieren, wie sie hochgehypt werden. Stattdessen wird die eigentliche Produktion in gewisser Weise »outgesourct« (dieses Abfüllgeschäft ist nun reine Routine), und die Konzern-Energie wird in Marketing, Sponsoring und Image-Kampagnen gesteckt. Bei Red Bull geht das einen entscheidenden Schritt weiter: Aus dem, was ursprünglich Marketing, Merchandising, Franchise, also vieles zwischen Werbung und Verwertung war, wird das eigentliche Geschäftsmodell.

Red Bull besetzt nach und nach Nischen-, Trend- und Massensportarten; vom Papierfliegerwettbewerb zur Spitzen-Fußballmannschaft; man unterhält eine eigene »Musik-Akademie« und ein eigenes Plattenlabel, eine eigene Zeitschrift und einen eigenen Verlag – mit dem gleichermaßen alles und nichts sagenden Namen »ecowin«. (Unter anderem erscheint hier der Memoirenband von Hannes Androsch – *Niemals aufgeben* –, dem emblematischen österreichischen Unternehmer-Politiker, der heute unter anderem als Aufsichtsratsvorsitzender von *bwin.party digital entertainment* agiert, einem Anbieter von Sportwetten und Online-Spielen.) Seit 2012 ist Red Bull mit 50 Prozent an UBIMET, dem größten privaten Wetterdienst des Landes, beteiligt, dessen Emanationen wiederum prominenten Platz in den Medien des Red-Bull-Konzerns finden. Man hat Fernsehsender, einen Mobilfunkanbieter; zu den vielen Veranstaltungsreihen gehören der Red Bull Flugtag oder das Red Bull Soap Box Race. Der Unterschied zu einer Marke wie Coca-Cola, die sozusagen überall »dabei« sein will, wo Events hip und successful werden, einschließlich des einigermaßen sicher wiederkehrenden Weihnachtsfestes, liegt darin, dass Red Bull nicht nur dabei ist. Das Event *gehört* Red Bull. Und darin steckt die Hoffnung, die Bedrohung, die fatale Dynamik, wie man es nimmt: Red Bull gehört immer mehr von unserer schönen, indifferenten Welt.

Übrigens wird die Aggressivität solcher Übernahme nie verborgen. Denn zum Geschäftsmodell des Kultur-Sport-Event-Produktunternehmens gehören offensichtlich drei weitere Eigenschaften:

- Es braucht eine charismatische Mittelpunktfigur. Die mag messianische Züge aufweisen wie Steve Jobs, kann als mysteriöses Familiendrama wie bei Brüdern (Aldi Nord und Aldi Süd, Puma und Adidas) inszeniert sein oder, wie beim Red-Bull-Gründer, dem Österreicher Dietrich Mateschitz, in einer populistisch-brutalgemütlichen Variante. Die Indifferenzunternehmen haben zugleich Züge des anonymen Superkonzerns und des dramatischen Familienunternehmens. Sie werden autokratisch, in aller Regel anti-gewerkschaftlich und möglichst clever vernetzt geführt.

- Diese Unternehmen, das macht einen Teil ihrer Macht aus, werden in der Öffentlichkeit als »Ausnahmen« wahrgenommen. Die charismatische Mittelpunktfigur und die Ausweitung der Indifferenzzone in die verschiedensten Lebensbereiche erlauben es ihnen, sich gewisser Spielregeln des demokratischen Kapitalismus zu entledigen.
- Ein drittes Element scheint in einem magischen Ort zu bestehen, der mehr ist als ein großer Showroom: Natürlich ist Disneyland das unerreichbare Vorbild; aber auch die Zentrale von Red Bull in Fuschl am See als »Redbull Headquarter« ist ein futuristischer Erlebnispark, wo in durchaus tempelhaften Gebäuden die Mitarbeiter beim »Onboarding« auf die Linie des Hauses eingeschworen werden. Firmen, die auch Züge einer Sekte tragen, haben mittlerweile ebenfalls ihre Geschichte.

»Redbullisierung« wird seit geraumer Zeit von einem konservativen wie kritischen Segment in der Kultur, im Sport und im Pop als Bedrohung für »alte Werte« (gegen diese Form der offenen Kommerzialisierung wandten sich etwa in Hamburg im September 2016 die Fans des HSV mit einem Protestmarsch gegen den Red-Bull-Verein Leipzig), aber auch als ein Prinzip der Unabhängigkeit angesehen. Aber eben diese Fähigkeit, immer weitere Bereiche des Lebens zu übernehmen, Nachrichten wie die, dass 800 Spitzensportler Red Bull »gehören«, beflügeln die wahren Adepten nicht minder als zeitweilige Verbote von *Red Bull Cola* wegen nachgewiesener Kokainspuren. Eine Abfolge von Gewöhnung und Skandalisierung soll das Prinzip von Boom und Krise ablösen. Während in den Jahren um 2009 schon geargwöhnt wurde, dieses Prinzip der nicht immer freundlichen Übernahme von Sport- und Freizeitsegmenten könne schließlich an seine Grenzen stoßen, konnte das Unternehmen für das Jahr 2020 wieder einen Umsatzzuwachs von 4 Prozent vermelden.

Natürlich setzte auch Red Bull, um diese Wurzel nicht zu verlieren, auf den Charity-Effekt. »Red Bull trinken und Gutes tun«, stand auf einem Container in München im Sommer des Jahres 2016, inmitten eines Kunst-Projektes im angesagten Gärtnerplatzviertel, das von dem Unternehmen gesponsert wurde. Auch hier ging es um eine radikal entpolitisierte Form von Pop/Kunst-Crossover, von Streetart, Fashion und Performance, Video-Installationen und Graffiti: Nirgendwo kann

Durchaus tempelartig: Die Red Bull Headquarters in Fuschl am See, Österreich

man den Ausverkauf von Künstlern und Kunst so im Detail studieren. Es gibt kein Kunstwerk mehr, das nicht zugleich auf die Marke Red Bull und auf den Lebensstil des ewigen Trendshoppens und Galeriehoppens weist. Dass das »Event« zugleich unter dem Motto »Dein Viertel« läuft, ist doppelt zynisch. Es ist das Pendant zur Sperrung von römischen Stadtvierteln für die Ferrari-Party, die Besetzung von Lebensbereichen und urbanen Verknüpfungen durch die Marke. Die Marke, die nun eben nicht mehr als Attraktor allein wirkt, sondern auch als militante Ausschließung.

Kultursportkonsummode-Indifferenzunternehmen werden in absehbarer Zeit das Geschehen auf dem Freizeit- und Sinnmarkt beherrschen. Sie sind letztlich immer auch Metaphern der Auflösung von Politik in Ökonomie. Sie sind populistisch, insofern sie ihre Kunden stets zu Mitproduzenten, zu Prosumern machen, und sie sind anti-demokratisch, insofern sie Organisation und Transparenz für ihre »Mitarbeiter« verweigern. Schließlich erzeugen sie Konsum als Ideologie und Ideologie als Konsum. Getrunken wird Red Bull aber auch immer noch. Genauer gesagt: Knapp 8 Milliarden Dosen im Jahr 2020.

Dass Marken nicht mehr an den öffentlichen Räumen und den Transitzonen teilhaben, sondern sie ganz und gar buchstäblich besitzen, dass sie sich an Events nicht mehr beteiligen, sondern sie selbst anbieten, das ist nicht auf Disney und Red Bull beschränkt. Besonders in Italien geschah in den Joint Ventures ein veritabler Ausverkauf der kulturellen Monumente. Die Firmen beteiligen sich auf eine Weise an den Restaurationsarbeiten, die ihnen die Verfügung sichert und die restaurierten Baudenkmäler nicht selten in ihre Verkaufskulissen verwandelt. Wie der Fall der Schuhfabrik Tod's zeigt, die sich über die scheinbar harmlose Organisation der *Amici del Colosseo* in den Restaurationsprozess einkaufte und damit die Nutzungsrechte am Kolosseum über Jahre hinaus sicherte. Wie der Rechnungshof schließlich feststellte, wären diese Rechte, auf normale Weise gewährt, erheblich teurer geworden. An den meisten Restaurationsarbeiten in Rom sind Firmen wie Bulgari (die Spanische Treppe), das Modehaus Fendi (Fontana di Trevi) oder, in Venedig, die Firma OTB mit der erfolgreichen Jeans-Marke *Diesel* (Ponte die Rialto in Venedig) beteiligt. Zeitweise Besetzungen von Innen- und Altstädten (zu günstigen Preisen) betrieb Nutella (Neapel). Als Ferrari 2013 auf der Ponte Vecchio ein gewaltiges Galadiner für Geschäftsfreunde, potente Kunden und politische Freunde gab, ließ der Bürgermeister der Stadt Florenz bereitwillig Straßenzüge für den allgemeinen Publikumsverkehr sperren. Sein Name war Matteo Renzi. Es ist in gewisser Weise die Geschichte, es ist aber auch die Lebenswelt der Anwohner, die auf diese Weise »privatisiert« wird. So verschmelzen, wie Thomas Steinfeld schreibt, zwei Dinge, »die bis vor einigen Jahren noch gegensätzliche Bestimmungen zu haben schienen (wenngleich sie ungefähr gleichzeitig entstanden): die Vitrinen der Kunst- und Kulturgeschichte und die Schaufenster der Markenkultur.«[13]

Aber ähnliche Erlebnisse der Besetzung werden auch in Deutschland verzeichnet: In Heidelberg feierte der Milliardär Wolfgang Marguerre, Gründer der Firma Octapharma und in der Stadt als »Mäzen« beliebt, 2016 drei Tage seinen 75. Geburtstag im Schlossgarten; dieser wurde zu diesem Anlass für die Allgemeinheit, die hier einen Anlaufpunkt für Freizeit und Familien findet, gesperrt. Immerhin kam es zu Demonstrationen gegen diese weitere performative Besetzung des öffentlichen Raums durch die Oligarchie. (Am Abend vor der großen Feier war übrigens auch das Theater der Stadt zugunsten Herrn Marguerres und seiner Gäste für den Rest des Bürgertums gesperrt.)

Die Besetzung des öffentlichen Raums durch die Marke hat natürlich mehrere Aspekte. Zum einen sind es dezidiert italienische Marken, die diesen Beutezug durch die historischen Baudenkmäler vollziehen, solche, die sich in gewisser Weise selbst in die Kunst- und Kulturgeschichte des Landes stellen. Die Inbesitznahme durch McDonald's wäre sicher nicht so akzeptiert worden. Es wird also eine doppelte Unterwerfung zelebriert: die des Raums und der Geschichte unter die Marke, aber zugleich auch die Unterwerfung der Marke unter die nationale Identität. Zum anderen wird ein Glamour produziert, der in den Medien auch wieder »popularisiert« wird. Es fällt ja doch immer etwas vom Glanz ab. Zum dritten aber ist diese rücksichtslose Darstellung der Macht der ökonomisch-politisch-kulturellen Indifferenz das Pendant schierer Gewalt.

Anmerkungen

1 Vgl. César Rendueles: Soziophobie. Berlin 2015, S. 16ff.

2 Rosa Luxemburg: Die Akkumulation des Kapitals. Ein Beitrag zur ökonomischen Erklärung des Imperialismus. In: R.L.: Gesammelte Werke. Berlin 1981, Bd. 5.

3 Justus Haucap: Der Ökonom als Freak-Forscher. In: Frankfurter Allgemeine Zeitung, 25.7.2016, S. 16.

4 www.spiegel.de/wirtschaft/oekonomie-in-der-krise-die-revolution-scheitert-an-den-jungen-a-1110650.html [25.10.2019].

5 Vgl. Naomi Penna: Boom di tatuaggi in Europa, ma attenti alle infezioni. In: La Stampa, 24.8.2016, S. 29.

6 Wir haben dies in unserem Buch *Geld frisst Kunst – Kunst frisst Geld* einer längeren Untersuchung unterzogen. Berlin 2014.

7 Rendueles 2015, a.a.O., S. 23.

8 Zitiert nach Christoph Hickmann: PR-Kanone. In: Süddeutsche Zeitung, 24./25.5.2015, Wochenende, S. 1.

9 Zitiert nach Mark Siemons: Das Verschwinden der Gegenwelt. In: Frankfurter Allgemeine Sonntagszeitung, 10.7.2016, S. 27.

10 Thomas Urban: »Es gibt mehr Geld als fußballerisches Talent auf Erden«. Interview mit Jorge Valdano. In: Süddeutsche Zeitung, 17.8.2018, S. 22.

11 Vgl. Ueli Bernays: The Winner Takes It All. In: Neue Zürcher Zeitung, 17.9.2016, S. 28.

12 James C. Scott: Applaus dem Anarchismus. Wuppertal 2014.

13 Thomas Steinfeld: Italien ist ein Kaufhaus. In: Süddeutsche Zeitung, 12.8.2016, S. 9.

Die Fransen der Parabel: Totarbeiten als Volkssport

»*Menschen, die viel arbeiten, faszinieren mich.*«

Barbara Schöneberger

»*Ein Schuh für die, die arbeiten.*«

Charles H. Beckman zu seiner Kreation *Red Wing*

Das Karōshi-Syndrom, oder die Ersetzung der Arbeit durch Performance

»A Cowboy's work is never done«, so sang einst, klagend und stolz, einer, der es wissen sollte. Jene Arbeit, die Natur in Besitz verwandelt, kann nie erledigt sein, nicht einmal, was die Ordnung eines Tages anbelangt; sie erledigt nur jenen, den einen früher, den anderen später, der sie verrichtet. Aber was dem Cowboy dabei half, mit der Sisyphos-Situation umzugehen bei kärgstem Lohn, das war der Mythos. Es war uns daher ein leichtes, uns den Cowboy als glücklichen Menschen vorzustellen.

Der Legende nach war Arbeit ursprünglich – wir wissen nicht mehr genau, wann das war, dazu reicht unser kulturelles Gedächtnis nicht aus – eine vornehmlich glückliche Angelegenheit. Anstrengung und Belohnung, Empfindung und Erfahrung, die glückliche Beziehung zwischen dem Ich und der Welt (zugegeben: immer in Beziehung mit der unglücklichen, dem Töten). Dann, so geht die Legende weiter, wurde sie entfremdet, Arbeit wurde Zwang und Pflicht, dann kamen Ausbeutung und Betrug. Man sieht kaum noch etwas von der Welt und ihrer suggestiven Lust, wenn man im Schweiße seines Angesichts arbeitet. Und von sich selber hat man nichts mehr.

Warum arbeiteten die Menschen dann aber weiter, mit einem Feuereifer, der jedem Außenstehenden nur als vollkommen wahnsinnige Zerstörung und Selbstzerstörung erscheinen kann? Ach, es gibt zu viele Gründe dafür, um sie alle aufzuzählen und noch dazu in eine verständliche Beziehung zueinander zu bringen. Hoffnung und Religion spielten dabei ebenso eine Rolle wie Angst und Verzweiflung. Das Christentum hat sich Arbeit als Strafe ausgedacht und sie zugleich süchtig angenommen. Von Gier und Dummheit wollen wir gar nicht reden. Es schien einfach nichts weiter übrig zu bleiben, nachdem man nun mal aus dem Paradies vertrieben worden war, und so ist es kein Wunder, dass man schließlich das Menschsein durch die Arbeit erklärte und nicht etwa die Arbeit durch das Menschsein. Daher arbeiteten die Kirchen im Kapitalismus, die eine mehr, die andere weniger, daran, sowohl der Arbeit als auch ihrer Ausbeutung einen perversen religiösen Rang zu geben: Erfahrung und »Belohnung« wurden (wenn auch ungleich) zwischen dem Irdischen und dem Himmlischen verteilt. Wer sich zu Tode arbeitet, der arbeitet sich doch ins Himmelreich, und deswegen kann auch, wer andere für sich zu Tode arbeiten lässt, nicht wirklich schlecht sein. Wie in allem Religiösen müssen übrigens die Rede und die Tat nicht kongruent sein: So wurde Arbeit Ideologie. (Nicht der Arbeitende ist die Autorität, sondern der, der am meisten von ihr redet.) Und dann kehrt man dies alles noch einmal um: Nur die Arbeit ist das Leben, und wer nicht arbeitet (und nicht für sich arbeiten lässt), der ist nicht nur verdorben, sondern schon so gut wie tot. So lebten wir nicht etwa durch die Würde der Arbeit, sondern durch die Entwürdigung von allem, was Nicht-Arbeit ist, und noch das schlechteste Arbeiten (das elendste wie das kriminellste) war besser als ein noch so gutes Nicht-Arbeiten.

Aber was die Arbeit, selbst unter den Bedingungen einer Sklavenhalter-Gesellschaft, selbst unter denen der Leibeigenschaft und denen des Manchester-Kapitalismus, immer noch »erträglich« machen konnte (keinesfalls in jeder Praxis, keinesfalls als Regel, aber eben doch immer nahe genug, um nicht einfach tot umzufallen), das waren drei fundamentale Dinge: Da ist zunächst die absurde Lust, in der Arbeit den eigenen Körper zu spüren, so oder so (und hat nicht der Fabrikherr diesen neidischen Blick, halb Begehren, halb Melancholie, auf die Körper seiner Fabrikarbeiter?). Da ist das buchstäbliche Erarbeiten der Gemeinschaft (auch hier spüren wir den Blick des Fabrikherrn, der angesichts »seiner« Arbeit die eigene Einsamkeit so sehr spürt, dass er den Arbeitern noch das Gespräch verbieten muss, so wie er ihnen das Brot wegnehmen will, weil er argwöhnt, es möge ihnen besser schmecken als ihm der Kaviar). Der Fabrikherr, so sagt das finstere Märchen des Kapitalismus, das wir noch heute gerne hören, und nicht nur zur Weihnachtszeit, ist so böse und sadistisch, weil er in Wahrheit der Ausgestoßene, das unglücklichste aller Opfer des Kapitals ist. So darf er nicht teilhaben am Mythos der Arbeit; das wissen wir genau in jedem Western, dass derjenige Rancher böse ist und das Verderben erwartet, der nicht mit seinen Cowboys reitet.

Und zu diesen beiden Aspekten, in denen man jede Arbeit beschreiben kann, der Arbeit am »Material« (um dieses zu einem Ding zu machen, das jenseits der Fabrik die Ware ist, einem »Erfolg« also, auch wenn sich jemand anders die Belohnung dafür nimmt) und der Arbeit für den Fabrikherren (oder was an dessen Stelle treten mag; selbst eine Fabrik, die einem selber gehört, bedeutet keineswegs eine nicht-entfremdete Arbeit) tritt schließlich, als dritter Aspekt, der sie »erträglich« macht, die Arbeit am Mythos (einerseits die magische Biografie, das Erzählbare eines Lebens durch die Arbeit – die richtige Antwort auf die Frage: Wer bist du? –, andrerseits die Metaphysik, in der sich Gefährdung in Abenteuer und Elend in Stolz verwandelt). Die Kunst des Arbeitslebens im Kapitalismus besteht darin, diese drei Aspekte miteinander zu verbinden zu einer zugleich sehr allgemeinen und sehr individuellen Erzählung. Die Arbeit beginnt zu einem großen Problem zu werden, wenn man, aus diesem oder jenem Grund, nichts mehr von ihr erzählen kann. (Der Cowboy bekommt das Mädchen, weil er was zu erzählen hat.) Die Arbeit produziert ihr Bild, und in ihrem Bild erhält sie ästhetische Legitimation.

Eine vierte, tückische Form, die Arbeit akzeptabel zu machen (auch und gerade dort, wo wir sie nicht als Lust, sondern nur als Pflicht begreifen), ist das »Fortkommen«. Wer arbeitet, meint man da, hat ein Auskommen, und wer mehr arbeitet, auch ein Fortkommen. So wird Arbeit selber zur Investition. Man setzt sie ein mit einem Risiko (anders als der Beamte, der seine Beförderung den Jahren verdankt, in denen er im Dienste seines Staates untätig war), neben anderen Risiken (wie auf die richtige Fraktion in der Riege der Fabrikherren zu setzen, sich mit den richtigen »Kollegen« zu verbünden, mit »Betriebsgeheimnissen« umzugehen oder sexuelle Dienstleistungen anzubieten): Arbeit als Einsatz, bei dem ein Karrieresprung herauskommen kann. Damit tritt neben das Verbrauchen durch Arbeit das Scheitern in ihr; die eingesetzte Arbeit, die nicht zu dem erhofften Gewinn führt, ist ebenso vernichtet wie das Kapital, das keinen Profit bei einer Spekulation abgeworfen hat. (Und hier wie dort kann der Staat den Schaden nur auf die Allgemeinheit abwälzen.)

Der Anteil der Spekulation an der Arbeit wächst also, und hier und dort, wie man so sagt, »ins Unermessliche«. Nicht Lohn, sondern nur Profit, allermindestens in der Form des individuellen Lohnzuwachses kann das Ziel sein. Während die einen, eine stets wachsende Gruppe, Spekulation als Arbeit betreiben, begreifen die anderen Arbeit als Spekulation. Und beide Male wird einem recht schnell klar, dass die Aussichten auf Erfolg eher limitiert sind, wenn man sich allzu zimperlich an die Regeln hält. So gerät man, hier wie dort, in eine moralische Zwickmühle: Es ist nicht die Frage, *ob* man sich unmoralisch verhält, sondern nur, wem gegenüber. (Dient man moralisch dem unmoralischen System, oder nutzt man es unmoralisch aus? Und welches System im System im System ist das unmoralischste? Ach, es sind ja keine »Unmenschen«, die das Ganze am Laufen halten, nun ja, ein paar sind aber schon ziemlich nahe dran. Die sympathischsten Gestalten in der Welt des Finanzkapitalismus sind, jedenfalls was unsere populäre Mythologie anbelangt, die Betrüger, genauer: die Betrüger der Betrüger.) Arbeit als Spekulation und Spekulation als Arbeit ähneln einander darin, dass ein Großteil der Energie dazu eingesetzt werden muss, die Codes der Maskierungen und Offenbarungen zu kontrollieren (»die Fäden in der Hand zu behalten«) und die Schuld zu bearbeiten, die man dabei auf sich laden muss.

In der Spekulationsarbeit ist Arbeit eine Waffe. Wenn es mir zum Beispiel gelingt, dem Konkurrenten möglichst viel tote Arbeit zuzuschieben, die obendrein so kontrollierbar ist, dass sie hierarchisch bemerkt wird, habe ich schon gewonnen. In einer Unternehmung kursieren nicht nur deswegen so viel Berichte, Statistiken, Prognosen und Protokolle, weil man damit ein ungefähr rationales Mittel der Selbstvergewisserung erzeugt, sondern vor allem, weil man mit der Erzeugung solch größtenteils unsinniger Textmengen Kolleginnen und Kollegen ausschalten, womöglich gar »vernichten« kann. Während »reine« physische Ausbeutung (zum Beispiel der Putzfrau oder Kassiererin, die man einfach immer mehr und immer schneller zu arbeiten zwingen kann, damit sie für den »Arbeitgeber« Profit erwirtschaften) zur Erschöpfung führt (und diese zum »Ausscheiden«, tot oder lebendig, was kümmert das?), führen in der Spekulationsarbeit, wie sie eher in der Mittelschicht praktiziert wird, erzwungene Fehlinvestitionen, die Empfindung der Gleichzeitigkeit von Anstrengung und Sinnlosigkeit zur Katastrophe. Der angemessene Ausstieg auf dieser Etage ist daher nicht einfach Krankwerden und Sterben, sondern vielmehr Selbstmord, Herzinfarkt, Depression, gelegentlich ist auch ein Amoklauf (ein erweiterter Selbstmord, oder umgekehrt eine Mordtat mit der Selbsttötung als dramaturgischem Finale) zu erwägen. Erst ganz oben gibt es den Luxusausstieg, ein bisschen religiöse Läuterung hier, eine Kunstsammlung dort, am besten, man lässt sich überdies eine gefällige Biografie schreiben.

Zu diesen dramatischen Symptomen eines kranken Systems führt nicht nur Karrierestress (eben die Angst und die Erfahrung, das eigene Kapital, den Körper, die Arbeit und soziale – bzw. sexuelle – Performance »falsch eingesetzt« zu haben), sondern auch der durchaus radikale Abbau der drei genannten Lust-Komponenten, die noch der entfremdeten und ausgebeuteten Arbeit innewohnten, nämlich individuelle Erfahrung von Erschöpfung und Belohnung, soziale Kommunikation und – der Mythos. Es liegt auf der Hand, dass, wo Arbeit wie eingesetztes Kapital behandelt wird, alle Natur, aber eben auch alle Geschichte daraus vertrieben wird. Wie im späten Finanzkapitalismus, so kann man auch in der ihn karikierenden Spekulationsarbeit beinahe so viel durch das Wetten auf den Verlust wie auf den Gewinn erzielen; so ist ein Großteil der Arbeit in der Mittelschicht eher einem Vernichten von Arbeit ähnlich, oder genauer der Ersetzung der Arbeit durch Performance (wie human war dagegen ein guter, alter »Sesselfurzer«, der zufrieden war, wenn man ihm schmeichelte). So liegt es auf der Hand, dass die Performance Arbeit (die Erledigung von Aufgaben plus die Darstellung der Erledigung dieser Aufgabe plus die Erzeugung des richtigen Publikums für die Darstellung der Erledigung dieser Aufgabe plus die Beitreibung des Preises für all das) nur »mit einem Schlag« beendet werden kann, mit dem Paukenschlag der Beförderung (dem Aufstieg in die Bonusklasse, das ist der Traum!) oder mit dem Schlaganfall des Scheiterns.

Als Karōshi (Tod durch Überarbeiten) bezeichnet man in Japan »einen plötzlichen berufsbezogenen Tod«. Todesursache ist meist ein durch Stress ausgelöster Herzinfarkt oder Schlaganfall, Selbstmord und Depression sind dazu Seitenprojekte. Man könnte wohl sagen, es handele sich um eine Mischung aus Nicht-mehr-können und Nicht-mehr-wollen. Etwa 40 japanische Kliniken haben sich mittlerweile auf Karōshi-gefährdete Fälle spezialisiert, zweifellos werden dort medizinische Karrieren gefahren, die selber höchst Karōshi-gefährdet sind. Die Krise eines Teilsystems führt zum Boom eines anderen Teilsystems, dessen Krise … Die soziale Praxis (und das wiederholt sich hierzulande, wenn auch nicht mit solch dankenswerter Offenheit) läuft keineswegs auf die Verhinderung von Karōshi-Karrieren, sondern im Gegenteil auf das Management der Normalisierung hinaus. Jeder arbeitende Mensch, der im mittleren Segment angelangt ist, muss mit dem Karōshi-Syndrom umgehen lernen, inklusive Früherkennung, Prophylaxe, Reha und all den Scheiß. (Wahrscheinlich ist ein »leitender Angestellter«, der nicht Karōshi-gefährdet ist, entweder die größte Drecksau von allen, oder er ist die Boni-Zahlungen nicht wert.)

In Japan, das weit weg ist, können wir den Zusammenbruch eines Mythos von Arbeit (einer Erzählung, die Sinn ergibt) genussreich als etwas Exotisches verfolgen. Hoho, da kam man vom Sichersten der lebenslangen Fabrikidentitäten ins Freistellungs- und Wiedereinstiegs-Chaos. Dass aber mit dem Verhältnis von Arbeit und Kapital auch bei uns etwas definitiv nicht stimmt, haben wir in unseren Medien in drei Erzählungen erfahren, was die Arbeitsseite anbelangt (die »Heuschrecken«-Erzählungen von oben, Geschichten von den missratenen Söhnen der gütigen Fabrikherrn und die »Sozialschmarotzer«-Geschichten von unten, einschließlich jener von den durchzufütternden Erzeugern von »Kopftuchmädchen« sind dazu komplementär). Da sind zum Ersten die Fälle, in denen Bagatellen wie Flaschenrückgabebons, Maultaschen und Teewurst zu Kündigungsgründen werden. Die entsprechenden Urteilssprüche machen uns nur allzu klar: Entweder haben wir ein nach wie vor furchtbares Gesetz, was die Verhältnisse von Fabrikherr und Arbeiter angeht, oder aber wir haben ein durchaus symptomatisches Auftreten von furchtbaren Juristen, die es auslegen. (Und das Furchtbarste daran ist, dass diese symbolische Politik gegen Menschen, die weiß der Himmel ausgebeutet genug sind, auch noch mit einem Begriff wie »Vertrauen« geführt wird.) Da sind zum Zweiten die sich häufenden Selbstmorde bei dem französischen Kommunikationsgiganten, die immerhin zu einem politischen Aufbegehren führen. Sowohl die verzweifelt-zornigen Texte der Abschiedsbriefe als auch solches Aufbegehren scheinen uns wie ein Widerschein verlorener Emotionalität. Auf die Farce folgt das Melodrama. Und da ist zum Dritten, nur auf den ersten Blick eher ein wenig atypisch, der Selbstmord des deutschen Torhüters. Das nun kann, nach Farce und Melodrama, nur eine Tragödie sein. Es sind drei Erzählungen über das fundamentale Scheitern an der Arbeit. Ganz unten, ziemlich in der Mitte und einigermaßen weit oben (jedenfalls was die öffentliche Wahrnehmung anbelangt).

Unten werden also nicht nur die kleinen Überlebenskünste unter Strafe gestellt, es werden vor allem die sozialen Beziehungen untereinander vergiftet: Jeder »Mitarbeiter« bei einem Unternehmen der Lidl-Klasse soll ein IM der möglichst allmächtigen Konzernleitung werden. Was im entleerten öffentlichen Raum Überwachungskameras und Fernsehen übernehmen, das sollen im Inneren der Konsummaschinen Denunziation, Bespitzelung, Missgunst erreichen. Nein, natürlich geht es nicht um Flaschenpfand oder Wurstreste, es geht auch nicht »um's Prinzip«, es geht um das Schauspiel. Die Menschen in ihrer Arbeit körperlich, sozial und seelisch krank zu machen wird Teil des Systems, das um so perfekter funktioniert, je mehr es durch *hire and fire* jegliche Form der Organisation der Arbeitenden unterbindet. Die merkwürdige Häufung dieser Bagatellkündigungen ist keine Entgleisung, sondern Teil symbolischer Politik: Arbeit ist totale Unterwerfung, Arbeit »da unten« ist nicht Teil des Diskurses der Produktivität, sondern sie ist Teil des Diskurses der Macht (und schon damit ist Arbeit hier Teil des Todes). Und unsere populistischen Medien verstärken diese offene soziale Todesdrohung von oben wieder einmal heuchlerisch als erschütterndes Sozialmärchen. (Eine sich mit »Caritas« – Nächstenliebe – betitelnde Unternehmung lenkt sogar wirklich ein. Bald ist Weihnachten. Schnüff.)

Der Neoliberalismus hat kein Interesse mehr an jener *corporate identity*, die die Mitarbeiter einer Firma zu einer »großen Familie« machte, die, sagen wir, einem »Opelaner« eine Portion Stolz gab und in der man sich Arbeitskraft, wo sie im Überschuss vorhanden war, auch gegenseitig zum Geschenk machen konnte. Wo man »sich kümmerte«. Nachdem sich längst der Schwerpunkt von der Produktion auf den Verkauf verlagert hat, liegt er nun auf der Spekulation. Wenn ein Unternehmen Arbeiter entlässt, steigen seine Aktien. Daher wird es unsinnig, Arbeit an ein Unternehmen zu binden, im Gegenteil, der einzig gute Arbeiter ist ein entlassener Arbeiter. Wenn also nun, vor den Fernsehkameras, Arbeiter »für den Erhalt ihrer Arbeitsplätze auf die Straße gehen«, dann entlockt uns das so viel Mitleid wie der Eisbär, der immer weniger Eis zum Rumlaufen hat, und dann schalten wir um. Bevor wir bemerken, dass es eine Solidarität in der Arbeit so gut wie nicht mehr gibt. Mein Arbeitsplatz existiert immer nur durch die Vernichtung eines anderen Arbeitsplatzes, so einfach ist das. Einerseits weil beinahe jedermann sein eigener Kapitalist geworden zu sein scheint (noch meine verriesterte Rente steigt um ein paar Cent mit den Lebenskatastrophen anderer Leute), andrerseits weil Arbeit keine Erzählungen mehr generiert. Der Mensch, der seine Arbeit verliert, verliert nicht nur seinen sozialen Ort, er bemerkt, auch hier: »mit einem Schlag«, wie einsam er ist (und, fatalerweise, wie sehr er diese Einsamkeit mitproduziert hat in seiner Arbeit), und wie uninteressant.

Im Gegensatz zum Cowboy wissen wir über unsere Arbeit kein Lied mehr zu singen (und *Hey Boss, ich brauch mehr Geld* war höchstens eine Hymne der Verkennung). Bis in die Mitte hinein ist durch Arbeit weder Mythos noch Sinn zu produzieren, daher muss beides außerhalb gesucht werden und wird in aller Regel ausgerechnet im Medium gefunden. (Hierzulande ist übrigens klar, dass ein Arbeitsloser nicht einmal zum Angeln gehen kann, aus wirtschaftlichen und sozialen Gründen.) Dort wiederum kommt die Arbeit als das Entfremdetste zurück. In *Gute Zeiten, schlechte Zeiten*, im *Tatort* oder in *Bauer sucht Frau* lernen wir Arbeit nur als Katastrophe kennen. Wenigstens wird der mörderische Anteil hier nicht verschwiegen. Ansonsten suchen wir verzweifelt und geil den Sinn des Lebens, der in der Arbeit verloren ging, egal ob man noch eine hat oder nicht, ausgerechnet in der voyeuristisch verschärften Intimität. (Als Arbeitsloser kannst du zwar nicht angeln gehen, aber ins Fernsehen kannst du durchaus kommen.) Und schließlich wird, da es den Mythos der Arbeit nicht mehr gibt, das Scheitern an ihr zum neuen Mythos. Karōshi ist die Arbeitserzählung des Neoliberalismus, und wenn »unser« Torwart unter der Last der Arbeit, der Karriere, der Performance und der Erwartungen zusammenbricht (und seinen Selbstmord auch nur gerade so erweitert, dass er die seelische Grausamkeit gegenüber einem Lokomotivführer in Kauf nimmt), dann nimmt die kollektive Trauer wohl auch deswegen Lady-Di-Ausmaße an, weil man da endlich um seine eigene Ungetröstetheit trauern kann. Von Zeit zu Zeit benötigen wir einen Meta-Karōshi, um weiterzumachen. Man wird scheitern an der Arbeit, wenn man zu viel davon hat, ebenso, wenn man zu wenig davon hat. Und wenn man gerade genug davon haben könnte, bringt man es zu nichts. Weil das aber, wie sagt man, alternativlos ist, müssen gelegentlich Entladungen her.

War vordem schon Arbeit ein Spekulationsinstrument, so wird sie nun also auch zum extremen Einsatz: Alles oder nichts. Karriere oder Tod. (Und das nicht nur da oben, wo es ja schon immer furchtbar zuging.) Das Wesentliche also ist der Aspekt einer »gefühlten Freiwilligkeit«, welche den Karōshi vom schon wieder konventionellen Burn-out unterscheidet: Burn-out ist etwas für Sozialarbeiter, Krankenpflegerinnen, Zahnärzte, Lehrerinnen, Beamte, Burn-out gehört zur alten Mittelschicht. Eine Erschöpfung, und sei's die Erschöpfung zum Tode, im Dienste einer Sache. Moralisch einwandfrei (wenn's echt ist), aber eher was für Weicheier. Karōshi dagegen ist ein sichtbares Opfer. Ein starker Abgang. Neoliberaler Extremsport; ohne Netz, höchstens mit ein bisschen weißem Pulver, immer am Karōshi-Grat entlang! Karōshi kann man nicht simulieren.

Die Selbstauslöschung durch Arbeit, im Gegensatz zu der durch Arbeitsentzug, hat zwei Aspekte. Zum einen geht es um die schiere Anstrengung, die Auflösung der eigenen Biografie in der Arbeitskarriere, das Verbrennen und gleichzeitige Verdrängen aller Energien beginnend in dem Stadium, in dem wir Menschen mittlerweile gewöhnlich als *workaholics* bezeichnen. Zum anderen aber geht es um das grandiose Scheitern in der Erzählung Arbeit, ganz generell, indem man in eine extreme Double-Bind-Falle gerät. Du bekommst mehr Arbeit, als du überhaupt bewältigen kannst, aber gleichzeitig erklären dir Vorgesetzte und Kollegen, das sei doch Pipifax. Wenn Karōshi-Gefährdung der Extremsport ist, dann ist Mobbing der dazugehörige Volkssport. Die eine Abteilung verlangt als Ergebnis genau das Gegenteil von dem, was die andere Abteilung als Ergebnis verlangt, beide Abteilungen aber behaupten, gleich wichtig zu sein. Die Firma verlangt als Opfer die Familie, und die Familie verlangt als Opfer die Firma. Bei alledem musst du so viel lügen, musst so viele Demütigungen einstecken, dass du mit niemandem mehr über deine Arbeit sprechen kannst. Warum aber will die Firma nicht mehr deine Arbeitskraft, sondern deinen Tod?

Jedenfalls wird es mehr oder weniger unmöglich, in der Arbeit ein Gesicht zu erhalten. In der chinesischen Stadt Handan wurde im Jahr 2015 der Relaxation Day oder auch »No-Face Day« eingeführt, wo jeder zur Arbeit mit einer Maske erscheinen darf, damit die anderen nicht mehr sehen müssen, wie er oder sie sich dabei fühlt. So gewöhnt man sich nicht allein an eine kommende Robotisierung der Dienstleistungen, sondern auch daran, dass man gelegentlich sein Unglück bei der Arbeit nicht mehr physiognomisch verbergen muss.

Möglicherweise wird Karōshi gerade deswegen wahrscheinlicher, weil die Verhältnisse zwischen Kapitalist und Arbeitnehmer neu geordnet sind. Zum einen interessiert sich der Fabrikherr für seine Arbeiter nicht mehr wirklich (sehen wir von Werbemärchen ab), sein Blick birgt weder Begehren noch Melancholie. Zum anderen hat der Arbeiter keinen ökonomischen Ort, er ist, mindestens, Freizeitkapitalist. Genauer gesagt: Es gibt den Fabrikherren nicht mehr, und es gibt den Arbeiter nicht mehr. Das Grundrauschen des Kapitals ist lauter als der Lärm der Maschinen.

Eine zweite Begründung des Karōshi-Syndroms ist daher der totale Anspruch des Kapitalismus. Man kann den Kapitalismus ja grob in drei Phasen einteilen: 1. Kapitalistische Unternehmen (wie die East India Company) in einer Welt, die in weiten Feldern nach anderen ökonomischen Prinzipien funktioniert. 2. Kapitalistische Dominanz in einer Welt, in der andere ökonomische Prinzipien durchaus möglich sind. 3. Kapitalismus als Regel, aber mit Bereichen, die tatsächlich oder angeblich vor ihm geschützt sind (bis hin zur Vorstellung einer »sozialen Markwirtschaft«, in denen wenigstens Kranke, Bedürftige und Schwache oder, sagen wir: die Kultur, nicht oder doch nicht ausschließlich nach den Regeln des Profits behandelt werden sollten). Der totale Kapitalismus dagegen kennt nicht nur keine nicht-kapitalistischen geduldeten »Inseln« mehr, er kapitalisiert auch jeden Lebensbereich, von der Sexualität bis zur Religion, sodass zwischen der Arbeitskraft und ihrer Reproduktion kein Unterschied mehr gemacht werden kann. Geld, das sich nicht sofort in Kapital verwandelt, ist verloren (aber zur gleichen Zeit ist Kapital, das sein Ziel verfehlt, noch mehr Geld zu machen, und zwar schneller, als das alte Geld an Wert verliert, an sozialem wie an ökonomischem, noch mehr verloren). Die Vorstellung, sich seinen Lebensunterhalt durch Arbeit zu verdienen, ist absurd geworden, obwohl ein Teil der Mittelschicht immer noch an dieses Phantasma glaubt. Die arbeitende Unterschicht und das Prekariat haben diese Illusion natürlich längst verloren, vom unteren Rest ganz zu schweigen. Sie sind, mehr oder weniger glücklich, aus der mittelständischen und post-proletarischen Erzählung der Arbeit ausgestiegen. Das macht zwar ihr Leben kein bisschen weniger anstrengend, allerdings stehen sie weniger in Gefahr, auch noch ideologisch gebrochen zu werden. Denn in einem gelungenen Karōshi stirbt man zugleich an Überarbeitung und sozialer Isolation: Man kann so nur sterben, wenn man das Leben zuvor auf eben diese Arbeit konzentriert hat (und in Wahrheit war selbst das bisschen Luxus und Protzerei nur ein Rattenschwanz dieser Reduktion auf Spekulationsarbeit: Karōshi liegt immer noch gnädig vor jenem anderen Tod durch Arbeit, der zuschlagen mag, wenn man »alles erreicht« hat). Karōshi unterliegt, wer an die »Arbeit« glaubt.

Wo das Geld nur durch seine Kapitalisierung zu retten ist (nichtkapitalisiertes Geld hat, da der Staat sich seiner diesbezüglichen Pflichten zwanglos entledigt hat, nicht einmal mehr die Fähigkeit der Lebenserhaltung, was man hier und dort freilich erst im Rentenplan so richtig bemerkt), können nur die Arbeit, der Körper, die soziale Performance selber radikal kapitalisiert werden. Das heißt: Arbeit und Entlohnung können kein lineares System mehr ausbilden, nicht einmal im Sinne traditioneller Ausbeutung und Aneignung des Mehrwerts. Arbeit (insofern sie selbst zur sozialen Performance geworden ist) und »Besitz« (insofern er sich selbst so weit kapitalisiert hat, dass er beständig »eingesetzt« ist) bilden zueinander kein einfaches Abhängigkeitsverhältnis mehr, sondern eine Art Wette mit sehr unterschiedlichen Einsätzen. Lohnarbeit produziert – individuell – entweder den Keim zu Kapital oder Armut. Kapital produziert entweder »schnellen Reichtum« oder Geldverbrennung. Aber Kapital produziert nicht mehr Arbeit, und Arbeit produziert – sozial – nicht mehr Kapital. Möglicherweise ist der Tod durch Arbeit ein Ausdruck dafür, das begriffen zu haben.

In der klassischen Lohnarbeit verbraucht sich der Mensch; der humane Kapitalist (und sein Staat) sorgen indes dafür, dass er es nicht allzu schnell und nicht allzu dramatisch tut. Dass es im Neoliberalismus sowohl keinen Platz mehr für einen humanen Kapitalisten (höchstens für Schmierenkomödianten in dieser Rolle) als auch für einen fürsorglichen Staat mehr gibt, hat eben nicht nur mit dieser »marktradikalen Ideologie« zu tun, unter deren Zeichen sich Unternehmen und Staat mithilfe der populistischen Medien stellen, sondern auch damit, dass sich beides, Lohnarbeit und Kapital, so radikal geändert hat. Dass der Krieg, den Arbeit und Kapital gegeneinander führen, keine »politische« Form mehr annimmt, heißt ja nicht, dass es ihn nicht mehr gibt. Es herrschen sehr wohl kriegsähnliche Zustände an den Arbeitsplätzen. Und wie in den Kriegen, an die wir uns gewöhnt haben, verlaufen die Fronten wüst durcheinander. Manchmal gehen sie durch ein und denselben Körper, mitsamt dem Kopf. Und einige überleben das nicht. Deren Zahl wird zunehmen.

Auf der anderen Seite wächst die Gruppe jener, die sich entweder gar nicht erst in das Todesrennen um Arbeit und Karriere stürzen oder sich sehr rasch aus ihm verabschieden. Da sie nicht (mehr) nach Arbeit suchen, tauchen sie auch nicht in den Statistiken auf und werden nicht direkt »von der Allgemeinheit«, sondern von ihren Familien oder ihren Milieus alimentiert. Auch dieses Phänomen wurde in Japan als Erstes entdeckt und beschrieben: junge Männer, die sich in ihren Zimmern einschließen und keinen Kontakt mehr mit der Außenwelt suchen. In den USA wird die Anzahl der Männer »im besten Alter«, die weder Arbeit haben noch eine suchen, auf über zehn Millionen geschätzt. Das Internet und die Videospiele ersetzen diesem mehr oder weniger neuen Segment der »entschiedenen« Arbeitslosen den Weltbezug. Und da, statistisch beschrieben, die Mehrzahl dieser Männer keinen Collegeabschluss hat, sehen konservative Wissenschaftler darin vor allem ein Phänomen der neuen Unterschicht und lagern es in der Schublade mit dem Begriff »selber schuld« ab (die Untersuchungen aus Japan geben einen ganz anderen Hinweis). Die beiden wesentlichen Ursachen für die Verweigerung gegenüber der Arbeitswelt dürften indes die höchst unattraktiven Löhne und die Erschwinglichkeit elektronischen Entertainments sein. In dieser Verweigerung freilich, die nicht ohne Ausbeutung von Familie und sozialem Umfeld zu haben ist, steckt der Keim des späteren Unglücks.[1]

Das Phantasma der »Hängematte« und die Angst vor der leeren Zeit

Der kapitalistische Surrealismus ist ein Stil und eine Haltung zum Neoliberalismus, die ihn überaffirmiert. Die alte Dichotomie zwischen affirmativer Nähe und kritischer Distanz scheint überwunden. Man wird zugleich unernst und (vor allem, was die eigene Fitness für dieses System anbelangt) ungemein streng, bewegt sich zugleich in eine katholische wie in eine protestantische, zugleich in eine poetische und eine analytische, zugleich in eine affirmative und eine subversive Richtung. Das Bild, das dabei entsteht, wird spannungsreich und widersprüchlich. Es spielt mit dem Wahn, so viel ist sicher. Es ist eine Form des kontrollierten Verrücktwerdens im Spiel. Aber wie jede Kontrolle versagt auch diese zuweilen.

Im Juli des Jahres 2015 ereignete sich unter anderem Folgendes:

> »Bei einem Team-Ausflug haben sechs HSBC-Mitarbeiter[2] eine Hinrichtung nach dem Vorbild der Dschihadistenmiliz IS nachgestellt. Sie trugen Overalls und Sturmhauben, vor ihnen kniete ein Kollege im orangefarbenen Overall, den sie mit einem Kleiderbügel bedrohten. Danach veröffentlichten die Männer ein kurzes Video von dem geschmacklosen Schabernack auf der Internet-Plattform Instagram. Es zeigt die Männer, wie sie ›Allahu akbar‹ rufen. Die Aufnahme sei ›abscheulich‹, sagte ein HSBC-Sprecher am Dienstag. Die Mitarbeiter seien entlassen worden, die Bank bitte um Entschuldigung, fügte er hinzu.«

Nun, abscheulich oder nicht, offensichtlich gibt es einen Zusammenhang zwischen den Arbeitsbedingungen in den Zentren des Neoliberalismus und den sich häufenden Nachrichten von »geschmacklichen Entgleisungen«. Überraschend ist nicht das Verhalten der Banker, sondern die Tatsache, dass es noch zu einem Skandal gereicht.

Im Jahr 2014 trafen sich im vollständig zu diesem Zweck angemieteten *St. Regis Monarch Beach Resort Hotel* in Kalifornien auf Einladung von Charles und David Koch Milliardäre, Millionäre und rechte Politiker der Republikaner und vor allem der

Tea-Party-Bewegung zu einem als »T & R Sales Meeting« firmierenden Treffen mit dem Ziel, 500 Millionen Dollar für die Kongresswahlen zusammenzubringen, um eine Präsidentschaft von Hillary Clinton unter allen Umständen zu verhindern. Es war eine jener Veranstaltungen, bei denen der Griff der ökonomischen »Elite« nach der politischen Macht und vor allem nach der Hegemonie der öffentlichen Meinung besonders deutlich wurde: Ohne Scham wurden die Panels »Energie: Die Erzählung ändern« oder »Die nationale Debatte lenken« benannt. In seinem Buch *The Science of Success* hatte Charles Koch gefordert, jene Bereiche, die noch von der Allgemeinheit kontrolliert werden, »Gewässer, Luft, Straßen, die Körperpolitik und menschliche Tugend«, Methoden unterzustellen, denen »die Charakteristika des Privateigentums zu geben« wären.[3] In den Kampagnen der Kochs wird mehrfach der Dalai Lama eingesetzt; das Management verteilt Briefe an 50.000 Angestellte, die an die Wichtigkeit des Ausgangs der Wahlen für die »Freiheit« des Unternehmens erinnern. Nicht unbedeutend dabei ist, dass auch der Bereich der Förderung von Bildungseinrichtungen und die soziale Fürsorge am Ende ausschließlich in der Hand privater Unternehmer sein sollten. Aber auch in ganz anderen Bereichen zeigt sich die Verschränkung von ökonomischen Einheiten und weltanschaulicher Beeinflussung: Die Firma *Hobby Lobby* erstritt vor Gericht das Recht, den Angestellten aus religiösen Gründen die Bezahlung von Verhütungsmitteln aus der firmeneigenen Krankenkasse zu verweigern. Im Jahr 2012 wurde im Lager von Aldi Süd unter der Anleitung eines stellvertretenden Bereichsleiters ein Mitarbeiter misshandelt, weil er zu »frech« war; neun Arbeitskollegen des Opfers beteiligten sich mehr oder weniger willig dabei, den Mann in Folie zu wickeln und zu fesseln und ihn zu beschmieren, darunter auch jemand, der das war, was man so »besten Freund« nennt. Der verteidigt sich vor Gericht mit den Worten: »Es wäre halt nicht gut angekommen bei den Vorgesetzten, wenn ich etwas gesagt hätte.« Dem Opfer wurden ganze 500 Euro Schmerzensgeld zugestanden.[4] Das System gerät, wie man so sagt, außer Rand und Band. Es gibt weder Werte noch Gesetze, die die Barbarisierung verhindern könnten.

Man arbeitet sich da zu Tode, man wird zu Tode gearbeitet, der Tod arbeitet sich da durch:

»Zwar ist das Spiel mit dem Schrecken, den die Miliz ›Islamischer Staat‹ mit ihren Hinrichtungsvideos verbreitet, wohl noch drastischer. Aber auch die Scherze über die Arbeitsbelastung der Finanzhäuser haben ihre makabere Seite. So soll der deutsche Praktikant Moritz Erhardt drei Nächte lang in der Londoner Niederlassung der Bank of America Merrill Lynch durchgearbeitet haben, bis er tot in der Dusche umfiel. Vor einigen Wochen stürzte ein 29-jähriger Banker des Investmenthauses Moelis & Company unter ungeklärten Umständen in New York in den Tod. Kurz zuvor soll ein 22-jähriger Goldman-Sachs-Mitarbeiter an Überarbeitung gestorben sein.«[5]

Die Bereitschaft, sich selber bis zum eigenen Tod auszubeuten, mehr noch aber sich gegenseitig um jeden Preis zu benutzen, um »voranzukommen«, hat nicht nur zum Phänomen des suizidalen Burn-outs, sondern auch zur Struktur der Querausbeutung geführt.

Kein Mensch kann sich durch das, was man einst Arbeit nannte (die Sache selbst – nicht die Karriere, die man damit vorantreibt, nicht das Geld, das man damit »macht«), hinreichend definieren. Pathetisch gesagt: Kein Mensch kann sich mehr durch Arbeit »würdigen«. Entweder müsste man sich einer Arbeit schämen, die in sich entwürdigend und gleichzeitig pauperisierend ist, oder einer anderen, die ihren Aneignungs- und Simulationscharakter gar nicht verbergen kann. Entweder verdient man mit guter Arbeit schlechtes Geld, oder man verdient mit schlechter Arbeit gutes Geld. Neoliberalismus bedeutet, sich für das Erstere zu schämen, für das Letztere nicht (jedenfalls nicht mehr, als man nebenher kompensieren kann).

Mit dem Untergang des Bürgertums als Klasse verschwindet auch jener Typ des reichen Müßiggängers, der das (durch Aneignung) erworbene Geld in mehr oder weniger öffentlich gelebten Genuss umsetzt. Er vollzieht die natürlich luxuriöseste Form des Opfers, indem er das Geld verprasst, statt es entweder in neues Geld, in mehr Geld zu verwandeln oder seinen Zeitgewinn in politische Macht umzusetzen (eine Macht wiederum, der kaum etwas so sehr wie der offene Selbstgenuss verboten ist). Von der protestantisch-bürgerlichen Abspaltung der Kapitalismuskritik blieb indessen nichts als der Hass auf diesen »Müßiggänger«. Und in der Tat konnte die (deutsche) Sozialdemokratie nur deswegen vom Moderierer zum

Motor der Neoliberalisierung werden, weil es dieses Feindbild nicht mehr (oder nur noch als Mediengespinst) gibt.

Wie sagt doch Dagobert Duck? »Wer Geld ausgibt, hat von den wahren Freuden des Kapitalisten nichts verstanden.« Das klingt nur auf den ersten Blick nach dem protestantisch-analen Geizkragen, der er nun einmal ist, es ist aber auch eine wirkliche Nutzanwendung. Nur wer arm ist, muss Geld ausgeben. Der Reiche lässt nicht nur andere für sich arbeiten, er gibt auch das Geld anderer Leute aus.

So verstehen wir, dass sich der spekulative Hass, den die Medien der Niedertracht wie die *Bild*-Zeitung verbreiten, eben nicht denjenigen trifft, der unentwegt zwischen ökonomischer und politischer Macht, zwischen Macht-Anhäufen und Geld-Machen pendelt, sondern nahezu jeden, der es sich »auf unsere Kosten« gut gehen lässt. Das sind dann »faule Griechen« oder Rentenbetrüger, Asylsuchende als »Wirtschaftsflüchtlinge«, Sozialschmarotzer, und es sind die Banker, wenn sie auf dem Golfplatz oder bei der Party gesehen werden. Es ist nicht das Geld, auf das wir da neidisch sind, im Gegenteil, es ist das Leben, das in ihm gestorben sein soll.

Diese Verblendung hat einen einfachen Urgrund, nämlich die Arbeit als Strafe und Geld als einzige Erlösung davon. Der Hass trifft alle, die »etwas geschenkt« bekommen. Reichtum und Macht werden indes dann »erlaubt«, wenn die Anstrengung, die man dafür aufbieten musste, Teil der Performance ist. (Hier setzt die Kunst der Simulation ein.) Politiker haben in Deutschland kaum Chancen, wenn sie zu erkennen geben, dass ihr Job ihnen a) Spaß macht und b) leichtfällt.

Eine Spur dieser Pathologie führt, natürlich, zum Konsumneid und damit auch, ein Stockwerk tiefer in der Seelenarchitektur, zum Sexualneid. Eine andere aber führt in die Zeit-Architektur, zur Angst vor der »leeren Zeit«. Nicht der rasende Maserati wird dem Reichen geneidet, sondern, im Gegenteil, seine Fähigkeit, sein Leben als Stillstand zu genießen. In der Rhetorik der Niedertracht spielt nicht umsonst das Phantasma der »Hängematte« eine so bedeutende Rolle. Das Nichtstun, dieses gemeinsame Privileg der Sehr-Reichen und der Sehr-Armen, ist das eigentliche Desaster, das man zugleich ersehnt und fürchtet – und das ganz besonders, wenn man selber durchaus nicht recht weiß, was tun, außer eben nichts (ein Nichts, das freilich fatalerweise auf eigene Kosten geht). Das Innehalten selber, die unbestimmte Zeit, ist der Kern der Psychose.

Arbeit aber ist nun einfach keine Lösung mehr. Nicht genug damit, dass sie einem verweigert, genommen, entzogen wird, nicht genug damit, dass sie so wenig einbringt, immer mehr wird, je weniger sie wert sein soll, dass sie so hässlich ist und macht. Wenn Max Weber für das 19. Jahrhundert einen fundamentalen Wandel der Funktion, Definition und Wertschätzung von Arbeit festgestellt hat, dann wird es Zeit, einen solchen Wandel auch für unsere Gegenwart festzustellen. Die entscheidenden Institutionen indessen, die Sozialdemokratie und die Gewerkschaften, die Unternehmer und »Arbeitgeber« sowie die jeweils sie unterstützenden, mehr oder weniger wissenschaftlichen Institute und Thinktanks halten an einer Vorstellung von Arbeit fest, versuchen sie gar mit der Globalisierung, der Mechanisierung und der Digitalisierung zu verbinden, die mit dem 20. Jahrhundert einigermaßen obsolet geworden ist.

Die Arbeit, wie sie nun organisiert ist, ist im Gegensatz zu einer Arbeit als Stabilisierung einer Biografie nun eine strukturierte Entwürdigung, die, anders als im Industriekapitalismus, weder durch eine Klassenkultur noch gar durch Klassenbewusstsein konterkariert werden kann. Nicht (nur) die Klasse wird entwürdigt, jedes Subjekt wird entwürdigt, auch das scheinbare Gewinner-Subjekt (denn allen Ernstes zu behaupten, man sei durch »Arbeit« zu seinem Gewinn gekommen, grenzte an psychotische Verkennung, ist aber in aller Regel nur eine wohlfeile Lüge). Der »Spaß« an der Arbeit geht nach oben, die Demütigung durch Arbeit nach unten. Spaß und Demütigung gehen eine dialektische Einheit ein; in aktuellen TV-Serien, die in Bürowelten wie denen von Anwälten, Marketing-Fachleuten oder Programmierern spielen, wird nur zu deutlich, dass man Arbeit dort vor allem als sadomasochistisches Spiel verstehen muss. Nicht die erfolgreich gelöste Aufgabe macht stolz, sondern nur der Triumph über den Konkurrenten.

Gewiss sind auf die unbarmherzigen Formen der Ausbeutung des Menschen durch den Menschen neue, digital raffinierte Formen der Selbstausbeutung gefolgt. Der Mensch des neuen Jahrtausends bringt sich selbst »freiwillig« für die Arbeit in Form, verbietet sich »freiwillig« Freizeit oder medizinische Vorsorge, leistet »freiwillig« unbezahlte Mehrarbeit usw. Eine Arbeit, nebenbei, in der der Stress sozialer Performanz die »kreativen« Anteile längst überwiegt. Mindestens so wichtig für das Fortkommen oder Überleben ist aber das Quer-Ausbeuten, die Aneignung von Gratifikation und Ergebnis von Arbeit durch die Kollegen.

Was gewiss in der menschlichen Natur des Zusammenarbeitens liegt, wie man so sagt, dass einer sich die Früchte der Arbeit eines anderen aneignet, sich loben lässt, zum Beispiel, für etwas, was ein anderer geleistet hat, wird unter den Bedingungen des Neoliberalismus zur Struktur des Überlebens. Erst nach der Erledigung des Arbeitskerns, von dem wir wissen, dass er durch die industrielle und dann durch die digitale Maschinisierung immer kleiner wird, beginnt die eigentliche Arbeit, der Kampf um die Aneignung. Gerade hat man noch »einander zugearbeitet« (und markierte das durch das Ideologem der »Win-Win-Situation«), da muss man schon um die Beute kämpfen: Die Früchte einer Arbeit reichen nicht mehr für alle, die an ihr beteiligt waren.

Nicht nur die Produktion von Arbeitslosigkeit und die Prekarisierung der Arbeitsverhältnisse also sind Folgen der neuen Verhältnisse, sondern auch eine neue Ordnung von Konkurrenz und Hierarchie innerhalb der äußerlich traditionellen Strukturen der Angestelltenkultur. Arbeit und Gewinn driften enorm auseinander. Gewinnen kann nur, wer die Fähigkeit besitzt, sich möglichst viel von den Früchten der Arbeit anzueignen, nicht mehr so sehr als »Vorgesetzter«, sondern sogar mehr noch als »Teamplayer«. Ein Team kann als solches gewinnen, aber sobald es im Interesse des Unternehmens liegt, den Kostenfaktor Arbeit weiter zu senken, werden die Früchte der Arbeit so verknappt, dass dieses Team nur entweder schrumpfen oder zur Praxis der Querausbeutung finden muss. Das kreative Potenzial eines Teams mag dabei zwar verloren gehen, aber die soziale Performanz steigt in gleichem Maße: Aus einem erfolgreichen Team werden Individuen, die perfekt »Erfolg« spielen können. Und sie können das nur, indem sie die Praxis der Querausbeutung perfektionieren.

Diese Mechanik vernichtet natürlich Kreativität und vermehrt Simulation. Das ist nicht so widersinnig, wie es scheint. Denn Kreativität wird unter oligopolistischen Bedingungen nur in begrenztem Umfang benötigt, vor allem aber soll Kreativität nicht unkontrolliert entfaltet werden. Die strukturelle Vernichtung von Kreativität und die Förderung von Simulationswelten (solche, in denen »Verkäufer« und ihre »Kunden« leben können) sind also Programm.

Nun stellt sich die Frage, wie man unter diesen Umständen »Arbeit« überhaupt noch messen und also mehr oder weniger »gerecht« entlohnen könnte. Gewiss ist uns längst unschön aufgefallen, wie sehr schwere soziale Arbeit gegenüber in verschiedener Hinsicht »leichter« Arbeit im Finanzsektor abgewertet wurde. Diese Ungleichheit führt dazu, dass ein ganzer Sektor wie der Pflegedienst nur noch durch eine transnationale Querausbeutung aufrechterhalten werden kann. Die durch die Überlastung entstehenden Lücken werden durch Arbeitskräfte aus Billiglohnländern gefüllt. Aber diese Entgleichung und Entmessung der Arbeit setzt sich auch innerhalb der einzelnen Branchen fort. Die Arbeit selbst verlagert sich auf die Dummen, die Schwachen und die Gutgläubigen.

Querausbeutung ist die ökonomisch gewollte Seite dessen, was man kulturpessimistisch genug »Entsolidarisierung« der Gesellschaft nennt. So wie die »Kreativen« als neue Form des schöpferischen Unternehmers inszeniert werden, werden die Arbeitenden als neue Form der Wettbewerber inszeniert. Beide gemeinsam sollen das dringend benötigte Wachstum erzeugen. Zu viel moralische Skrupel kann man sich dabei nicht leisten. Querausbeutung und »Kreativwirtschaft« bedingen einander: Die Einkommensunterschiede wirken sich hier besonders drastisch aus, und der Durchschnittsverdienst liegt im Vergleich mit traditionellen Sparten extrem niedrig. Aufträge, Fördermittel, Projekte, jede sich bietende Chance kann nur in einer Spannung aus Konkurrenz und Zusammenarbeit ergriffen werden. Während auf der einen Seite das digitale Co-Working und die kreativen Netzwerke entstehen, werden andererseits juristische Kriege um Copyrights und Plagiate geführt, sobald das Geld einmal zu fließen beginnt. Ohne Querausbeutung, die Aneignung von Energie und Ideen der Kolleginnen und Kollegen, ist in der Kreativwirtschaft kaum ein Vorwärtskommen denkbar.

Querausbeutung wird freilich auch in einer einzelnen Arbeitsbiografie betrieben, etwa indem man die offiziell arbeitsfreie Zeit direkt oder indirekt mit Arbeitszeit auffüllt (während ein »Gewinner« wiederum die Kunst versteht, die Arbeitszeit mit gewissen Annehmlichkeiten zu füllen, die sich andere, wenn überhaupt, nur in ihrer Freizeit gönnen können). Oder indem man private Kreativität in die Arbeit trägt, da man sich zwar nicht mehr über die Arbeit definieren kann, wohl aber über den »Besitz« eines Arbeitsplatzes oder einen Rang in einer Hierarchie oder die Akkumulation von Gratifikationen.

Wenn Arbeit eine »Ware« ist, die man auf einen Markt tragen muss und für die es weder einen objektiven Maßstab noch eine Deckung etwa in Form von Produktivität gibt, sondern ausschließlich das durch hegemoniale Kräfte manipulierte Spiel von Angebot und Nachfrage, dann kann sie nicht geleistet, sondern nur verkauft werden. Ihr Wert liegt in der Aneignung selbst. Ein »wertvoller Mitarbeiter« für ein Unternehmen ist einer, der selber möglichst viel Arbeit durch die verschiedenen Formen der Querausbeutung akkumuliert und seinerseits diese Akkumulation in den Dienst der Firma zu stellen bereit ist. Aus der Hierarchie von einst ist ein flaches System der Querausbeutung geworden, das in eben dem Spiel von Freiheit und Kontrolle besteht.

Der Mensch muss so viel Freiheit haben, dass er einen Mehrwert produzieren kann, der in der postindustriellen Produktion nicht mehr den simplen mechanischen oder rationalen Charakter einer »Arbeit« hat, sondern in der Generierung und Beschleunigung von Kapital-Transformationen. Aneignen kann man sich diesen Mehrwert nur, indem man die Formen der Kontrolle verfeinert und totalisiert. So nimmt es uns nicht wunder, dass im sogenannten NSA-Skandal die Grenzen zwischen politischer Spionage und Wirtschaftsspionage verwischen.

Wenn man also die vier Zeitsorten – Arbeitszeit, politische Zeit, Konsumzeit und unbestimmte Zeit – unter diesem Aspekt ansieht, wird deutlich, dass Ausbeutung nicht allein durch das Geld bestimmt wird (das sich wiederum in Macht und damit zu noch mehr Ausbeutung verklumpt), sondern durch die Verwandlung von Zeitsorten im Transfer: Der Ausbeuter schafft sich, zum Beispiel, »unbestimmte Zeit«, indem er den anderen zu mehr Arbeitszeit zwingt. (Tut er das nicht, sondern legitimiert seine Ausbeutung durch eigene Arbeitszeit, trägt er seinen Teil zur »Tötung« von Zeit bei und macht den Gewinn noch mehr zum Fetisch.) Die beiden nur scheinbar gegenläufigen Methoden der Menschenvernichtung sind daher: Totarbeiten lassen in der (ausgedehnten) klassischen Arbeitszeit oder Enteignung von Konsumzeit und Abschaffung der unbestimmten Zeit. In beiden Fällen ist das Subjekt durch ökonomische Erpressung vollkommen entpolitisiert, anders gesagt: entmachtet. Der Neoliberalismus ist das Projekt, die Verheißungen des politischen und philosophischen Liberalismus einzukassieren.

Geld, das man bekanntermaßen weder essen noch nach dem Tod mitnehmen kann, wird also, was diesen Zusammenhang anbelangt, in erster Linie zum Transformationsmittel der Zeitsorten verwendet. Vor allem aber zur Vernichtung. Könnte man noch fragen, was die »Seele« eines Menschen ausmacht, so wäre eine Antwort: seine Fähigkeit, die Zeit zu erfüllen. Das Ausbeutungsobjekt des Menschen ist die Zeit.

So einfach die beiden Zeitsorten »politische Zeit« und »Konsumzeit« zu definieren sind, so problematisch scheint die »unbestimmte Zeit«, die man in einer strikt neoliberalen Weltanschauung eigentlich nur als »Restzeit« oder auch als überflüssig ansehen könnte, während man umgekehrt, unter dem Aspekt einer kulturellen Vervollständigung des Menschen, gerade diese als eigentlich wertvollste ansehen kann: die Zeit, in der der Mensch wahrhaft »für sich« lebt, oder, wie man es nimmt, auch jene, in der er wahrhaft »für andere da sein« kann. In dieser Zeit jedenfalls entfaltet sich Freiheit als unkontrollierte, oder, wenn man so will: als seelische Zeit.

Diese Seelenzeit wäre:
– frei von ökonomischer Erpressung,
– frei von politischer Macht,
– frei von medialer Intoxikation,
– frei von struktureller Kontrolle.
Mit anderen Worten: Es gibt sie nicht.

Es gibt ihre Behauptung als Akt des Widerstands und der Verweigerung. Oder als ein Privileg, das aus dem Raub entsteht.

Politische Zeit ist jene Zeit, die man dazu verwendet, die eigene Situation in der Gesellschaft, möglichst in Zusammenarbeit mit anderen, zu verbessern. Auch diese Zeit verliert ganz offensichtlich ihre Autonomie. Sie löst sich einerseits in der Arbeits- wie in der Konsumzeit auf und füllt andererseits die unbestimmte Zeit (als Sinnstiftung unter anderen, zum Beispiel).

Es gibt Menschen, die viel zu wenig Zeit haben, und andere, die viel zu viel haben. Der Trick besteht darin, Menschen, die zu viel Zeit haben, an jeglicher Besetzung des öffentlichen Raums zu hindern. Bürokratie, Medien und strukturelle Kontrolle sorgen dafür, dass ein Arbeitsloser zwar kein Geld, aber auch keine Zeit erhält. Der »gute« Arbeitslose stirbt lieber, als sich in eine (»soziale«) Hängematte zu legen. Jede Minute, die er nicht damit verbringt, diesen seinen Zustand zu überwinden, und sei das noch so aussichtslos, sich den Kontrollen zur Verfügung zu stellen und ansonsten sozial stumm zu leiden, wird ihm als Verbrechen angekreidet.

Wie aber regelt man die Verhältnisse, wenn nicht marktförmig, wenn nicht durch absurde Staatsmacht? Wäre eine Zeit-Demokratie denkbar? Dietmar Dath schlägt ein »Umbuchungsverbot« vor: »Niemand darf in diesem Gemeinwesen über die Arbeitszeit einer anderen Person so verfügen, dass damit ein Zugewinn an Konsumzeit, politischer Zeit oder unbestimmter Zeit für diejenige Person erwirtschaftet wird, die fremde Arbeitszeit kommandiert und ihre Ergebnisse aneignet.«

Wenn dies das Ideal wäre, so genügte es, das genaue Gegenteil zu beschreiben, um die Praxis des Neoliberalismus zu erkennen. Die Techniken dieser Aneignung freilich sind schwieriger zu bestimmen als ihre Auswirkungen. Wenn sich wenige Menschen die Arbeitszeit anderer Menschen aneignen können, um sich selbst nicht nur Konsum- und unbestimmte Zeit, sondern eben auch politische Zeit zu verschaffen, versteht es sich von selbst, dass eben dies auch zu einer Akkumulation von politischer Macht führt.

Nur: Wird denn nicht die nominelle Arbeitszeit, Prekarisierung hin oder her, für viele Menschen auch im weniger privilegierten Bereich immer geringer? Ist die Freizeit in der Zeit des »Konsumkapitalismus« und der »sozialen Marktwirtschaft« nicht ins beinahe Unermessliche gewachsen? Und sind die Menschen nicht frei, mit dieser Zeit nach eigenem Ermessen zu verfahren?

Man muss also, will man die Aneignung fortschreiben, besonderen Druck auf die Zeitsorten ausüben. Ein einfaches Modell aus früheren Zeiten: die Konsumzeit gegenüber der politischen Zeit und der unbestimmten Zeit aufwerten. Ein neueres Modell: die unbestimmte Zeit »unmöglich« machen. Vielleicht könnte man die Strategie des Neoliberalismus als Verschmelzung von Arbeits- und Konsumzeit und Vernichtung von politischer und unbestimmter Zeit zur Erzeugung einer neuen Metazeit der reinen Ökonomisierung der Subjekte beschreiben. Konsum ist

Arbeit, und Arbeit ist Konsum, oder: Man arbeitet, um zu konsumieren, und man konsumiert, um zu arbeiten. Damit korrespondieren natürlich sowohl das Prinzip der Querausbeutung als auch das der Ersetzung von Kreativität durch Simulation.

Aber ist die Gesellschaft des Neoliberalismus tatsächlich in allen Belangen so unkreativ, wie sie es offensichtlich in sozialer und in kultureller Hinsicht ist? Welche enormen Fortschritte haben wir doch auf dem Gebiet der digitalen Technologie und der Kommunikation erlebt. Es wurden doch wahrhaft umwälzende Erfindungen gemacht, unser Leben hat sich mit atemberaubender Geschwindigkeit verändert. Es ist aber auch ein nicht minder atemberaubender Stillstand vermerkt worden. Das hat gewiss auch, aber nicht nur mit der Vernichtung der politischen und der unbestimmten Zeit zu tun.

Aber Augenblick! Wie kann man von der Vernichtung der politischen Zeit sprechen, wenn doch sehr breite Teile der Bevölkerung die Zeit finden, gegen Ausländer, gegen Flüchtlinge, gegen Asylbewerber etc. auf die Straße zu gehen? Wenn der Neofaschismus in seinen Subkulturen die Biografie fundamental und total »politisiert«? Und ist es nicht zweitrangig, was in diese »neue« politische Zeit fließt, Elemente der Arbeits-, Elemente der Konsum- oder Elemente der unbestimmten Zeit?

Es ist etwas anderes entstanden, nämlich eine »leere Zeit«. Man kann es auch eine drohende Zeit oder eine Zeit-Angst nennen. Die Zeit, die sich von Arbeit, Konsum und Politik leert und für die als unbestimmte Zeit nichts vorhanden sein kann, womit sie sich füllen ließe, wird gleichsam als Zeit krank (und krank machend). Die Überfüllung der einen wurde mit der Entleerung der anderen Zeit bezahlt, die Hybridformen mit Nivellierung.

Jene politische Zeit, in der man konstruktiv mit der Verbesserung (nicht nur) der eigenen Position beschäftigt wäre, verwandelt sich in eine politische Zeit, in der man destruktiv mit der Abwehr von Ängsten und Aggressionen umgeht. Statt für etwas engagiert man sich gegen jemanden. Man verwandelt die Leere in Hass. Das, was einem vermeintlich versagt bleibt, in militante Versagung von Empathie.

Die ökonomische Erpressbarkeit des Menschen führt nicht nur zu einer Umorganisation der Zeitformen, sondern auch zu einer Verdichtung der Arbeit. Wird dem Menschen durch welche politischen Konstellationen auch immer etwas von seiner Arbeitszeit von den Schultern genommen, so antworten die ökonomischen Erpresser mit der Forderung, dieselbe Arbeit nun in kürzerer Zeit zu erledigen, und zwar je »echter« die Arbeit noch ist, um so mehr. Ein ganz ähnlicher Verdichtungsprozess reagiert auf so etwas wie einen »Mindestlohn«. Darüber hinaus macht ökonomische Erpressung natürlich immer auch von den Möglichkeiten der Umgehung Gebrauch. Auf Mindestlohn und Arbeitszeitverkürzung wird mit Verdichtung und Zwang (zum Beispiel für unbezahlte Überstunden, Arbeiten zu Hause etc.) reagiert, und natürlich durch die Leiharbeit, ein Gegen-Management von Kraft und Motivation.

Die Verdichtung der Arbeit hat als zwangsläufige Folge einen Kommunikationsverlust; Pausen (in denen man etwa sich formlos über Strategien der Verbesserungen unterhalten könnte) haben nur noch »die da oben«. Selbst innerbetrieblich also findet da ein verschärfter Prozess der Zeit-Aneignung statt: Die Verdichtung der Arbeit unten erzeugt politische Zeit oben.

Und an die Stelle der Kommunikation tritt ein massiver Druck auf die Querausbeutung. Ausreichend Gratifikation ist in der verdichteten Arbeit nur zu erzielen, wenn man sich Arbeitszeit der anderen aneignet. Entsolidarisierung ist nicht mehr allein eine Frage der Konkurrenz, sondern eine des Überlebens. Unnütz zu sagen, dass Verdichtung der Arbeit am Ende zur Vernichtung des arbeitenden Menschen führt. Und beinahe noch unnützer zu sagen, dass genau das das Ziel ist.

Anmerkungen

1 Vgl. etwa: Winand von Petersdorff: Daddeln als Beruf. In: Frankfurter Allgemeine Woche, 40/2016, S. 48.

2 Die *Hongkong & Shanghai Banking Corporation* ist eine internationale Bank mit Sitz in London. Im Jahr 2012 wurde sie auf der *Fortune Global 500*-Liste als das 53. unter den größten Unternehmen der Welt aufgeführt.

3 Vgl. Jörn Schulz: Hier kocht der Chef. In: Jungle World, 28/2014, S. 16.

4 Vgl. Heinz Siebold: Das Opfer wurde in Folie eingewickelt. In einem Aldi-Lager ist ein Mann misshandelt worden, sein Freund half mit. In: Stuttgarter Zeitung, 30.10.2014, S. 23.

5 o. A.: HSBC-Skandal. Britische Banker stellen IS-Hinrichtung nach. In: Spiegel Online, 7.7.2015, www.spiegel.de/karriere/ausland/hsbc-banker-stellen-is-hinrichtung-nach-a-1042462.html [18.11.2019].